刘国存 ⊙ 著

地方高校创业教育理论与实践研究

由中国教育发展基金会大学生创新创业专项基金资助

郑州大学出版社

图书在版编目(CIP)数据

地方高校创业教育理论与实践研究／刘国存著.

郑州：郑州大学出版社，2024.10. -- ISBN 978-7
-5773-0840-1

Ⅰ．G640

中国国家版本馆 CIP 数据核字第 2024C28Q36 号

地方高校创业教育理论与实践研究

DIFANG GAOXIAO CHUANGYE JIAOYU LILUN YU SHIJIAN YANJIU

策划编辑	王卫疆	封面设计	王　微
责任编辑	王孟一	版式设计	苏永生
责任校对	郜　静	责任监制	朱亚君

出版发行	郑州大学出版社	地　　址	郑州市大学路 40 号(450052)
出版人	卢纪富	网　　址	http://www.zzup.cn
经　销	全国新华书店	发行电话	0371-66966070
印　刷	河北虎彩印刷有限公司		
开　本	710 mm×1 010 mm　1／16		
印　张	19.5	字　　数	351 千字
版　次	2024 年 10 月第 1 版	印　　次	2024 年 10 月第 1 次印刷

书　号	ISBN 978-7-5773-0840-1	定　　价	58.00 元

本书如有印装质量问题,请与本社联系调换。

目　录

第一章 | 创业教育及其渊源

第一节　创业教育的内涵和特征

一、创业教育的内涵

（一）何为创业

《辞海》（第七版），对"创业"进行了详细定义：创业即创立基业，其中"基业"指的是事业的基础和根基。此外，《现代汉语词典》（第7版）将"创业"解释为创办事业。创业在英语中有两种常见的表达方式："venture"和"entrepreneurship"。"venture"多用于表示动词"创业"，尤其在20世纪创业活动蓬勃发展之后，这个词比"entrepreneurship"更能揭示"创建企业"这一动态过程。在现代创业领域，通常用"venture"来描述创业的持续增长趋势。

创业（Entrepreneurship）一词源于法语"Entreprendre"，意为"承担"或"冒险"。创业通常被定义为个体或团体通过创造新事物或开创新事业来寻求机会、实现创新，并获取经济和社会价值的过程。创业不仅仅是开办新企业的行为，更是一种利用资源、识别机会、承担风险并从中获利的思维方式和实践模式。创业者（Entrepreneur）是指那些能够识别和利用机会、整合资源并承担风险的人，他们通常具有创新精神、冒险精神和坚定的决心。创业的核心在于创造价值，这种价值可以是经济的，也可以是社会的、文化的。

关于"创业"的确切定义，学术界至今尚无统一权威说法。1999年，哈佛商学院的创业管理教授 Howard H. Stevenson 等人提出了一个定义，认为创业是一种管理方法，将其定义为：在不考虑现有资源的情况下，去寻找和捕捉机会。这个定义强调了创业过程中的机会导向，而不拘泥于资源的限制。美国知名创业学教授 Jeffry A. Timmons 在其经典教科书 *New Venture Creation* 中提出，创业是一种思维、推动和行动的方式，它是以机会为驱动，要求全面考虑,并具备协调的领导能力。Timmons 的定义强调了创业过程中的全面思考和领导能力的协调。

斯坦福大学的 Steve Blank 教授提出,创业是"寻找可扩展和可重复的商业模式的过程"。他强调了商业模式的重要性,认为创业者需要不断试验和调整,以找到最佳的市场和运营模式。哈佛大学的 Noam Wasserman 教授在其研究中指出,创业不仅涉及产品和服务的创新,还包括团队建设和组织管理的创新。他认为,创业者的成功不仅取决于他们的创意和技术,还取决于他们如何管理团队、资金和市场。Peter Drucker 在《创新与企业家精神》一书中,也将创业定义为"有系统地发现并利用机会"的过程,强调了创新在创业中的核心作用。

Howard H. Stevenson 进一步认为,创业是一种追逐机会的管理方式,与当时所控制的资源无关。他提出,创业可以从六个方面来理解企业的经营管理活动:发现机会、战略导向、致力于机会、资源配置过程、资源控制、管理和回报。这六个方面构成了创业管理的核心要素,涵盖了从机会识别到最终管理和回报的全过程。李时椿等学者对"创业"给予了更通俗的界定:"创业是指通过寻找和把握机遇,创造出新颖的产品和服务,并通过市场的力量,将其转化为企业或新的产业,从而实现企业的经济价值和社会价值。"这个定义突出了创业过程中产品和服务的创新性,以及市场在创业中的重要作用。

张玉利教授则认为,创业是具有创业精神的个体与有价值商业机会的结合,是开创新视野的过程。其本质在于把握机会,创造性地整合资源、进行创新并采取超前行动。创业过程包括抓住机会、整合资源、通过创新思维找到独特的创新点,与合适的商业机会相结合,创造价值,最终目的是积累财富,同时利用现有资金和资源,实现企业的经济价值和社会价值。张玉利的定义强调了创业过程中资源整合和创新思维的重要性,以及创业对经济和社会的双重贡献。所以创业不仅仅是创办企业,更是一种动态的管理过程,涉及机会识别、资源整合、创新思维和领导能力等多方面的因素。这些定义共同勾勒出一个完整的创业框架,揭示了创业活动在现代经济中的重要作用和复杂性。

(二)何为创业教育

创业教育(Entrepreneurship Education),在《英汉辞海》中由王同亿主编给出了多种解释:①对某项任务或活动的计划或设想;②冒险事业,尤其指复杂且高风险的项目;③企业单位,特别是小型独立企业;④具有特定目的的活动或方法;⑤探索精神、事业心、进取心以及胆量。

创业教育是指通过系统的教育和培训,培养学生的创业精神、创新能力和实际操作技能,使其具备识别和抓住商业机会、整合资源、承担风险并成功创办和管理新企业的能力。创业教育不仅关注创业知识的传授,还强调创业思维和能力的培养,旨在全面提升学生的综合素质和创新创业能力。

1991年,联合国教科文组织亚太地区办事处在日本东京召开的国际会议上对创业教育的概念进行了详尽的阐述。在《通过教育开发创业能力》的会议报告中,广义上的创业教育被描述为培养具备创新精神和能力的个人,这对于拿薪水的雇员同样具有重要意义。原因在于雇主不仅希望雇员能够在事业上取得成功,还越来越重视他们的首创精神、冒险精神、创业能力、独立工作能力,以及技术、社交和管理技能。因此,广义的创业教育旨在为学生提供一种灵活、持续、终身学习的基础。狭义的创业教育则与增收培训紧密相连:"增收培训是为目标群体,尤其是那些处于贫困和不利地位的人群,提供必要的技能、技巧和资源,使他们能够自力更生。"这类培训关注于提升个人的实际操作能力,帮助他们在经济上实现独立。

2018年,欧洲委员会在布鲁塞尔召开的"创新与创业教育高峰论坛"上对创业教育的概念进行了深入探讨。在《通过教育推动创新与创业》的报告中,广义上的创业教育被定义为培养具备创新精神和能力的个人,这对于所有职业群体,包括企业内部的员工,同样具有重要意义。报告指出,现代雇主不仅希望员工能够在日常工作中表现出色,还越来越重视他们的创新能力、冒险精神、创业思维、独立工作能力,以及技术、社交和管理技能。因此,广义的创业教育旨在为学生提供一种灵活、持续、终身学习的基础,培养他们适应不断变化的工作环境的能力。

狭义的创业教育则与"经济自主培训"紧密相关。这种培训专为特定群体设计,特别是那些处于贫困和弱势地位的人群,提供必要的技能、知识和资源,帮助他们实现经济独立。经济自主培训注重提升个人的实际操作能力,使他们能够在竞争激烈的市场中找到立足之地,并通过创业实现自我价值和经济自立。报告强调,这类培训对于改善社会弱势群体的经济状况,促进社会公平具有重要作用。

东京会议报告进一步强调:"广义上的创业教育旨在培养具有开创性思维的个人,这对于雇佣关系中的雇员同样重要。雇主除了期望雇员在事业上有所成就外,还更加看重他们的首创精神、冒险精神、创业能力、独立工作能力,以及技术、社交和管理技能。"这一观点表明,创业教育不仅针对创业者设计,对各个领域的专业人士也有显著的价值。创业教育不仅仅是创业者所需的知识和技能的传授,还涵盖了培养学生的创造力、问题解决能力和团队合作精神。它鼓励学生思考如何识别和抓住机会,如何在资源有限的情况下实现目标。创业教育还强调实践,通过真实的项目和案例研究,让学生在实际操作中获得经验和能力。此外,创业教育倡导终身学习理念,鼓励学生不断更新知识和技能,以适应快速变化的市场和社会环境。创业教育的内涵不仅限于创业本身,而是涵盖了广泛的技能和思维方式的培养。无论是作为创业者,还是企业员工,创业教育都能帮助个体提高综合素质,增强创新能力和竞争力,从而实现个人和社会的双重价值。

李时椿等学者对创业教育进行了详细界定:"创业教育包括广义和狭义两个层面。广义的创业教育以人的综合素质培养与创新能力为核心,而狭义的创业教育则侧重于培养创业的基本素质与具体技能。我国系统研究创业教育始于1990年,由毛家瑞和彭钢主持的'创业教育的理论与实验'课题研究,研究成果发表在《教育研究》1996年第5期上。在这篇论文中,作者认为,创业教育旨在开发和提升青少年的创业基本素质,培养具有创新精神的社会主义建设者和接班人。这种教育是在普通教育和职业教育基础上进行的,具有独特功能和体系。"

2019年,欧洲创新与技术研究所在布达佩斯召开的"未来工作与创业教育"大会上进一步强调:"广义上的创业教育旨在培养具有开创性思维的个人,这对于在职场中的雇员同样重要。雇主除了期望雇员在事业上有所成就外,还更加看重他们的首创精神、冒险精神、创业能力、独立工作能力,以及技术、社交和管理技能。"这一观点再次表明,创业教育不仅针对创业者设计,对各个领域的专业人士也有显著的价值。

创业教育不仅仅是创业者所需的知识和技能的传授,还涵盖了培养学生的创造力、问题解决能力和团队合作精神。它鼓励学生思考如何识别和抓住机会,如何在资源有限的情况下实现目标。创业教育还强调实践,通过真实的项目和案例研究,让学生在实际操作中获得经验和能力。例如,欧洲创新与技术研究所的"实践驱动创业项目"通过让学生参与实际企业运营和管理,帮助他们在真实环境中磨练技能和积累经验。

此外,创业教育倡导终身学习理念,鼓励学生不断更新知识和技能,以适应快速变化的市场和社会环境。创业教育的内涵不仅限于创业本身,而是涵盖了广泛的技能和思维方式的培养。无论是作为创业者,还是在职场中作为雇员,创业教育都能帮助个体提高综合素质,增强创新能力和竞争力,从而实现个人和社会的双重价值。

例如,荷兰的代尔夫特理工大学通过其创业教育课程,致力于培养学生的创业精神和创新能力,不仅帮助学生掌握创业所需的知识和技能,还通过项目实践和企业孵化器等平台,提供真实的创业环境,让学生在实践中成长。这些教育实践证明,创业教育不仅能够帮助学生在创业道路上取得成功,也能在他们进入职场后,提升其职业素养和竞争力,推动整个社会的创新和发展。

顾明远教授指出:"所谓创业教育就是教育学生不要消极等待单位招聘,而是在没有就业机会的情况下勇于自主创业。"卢晓中则认为,创业教育是在学校教育中,以培养学生创业综合素质为基本目标,强调创新精神和创业能力的教育。另有学者认为,创业教育是在全面素质教育基础上,培养和强化受教育者的综合素质与开创性个性,开发和提高现代创业意识与能力的教育。曾湘泉简要总结道:"创业教育就是开发受教育者的创业基本素质,提高他们创业能力的教育活动。"创业教育的范围非常广泛,涵盖社会生活的各个方面,包括职业技能教育、心理健康教育和基础教育等。通过创业教育,可以培养出具备社会生存能力的创业者,也能培养出真正具有创新意识的创业者。创业教育强调实践性,要求在教育过程中培养受教育者的创业意识和创业能力。

创业教育不仅注重技能培训,还重视培养学生的创造力、领导力和团队合作精神。通过案例分析、实地项目和模拟创业活动,学生能够在真实环境中锻炼和应用所学知识。此外,创业教育提倡终身学习的理念,鼓励学生不断更新和完善自己的知识和技能,以适应不断变化的社会和市场需求。通过这种全方位、多层次的教育模式,创业教育不仅培养出具备创业能力的人才,更为社会的创新和发展提供了源源不断的动力。

创业教育是一个系统化、综合性的教育过程,旨在培养具有创新精神和创业能力的个体,不仅为个人的职业发展奠定基础,也为社会经济的发展注入活力。无论是作为未来的企业家还是在各行各业中发挥作用的专业人才,创业教育都能为他们提供必要的素质和能力,帮助他们在充满挑战的现代社会中取得成功。

著名企业家李开复指出:"创业教育是培养学生主动创新和独立思考的能力,使他们在面对就业压力时,能够积极创造机会,勇于自主创业。"刘延东则认为,创业教育是以提升学生综合素质为目标,注重培养创新精神和创业能力的教育模式。另外,学者陈春花认为,创业教育是在素质教育的基础上,通过培养受教育者的创新能力和开创性思维,提升他们的创业意识和实际操作能力的教育。张维迎简要总结道:"创业教育是通过教育活动开发学生的创业潜力,提升他们的创业素质和能力的系统教育过程。"

近年来,中国高校在创业教育方面取得了显著进展。例如,北京大学的创业教育项目强调通过实践和理论相结合,培养学生的创新意识和创业能力。清华大学则通过"X-Lab"创业实验室,为学生提供创业实践的平台和资源,帮助他们将创意转化为实际的商业项目。这些项目和平台不仅为学生提供了丰富的创业教育资源,还通过实战演练提升了他们的创业技能和综合素质。

创业教育的范围非常广泛,涵盖社会生活的各个方面,包括职业技能教育、心理健康教育和基础教育等。通过创业教育,可以培养出具备社会生存能力的创业者,也能培养出真正具有创新意识的创业者。创业教育强调实践性,要求在教育过程中培养受教育者的创业意识和创业能力。例如,浙江大学的"创新创业学院"通过课程设置、创业竞赛和创业孵化器等多种形式,为学生提供全面的创业教育和实践机会,帮助他们在实际操作中锻炼和提升创业能力。

通过这些实践,创业教育在中国高校得到了广泛的推广和应用,不仅有效提升了学生的综合素质和创新能力,也为社会培养了大批具有创业精神和能力的人才。

（三）大学生创业教育

大学生创业教育旨在培养大学生的创业知识、创业素质和创业技能,注重能力培养而非学历导向,是大学创业教育的深化和拓展。具体而言,大学生创业教育致力于提升大学生的创业基本素质,培养他们的开创性个性和创业精神,包括创业意识、创业精神和创业品质等多个方面。

大学生创业教育是指在高校教育体系中,通过系统的课程设置和实践活动,培养学生的创业精神、创新能力和实际操作技能,使其能够识别和抓住商业机会、整合资源、承担风险并成功创办和管理新企业的教育活动。大学生创业教育不仅关注创业知识的传授,还强调创业思维和能力的培养,旨在全面提升学生的综合素质和创新创业能力。

近年来,随着全球经济的快速发展和就业市场的不断变化,大学生创业教育的重要性日益凸显。许多高校纷纷设立创业教育中心或学院,通过开设创业课程、组织创业比赛、提供创业孵化器等方式,积极推动大学生创业教育的发展。

创业知识的传授是大学生创业教育的重要组成部分。通过系统的课程设置,学生能够掌握创业理论、市场分析、商业计划书撰写等方面的知识,从而具备启动和管理企业的基本能力。创业素质的培养在大学生创业教育中也占据重要地位。创业教育强调个人综合素质的提升,包括领导力、决策力、创新能力和抗压能力等。这些素质不仅在创业过程中至关重要,对学生未来的职业发展也有着深远的影响。创业技能的训练是大学生创业教育的核心内容之一。通过实训课程、创业模拟、案例分析等实践环节,学生能够在真实或模拟环境中,应用所学知识提升实际操作能力。这种实践性教学不仅有助于理论与实践的结合,也能增强学生的信心和动手能力。大学生创业教育强调创业意识的培养,即培养学生识别和抓住创业机会的能力。创业精神则指学生在创业过程中表现出的创新、冒险和坚持不懈的精神。创业品质包括诚信、责任感和合作精神等,这些品质是成功创业者必备的素质。大学生创业教育是一种全面而系统的教育模式,涵盖了创业知识、素质和技能的培养,旨在提高大学生的创业基本素质,培养具有开创性个性和创业精神的优秀人才。通过这种教育,学生不仅能够在创业道路上取得成功,也能在各自的职业生涯中发挥重要作用,为社会经济的发展做出积极贡献。

大学生创业教育的核心要素包括以下几个方面:

(1)设置创业课程。大学生创业教育通常包括创业基础知识、商业计划书撰写、市场调研、财务管理、法律法规等方面的知识。这些课程帮助学生系统地掌握创业所需的基本知识和技能。

(2)开展实践活动。通过创业比赛、创业项目、实习和创业孵化器等实践活动,学生能够在真实的商业环境中锻炼自己的创业能力。例如,清华大学的"挑战杯"全国大学生课外学术科技作品竞赛,鼓励学生将创新想法转化为实际项目,并通过比赛获取创业资源和支持。

(3)邀请创业导师。高校通常会邀请成功企业家、投资人和创业专家担任创业导师,为学生提供指导和支持。北京大学的"创业导师计划"通过一对一的指导,帮助学生在创业过程中少走弯路,提高创业成功率。

(4)建设创业文化。高校通过创业讲座、创业沙龙、创业论坛等活动,营造浓厚的创业氛围,激发学生的创业热情。浙江大学的"创新创业文化节"通过一系列活动,推广创新创业文化,鼓励学生积极参与创业实践。

二、创业教育的特征

(一)教育理念的前瞻性

任何一种教育创新活动都可以被视为社会环境变革的产物。创业教育的前瞻性特点不仅仅是时间上的概念,从教育理念来看,这种前瞻性还体现在对创业教育价值取向的选择上。许多人认为,创业教育的主要价值在于

"企业家速成",即帮助学生于在校期间创办公司,成为像比尔·盖茨那样的创业企业家。然而,蒂蒙斯认为这种功利主义的创业教育类似于拔苗助长,无法满足以创立高新技术产业为标志的"创业革命"对人力资源的需求。

蒂蒙斯指出,学校的创业教育不同于社会上以解决生存问题为目的的就业培训,也不是一种"企业家速成教育"。真正意义上的创业教育应当关注的是——为未来的几代人设定"创业遗传代码",以培养具有革命性思维和能力的创业一代作为其基本价值取向。他的前瞻性创业教育理念,实际上是一种面向"创业革命"开发人力资源的教育创新。

具体而言,蒂蒙斯认为,创业教育不仅仅是教授学生如何创办企业,更重要的是培养他们的创新能力、批判性思维和适应快速变化的环境的能力。这种教育模式强调长期的发展和持续的学习,而不是短期的成功。它注重培养学生的综合素质,包括领导力、团队合作能力、解决问题的能力和抗压能力,从而为未来的创业者打下坚实的基础。

在这种理念下,创业教育应当包括广泛的实践活动,如参与创业项目、实地调研和创业竞赛等,让学生在真实环境中积累经验。此外,创业教育还应当鼓励跨学科合作和全球视野的培养,使学生能够应对不同文化和市场的挑战。通过这种系统化和全面的教育方式,创业教育不仅能够培养出具备实际创业能力的人才,更能为社会经济的发展提供源源不断的创新动力。这种教育理念的核心在于,它不仅关注学生当前的成功,更着眼于他们未来的长远发展,旨在造就能够引领"创业革命"的新一代。

（二）教育过程的鲜活性

创业教育本质上是一个充满活力与创新的过程。在探究创业规律并促使学生有效学习的过程中,学术理论与实际操作之间必然会产生冲突。唯有通过生动的教学过程,才能缓解教学与学习的矛盾,达成预期的教育目标。在教学实践中,创业教育尤其重视案例研究,既要涵盖成功案例,也要包括失败案例。通过对精心挑选的案例进行深入分析,提升教学的生动性,培养学生对创业问题的分析和判断能力。此外,组织学生参与创业计划竞赛或模拟创业活动,这些虚拟实践能够为学生提供宝贵的创业体验,有助于增强他们的创业意识,并提升其观察、思维和判断能力。

（三）课程结构的整合性

创业教育课程结构采用了"广义课程"的概念,将所有教学计划内和计划外的努力都纳入创业教育课程,以帮助受教育者设定"创业遗传代码"。这种结构不仅包括课堂教学,还涵盖各种实践活动、课外项目和社会实践,全面整合了创业所需的创业意识、创业个性特质、创业核心能力及相关社会知识。

在课程设计上,这种广义课程将科学教育与人文教育、智力教育与非智力教育进行了有效整合。例如,科学教育帮助学生掌握创业所需的技术知识和分析能力,人文教育则培养学生的伦理意识和社会责任感。智力教育关注学生的逻辑思维和问题解决能力,而非智力教育则重视培养学生的情商、领导力和团队合作精神。这种整合性的课程结构有助于学生全面理解创业所处的社会、经济和人文背景。通过参与多样化的课程活动,学生不仅可以学习到与创业相关的经济问题和社会问题,还可以深入探讨其他相关领域的问题。这种教育方式不仅能够提高学生的创业能力,还能培养他们的批判性思维和创新精神。

具体来说,创业教育课程包括以下几个方面:

(1)基础理论课程。教授创业管理、市场营销、财务管理等基本理论知识。

(2)实践项目。通过创业模拟、实地调研和创业竞赛等活动,让学生在实际操作中应用所学知识,积累实战经验。

(3)跨学科课程。引入经济学、社会学、心理学等学科的知识,帮助学生从多角度理解创业问题。

(4)非智力素质培养。通过领导力培训、团队建设活动和心理健康教育等,提升学生的综合素质。

(5)社会实践。鼓励学生参与社会服务项目、实习和企业参观,增加他们对社会和市场的了解。

通过全方位、多层次的课程设计,创业教育不仅致力于传授创业技能,更注重培养学生的综合素质和创新能力。同时帮助学生在复杂的社会经济环境中找到创业的切入点,解决实际问题,成为具有开创性思维和实际操作能力的未来创业者。

(四)师资队伍的专业性

在大学生的创业教育过程中,教师的角色显得尤为重要。大学生群体具备独特的特征,他们不仅拥有扎实的专业知识结构和高涨的创业热情,还具备灵活的思维模式,然而却常常缺乏实际的操作经验。因此,创业教育对教师提出了苛刻的要求,要求他们不仅具备丰富的实际操作经验,还需要与社会保持紧密的联系,以便能够有效地引导学生。此外,教师还需积极争取企业对学校创业教育的支持,以提供给学生充分的模拟实践机会,帮助他们在安全的环境中实践和学习创业技能。

为了胜任这一重要的教学使命,创业教育的教师必须具备广泛的知识背景和多方面的技能。他们需要理解心理学和教育学原理,同时掌握专业的创业技能和经验。为了不断提升教学质量,教师还应接受系统的专业培训,以提高他们的教育能力和理论水平,从而更好地支持和指导学生的创业探索与实践。

第二节 创业教育思想的渊源

一、创业教育的兴起

创业教育在美国和欧盟的发展体现了两个地区在教育创新和创业精神培养方面的领先地位。1947 年,Myles Mace 在哈佛大学商学院率先开设了针对 188 名 MBA 学生的创业教育课程,这一举措被视为大学创业教育的奠基之作。1971 年,美国南加州大学推出了专门的创业教育 MBA 学位,使美国创业教育迈入快速发展的新阶段。Katz(2003)的研究数据显示,截至 2000 年,超过 1600 所美国学校提供了超过 2200 门与创业教育相关的课程,展示了美国在全球创业教育领域的引领地位。

创业教育的兴起可以追溯到 20 世纪后期,随着全球经济的发展和产业结构的调整,传统的就业模式逐渐发生变化,越来越多的人开始关注创业对经济增长和社会发展的推动作用。在这一背景下,创业教育逐渐成为各国教育体系的重要组成部分。

20 世纪 80 年代初,美国率先在高等教育中引入创业教育课程。斯坦福大学和哈佛大学是最早开展创业教育的高校之一。这些课程的设立初衷是应对当时经济低迷和就业困难的问题,通过培养学生的创业精神和创新能力,为社会创造更多的就业机会和经济增长点。斯坦福大学商学院推出了一系列以创业为主题的课程和讲座,并通过其知名的创业孵化器(如斯坦福创业加速器)为学生提供创业实践的平台和资源。

与此同时,欧盟也在创业教育方面采取了积极的行动。2006 年,欧洲议会和欧盟委员会通过了关于"终身学习关键能力"的建议案,将"主动意识和创业精神"列为终身学习的重要组成部分。2009 年,《欧盟教育和培训合作战略框架:2020》(ET2020)进一步强调在各级教育和培训中培养学生的创造、创新和创业能力,将其确立为欧盟教育发展的长期战略目标之一。

欧盟国家在创业教育方面取得了显著进展。2013 年,欧盟启动了"创业教育行动计划",旨在通过系统的创业教育和培训,提升欧洲青年的创业精神和创新能力。该计划鼓励各成员国将创业教育纳入国家教育体系,并通过多种形式的合作和交流,推广成功的创业教育经验和模式。

美国和欧盟的创业教育体系不仅包括丰富多样的学术课程和实践项目,还积极响应全球创新和经济挑战,为学生提供了广泛的学习机会和实践平台。这两个地区致力于通过创新教育模式和全面的教学方法,培养具有全球竞争力的创业者和领导者,为未来社会和经济的发展做出重要贡献。

在国际上,创业教育也不断创新和发展。2019 年,联合国教科文组织发布的《全球创业教育报告》指出,创业教育已成为各国教育改革的重要方向。报告强调,通过创业教育,可以培养学生的创新精神和创业能力,提升他们的就业竞争力,推动经济和社会的发展。

二、创业教育在美国

Kata（2003）在他对美国 20 世纪创业教育发展历程的研究中指出,自从 1947 年哈佛大学首个创业教育课程开设以来,美国的创业教育迅速发展。到了 21 世纪初,美国已有 1600 所大学提供超过 2200 门与创业教育相关的课程,设立了 277 个创业教育终身教授职位和 44 个相关的匿名评审英文学术期刊,同时还有超过 100 个创业教育中心,并且在课程设置方面逐渐达成了一定的共识。然而,Kata（2003）认为,尽管美国的创业教育已经进入成熟阶段,但仍存在一些挑战。首先,专业的创业教育教师仍然稀缺,而学生对创业教育的需求却不断增加。由于师资匮乏,很多教师来自其他专业领域。其次,尽管本科生和研究生创业项目数量急剧增长,但专注于创业学研究的博士生项目却相对稀少,这导致创业教育的师资发展受到了限制。最后,尽管存在大量专业学术期刊,但高质量的创业教育研究文章并不多见,并且许多期刊尚未进入专门的学术期刊检索库中。Solomon（2007）的研究指出,市场对创业教育的需求不断增长,创业教育已从商学院扩展到艺术、工程和理科等非商科领域。一些学校开始设计专门针对非商科学生的创业课程,采用跨学科共同开发的模式。Katz（2008）的研究进一步强调,尽管创业课程向其他专业扩展,出现了许多非商学院的创业教育项目,但这些项目仍处于起步阶段。这些利基项目使用的创业教育理念多源自商学院,包括理论、案例和研究方法,甚至教师也多来自商学院。

随着科技的飞速发展和市场需求的不断变化,美国的创业教育进一步深化和扩展,体现出以下几方面的创新与变革:

（1）跨学科合作。许多高校通过跨学科合作，推动创业教育的多元化和创新性。例如，斯坦福大学的"D. school"（设计学院）通过设计思维的方法，培养学生的创新能力和问题解决能力，将创业教育与设计、工程、医学等学科结合，推动跨学科的创业实践。

（2）国际交流与合作。美国高校积极开展国际交流与合作，通过全球创业教育联盟和国际创业项目，分享成功经验和最佳实践，推动创业教育的全球化发展。比如，"全球创业教育联盟"（GEEA）通过组织国际会议和交流活动，促进全球高校在创业教育领域的合作与交流。

（3）新兴科技与创业教育结合。随着人工智能、大数据、区块链等新兴科技的发展，美国的创业教育也不断融入这些新技术，培养学生在新兴领域的创业能力。麻省理工学院的"人工智能创业课程"通过教授 AI 技术和商业应用，帮助学生在人工智能领域实现创业梦想。

（4）社会影响力创业。近年来，社会影响力创业在美国逐渐兴起。哈佛大学和斯坦福大学等顶尖高校开设了社会影响力创业课程，鼓励学生通过创业解决社会问题，提升社会福祉。比如，斯坦福大学的"社会创新与创业课程"通过案例研究和实地考察，培养学生的社会责任感和创新能力。

美国的创业教育体系已经相对成熟，涵盖了不同背景和领域的学生，综合了多种学术观点。随着跨学校、跨专业合作的创业教育课程快速增长，创业教育将继续深化发展。然而，作为独立学科，创业教育的学科合法性仍需进一步确立。

三、创业教育在欧盟

2009 年，欧盟发布了 ET2020 战略框架，旨在通过各级教育和培训培养欧洲公民的创新和创业能力，推动欧盟成为一个充满创业氛围的社会。这一战略框架强调了创业教育的重要性，并提出了一系列措施来实现这一目标。

欧律狄刻网络联盟（Eurydice Network）在 2012 年的调研结果显示，绝大部分欧盟成员国已将创业教育纳入其国家教育战略中。在小学阶段，约三分之二的国家将创业教育整合到教学计划中，通常作为现有课程的一部分，以促进学生对创业概念的初步理解。而在中学阶段，几乎所有国家都将创业教育融入教学计划，既有独立设置的课程，也有嵌入其他学科课程中的形式。这些教育指导文件明确了创业教育的目标和成效评估标准，包括培养学生的创业态度、知识和实际操作技能。

然而，欧盟企业与工业理事会在其 2008 年的报告中指出，尽管创业教育在高等教育中有所发展,但大部分创业教育课程仍主要集中在商学院,非商科领域的创业教育课程相对较少。报告还提到,许多大学面临着师资不足和资金紧张的问题,导致创业教育的发展受到限制。跨学科创业教育课程开设不足,以及教师与不同学科之间合作的不足,也是影响创业教育多样化和深度发展的重要因素之一。

尽管如此,欧盟各成员国已经建立了从小学到大学的创业教育培养体系,并在不断努力完善中。ET2020 战略框架为欧盟成员国在创业教育领域的进一步发展提供了清晰的方向。未来,随着对创新和创业能力需求的持续增长,预计创业教育将在欧盟各级教育和培训中占据更为核心的地位,促进欧洲社会的全面创新发展。

欧盟已推出多个政策和战略框架,以支持和推动创业教育的发展。2016 年,欧盟委员会发布了《创业 360》(*Entrepreneurship* 360),旨在通过教育和培训提升欧洲青年的创业能力。该计划鼓励各成员国将创业教育纳入国家教育战略,推动各级教育机构开展创业教育。通过多种资金项目支持创业教育的发展。例如,欧盟的"伊拉斯谟+"计划不仅促进了跨国教育合作,还为创业教育项目提供了资金支持。该计划帮助高校和职业教育机构开发和实施创业教育课程和项目,促进学生的创业实践。

此外,欧洲社会基金(ESF)也为创业教育提供了重要的资金支持。ESF的项目涵盖了创业培训、创业孵化器和创业竞赛等多个方面,旨在提升青年的创业能力和就业竞争力。近年来,ESF 加大了对创业教育的投入,帮助各国高校和职业教育机构开展创新创业项目。

欧盟高度重视创业教育的实践性,通过各种项目和创业孵化器为学生提供实际操作的机会。许多高校设立了创新创业中心和创业孵化器,为学生提供创业培训、导师指导和资源对接。例如,柏林自由大学的"创业网络"通过创业培训和资源对接,为学生提供全面的创业支持服务。

法国的社会创新学院(School for Social Innovation)通过课程和项目鼓励学生关注社会问题,培养他们的社会影响力和创业能力。该学院与非政府组织和社会企业合作,为学生提供社会影响力创业的实践机会,提升学生的社会责任感和创新能力。

第三节 创业教育的意义

以创业带动就业的发展战略,是促进经济社会发展的新契机,是扩大就业规模的新载体;是进一步发挥创业,促进就业倍增效应的新平台;更是转变就业促进模式的新机遇。在高校开展创业教育,具有十分重要的意义。

一、加快国家创新体系建设

我国要在 21 世纪中叶达到中等发达国家水平,关键在于全民的创新意识和创新能力的显著提升。这不仅是提高国家竞争力的核心所在,也是确保国家长期繁荣的重要基础。大学生群体作为社会发展中最具活力和潜力的力量,承担着重要的历史使命,即提升全民的创新意识,并推动国家创新能力的全面发展。开展大学生创业教育并形成创业文化,绝不仅仅是培养个别企业家的问题,而是要在大学生中培养出大批具备创业精神和创业能力的领军人物和高素质企业家。这些人才不仅能够引领新时代的经济发展,还将成为创造社会财富和促进经济持续增长的重要推动力量。

在这个过程中,大学生创业教育不仅仅是单一学科或课程的推广,而是一种全面提升学生综合素质、激发创新潜能的战略举措。它应该与社会、经济和科技的发展需求紧密结合,通过培养创新精神、团队合作能力、市场洞察力等,为学生提供创业实践的机会和平台,使他们在竞争激烈的现代社会中具备更强的生存力和发展潜力。大学生创业教育的重要性不可低估,它不仅是个人成长的关键一环,更是国家未来发展的战略支柱。政府、教育机构和企业界应该共同努力,为大学生创业教育提供更加完善的政策支持、资源保障和环境条件,以推动我国创新能力的全面提升和国家竞争力的持续增强。

二、减轻就业压力和促进科技成果转化

党中央、国务院把引导和鼓励毕业生到基层就业以及支持毕业生创业作为当前和未来毕业生就业工作的重中之重,这一战略决策旨在应对我国高等教育规模快速扩大带来的就业压力和结构性问题。毕业生的就业问题不仅影响个人发展,也关系到社会稳定和经济发展的大局。目前,我国中小企业已成为经济增长的重要引擎,超过 800 万家企业提供了约 75% 的城镇就业岗位,成为吸纳就业的主力军。

大学生创业不再是简单的个体就业选择,而是社会经济发展的重要动力。通过创业,大学生不仅能够自主实现职业发展,还能为社会创造更多的就业机会,减轻社会的就业压力。特别是在当前全球经济不确定性增加的背景下,创业不仅是就业的选择,更是经济结构调整和转型升级的必然选择。

近年来,我国高校毕业生人数持续攀升。教育部数据显示,2022年,全国高校毕业生人数首次破千万。2023年全国高校毕业生规模达1158万人,毕业生人数再创新高。而在2000年,全国高校毕业生人数仅为100.9万人,二十余年间该人数增长超10倍。

近年来,我国大学毕业生数量迅速增加,从2004年的280万人增至2010年的631万人,未就业毕业生数量也从2004年的76万人增至2010年的164万人。这一趋势使得毕业生就业市场竞争激烈,尤其是在经济不景气和结构性调整背景下,大学生就业面临更大的挑战。因此,政府和社会各界普遍认为,大学生创业不仅是缓解就业压力的有效途径,也是激发社会创新活力、推动经济结构优化的战略性举措。

党的十八大提出的创新、协调、绿色、开放、共享的发展理念,强调了科技创新在推动经济高质量发展中的关键作用。大学生创业不仅能够培养创新精神和实践能力,还能促进科技成果的转化和应用,推动产业升级和经济结构调整。因此,支持和鼓励大学生创业不仅是应对当前就业问题的需求,更是为了长远经济发展和社会稳定的全面考量。

党的二十大报告提出,强化就业优先政策,健全就业促进机制,促进高质量充分就业。为确保实现党的二十大报告提出的实现高质量充分就业的目标,必须紧紧抓住就业是最大、最基本民生这个关键点,充分把握就业和劳动力市场演变的规律和特点,继续实施就业优先战略,进一步强化就业优先政策,健全有利于更加充分更高质量就业的促进机制。

表1-1　我国2018—2024年高校毕业生人数　　（单位:万人）

年份	2018	2019	2020	2021	2022	2023	2024
毕业生人数	820	834	874	909	1076	1158	1179
毕业未就业人数	76	93	124	144	173	159	164

三、促进高校人才培养模式的改革

我们正处在一个迫切需要具备创新精神和创业能力的时代。在这样的背景下,高校必须明确其重要使命和责任,即培养学生成为能够应对现实挑战并推动社会进步的创新型人才。大学生创业不仅是教育面临的挑战,更是对传统教育模式的一种反思和促进。它揭示了传统教育在培养学生实际操作能力、创造力和创新精神方面的不足之处。

创业教育的开展要求高校进行人才培养模式的深刻变革,以便系统地培养和提高学生的创业素质。这包括培养学生的生存能力、竞争能力和创业能力,使他们具备从"求职者"向"创业者"和"企业家"的角色转变的能力,从而成为经济发展的积极参与者和社会创新的推动者。为了实现这一目标,高校应当普及创业教育,确保所有在校学生都能接受相关培训和指导。同时,针对那些显示出强烈创业倾向和潜力的学生,需要提供更为深入和个性化的创业精英培训和支持政策,帮助他们在创业的道路上稳步前行。

高校作为创新和知识传递的重要阵地,有责任通过"批量生产"具备创新意识和创造能力的企业家和小企业家,推动经济结构优化和社会经济发展的转型。这种转型不仅关乎个体学生的成长和发展,更关乎整个社会对创新、创业力量的激励和发挥。因此,高校在推进创新和创业教育时,应当注重与企业界和社会各界的紧密合作,共同营造培养创新人才的良好环境和生态系统。这样的合作不仅有助于学生获取实际经验和行业洞察力,也有助于高校创新教育内容和方法,以适应不断变化的社会需求和经济形势。

四、提高我国创业者队伍的整体素质和创业水平

中国创业研究中心的调查表明,随着经济社会的发展和教育普及水平的提高,现代中国的创业者群体正经历着显著的变化。从最初以生计为主要目的的创业者,到如今更多关注创新和市场竞争力的新一代创业者,其教育背景和素质水平都有了显著提升。这一变化反映了中国经济结构的转型和创新驱动发展战略的推动。

随着高等教育的普及和创业教育的推广,大学生创业成为社会关注的热点。中国政府鼓励大学生到基层就业和创业,旨在通过创业教育培养更多具有创新意识和实践能力的人才,推动经济结构升级,增强国家的创新能力和竞争力。这不仅是对个体发展机会的拓展,也是为国家长远发展打造更多创新型企业和行业领袖的重要途径。

在经济全球化的背景下,中国创业教育的推广还能促进国际交流与合作,吸引外国人才来华创业,推动中国与世界各国在创新和科技领域的深度合作。这种国际化的创业教育不仅有助于跨文化理解和经验分享,还能为中国企业走出去提供更多智力支持和战略指导。

因此,扩展和深化创业教育不仅仅是应对就业压力和提高创业者的成功率,更是推动经济社会发展、增强国家软实力的重要举措。通过为大学生创造更好的创业环境和支持体系,中国可以培养出更多具备国际竞争力的创业人才,为全面建设社会主义现代化国家贡献力量。

五、发挥创业拉动就业的倍增效应

大学生创办自己的企业,不仅有助于实现自身就业,还能通过带动其他人才和劳动力的就业,促进社会整体就业水平的提升。当前和未来一段时间,我国的就业形势依然面临严峻挑战。解决就业问题的关键之一是创造更多的就业岗位,而创业活动则被认为是促进就业机会不断扩展的关键动力之一。促进创业以带动就业,具有激发创业的就业倍增效应的潜力,对于缓解就业压力具有重要的现实意义。

大学生创业不仅是个人职业发展的一种选择,也是经济社会发展的重要推动力量。他们创办的企业不仅提供了新的工作岗位,还促进了新技术、新产品的推广应用,推动了市场的活跃与发展。特别是在当前经济转型升级的背景下,创业活动不仅是经济增长的重要引擎,更是应对结构性失业和推动全员就业的有效手段之一。

从长远来看,通过创业带动就业不仅增加了就业岗位数量,还培养了更多的创新型人才。这种方式不仅可以为个体创业者提供更广阔的发展空间,还能为整个社会经济带来更加持续和稳定的就业增长。因此,政府和社会各界应当共同努力,为大学生创业提供更好的政策支持和创业环境,进一步释放创业的潜力,实现创新发展和就业双赢的局面。

本章小结

创业作为一种活动,是利用机会,整合资源,通过创新思维找到市场痛点,并结合适当的商业机会创造经济价值和社会效益的过程。在当今社会,创业教育被视为一种广泛涵盖社会生活各个方面的教育形式,不仅包括职业技能教育、心理健康教育和基础教育,还涵盖了创业者的社会适应能力和创新意识的培养。

特别是大学生创业教育,旨在培养学生的创业知识、创业素质和创业技能,不再仅仅以传统学历教育为导向,而是通过深化创新教育,引导学生掌握创业过程中必需的技能和思维方式。这种具有前瞻性的教育理念,强调适应未来社会的创新需求;同时,其教育过程强调实践性,通过模拟创业实践和项目开发,激发学生的创业潜力和能力。

在课程结构上,创业教育倡导整合性,将科学教育、人文教育、技术教育等各类知识和技能融合,使学习者能够在多元化的背景下培养综合能力。专业的师资队伍则是创业教育成功的关键,他们不仅具备学科专业知识,还能教授实用的创业技能和策略,为学生提供全面的指导和支持。

从国家发展战略的角度看,创业教育不仅有助于加快国家创新体系的建设,还能减轻大学生的就业压力,促进科技成果的转化和产业升级。同时,它也推动了高校人才培养模式的改革,为我国创业者队伍的整体素质和创业水平提升做出了贡献。最重要的是,创业教育的推广和发展,不仅是为了培养少数成功企业家,更是为了激发更广泛的创业精神,从而带动社会经济的可持续发展和创新的推动力量。

第二章 | 我国高校创业教育的现状

目前,中国的大学生创业教育正处于一个较为开放的外部支持环境和逐步改善的内部支持环境之中。这种环境的形成得益于对国内外先进的创业教育理念和成熟的创业教育模型的借鉴与融合。

在外部支持方面,中国的高校创业教育不仅仅局限于课堂教学,更多地借鉴和引进了国外的先进经验和理念。例如,国外许多大学在创业教育方面积累了丰富的经验,包括课程设置、师资培训、创业项目孵化等方面的成熟模式。中国高校通过引入这些模式和经验,使得创业教育在方法论和实践上能够更具针对性和有效性。

内部支持环境的改善主要体现在高校内部管理体制的优化和资源配置的改善。教育部、人力资源和社会保障部、团中央、全国青联等部门对大学生创业教育给予了高度的重视和积极的支持,包括政策倡导、项目资助、资源对接等多方面的支持措施。这些部门通过政策制定和资源投入,为大学生创业提供了更为有利的政策环境和资源保障,推动了创业教育的深入开展和持续改善。

总体而言,中国高校的创业教育在外部和内部支持的双重推动下,正逐步形成一套系统化、有效的创业教育体系。这不仅有助于培养更多具备创新创业精神的大学生,也促进了中国创新驱动发展战略的实施,为社会经济的可持续发展贡献了积极力量。在未来,随着社会环境和政策支持的进一步完善,中国大学生创业教育有望在国际竞争中占据更加重要的地位。

第一节 我国高校创业教育发展的历史回顾与总结

一、我国高校创业教育发展的历史回顾

1989 年 11 月底到 12 月初,联合国教科文组织在北京召开了"面向 21

世纪教育国际研讨会",这次会议汇集了来自全球的教育专家和决策者,探讨未来教育的发展方向。会议报告中,提出了"学习的第三本护照"概念,即创业能力护照的概念。这一概念强调,除了传统的学术知识和职业技能,创业能力在未来教育中同样重要,应当得到同等重视和认可。

北京会议成功举办后,联合国教科文组织亚太办事处在曼谷召开了"提高儿童青年创业能力的革新教育规划会议"。该会议旨在制定创业教育的全球概念框架和实施策略,并在中国、印尼、泰国等六个国家组织实施。这一举措标志着联合国教科文组织在推广创业教育方面的重要尝试和探索,为不同文化和社会背景下的青少年创业能力培养提供了新的理论和实践支持。1991年1月,联合国教科文组织在日本东京再次召开相关研讨会,进一步深化了创业教育的国际交流与合作。这些研讨会为各国教育机构和政策制定者提供了一个平台,共同探讨如何通过创新的教育方法和政策措施,促进青年创业精神的培养和发展。

1990年8月至1991年9月,我国参与了联合革新教育项目,旨在提升儿童和青年的创业能力。这一项目在五个省份和一个直辖市开展了创业教育的实验研究。该项目的主要目标是探索创新的教育方法,培养青少年的创业意识和实践能力。经过一年的试点实验,项目在继续教育和普通教育领域均取得了显著的成效,为未来推广创业教育提供了宝贵的经验和支持。

1998年,清华大学成立了中国创业研究中心,标志着我国创业教育研究的正式启动。该中心致力于研究创业的理论与实践,并推广创业教育的相关内容。同年,清华大学举办了中国最早的学生创业计划竞赛,通过这一活动激发了大学生的创业热情,进一步推动了创业教育的普及与发展。1999年,我国发布了《面向21世纪教育振兴行动计划》,首次将创业教育纳入教育改革的重要议程。该计划强调高校应发挥自身优势,支持科研创新和产业结构调整,同时建设高新技术产业化基地和科技园区,为师生创业提供支持和保障。1999年5月,我国团中央和科技部联合发布了《关于共同实施中国青年科技创新行动的意见》,进一步强调要鼓励青年人创新和创业,为大学生创业教育提供了政策和舆论支持。

1999年6月,中共中央、国务院颁发了《关于深化教育改革,全面推进素质教育的决定》,再次强调高等教育的使命在于培养学生的创新能力、实践能力和创业精神,提升他们的人文素养和科学素养。2002年,教育部召开了创业教育研讨会议,会议确定了九所创业教育试点院校,并为这些院校提供了政策和经费支持,以推动创业教育在高等教育中的深入发展。同时,教育部还举办了首届创业教育骨干教师培训班,培养了近200名高校教师的创业教育能力,为全国范围内的创业教育工作注入了新的动力和活力。

2003 年 9 月,南开大学商学院举办了"首届创业学暨企业家精神教育研讨会",吸引了来自国内 50 多所院校的 80 多位学者参与讨论。这次会议标志着创业教育在中国高校中的持续发展和深化,为进一步推广创业精神和实践能力奠定了基础。随后,清华大学、吉林大学、浙江大学等高校也相继举办了类似的学术会议,逐步形成了一个跨院校的创业教育交流平台。

2005 年 9 月,由团中央国际联络部、国际劳动组织和联合国青年就业网络中国项目合作办公室共同开展的大学生创业教育试点项目 KAB 正式在北京启动。KAB 项目旨在通过专门设计的课程和实践活动,培养大学生的创业意识和能力,以应对当今复杂的经济和社会环境,为他们未来的职业生涯做好准备。同年 11 月,南开大学引入百森商学院的创业教育师资培训项目 SyEE,同时成立了中国创业研究与教育联盟,并举办了国际研讨会,这一举措有效地联结了国内外在创业研究和教育领域的专家和机构,共同促进中国创业教育的进步与创新。

2006 年,我国 95 所 MBA 培养院校中超过 80% 的院校开设了创业及相关课程,显示出创业教育在高等教育中的普及和重视程度。许多院校已将创业作为重要的专业方向,为学生提供了更多的实践机会和支持。2007 年 10 月 15—21 日召开的中国共产党第十七次全国代表大会中明确提出了"建设创新型国家"的战略目标。我国的创新创业教育经过初步探索阶段,已逐渐步入深入研究和发展的道路。2009 年 1 月,教育部发布了《国家中长期教育改革和发展规划纲要》,强调要推进创业教育,建立起高校与科研院所、行业企业联合培养人才的新机制。这一政策文件进一步明确了创业教育在教育改革中的战略地位,为我国高校创业教育工作的继续推进提供了重要的指导和支持。

为了推动中国大学生创业教育朝着科学化、制度化、规范化方向迈进,教育部于 2012 年 8 月 1 日发布了《普通本科学校创业教育教学基本要求(试行)》。该文件明确规定了普通本科学校创业教育的教学目标、原则、内容、方法和组织,为今后大学生创业教育提供了重要的规范和指导。这不仅对提升教育质量和学生创业能力具有重要意义,也必将为中国大学生创业教育注入新的动力和活力。未来,随着政策的持续推动和社会需求的增长,预计中国大学生创业教育将进一步拓展和完善,为培养更多具有创新创业精神的高素质人才做出更大贡献。

2014 年教育部发布《关于做好 2015 年全国普通高等学校毕业生就业创业工作的通知》,要求各高校要将创新创业教育贯穿人才培养的全过程,提出要建立弹性学制,允许在校学生休学创业。2015年5月,印发了《国务院办公厅关于深化高等学校创新创业教育改革的实施意见》(国办发〔2015〕36号)提出要深化高校创新创业教育改革。2015年10月底,党的十八届五中全会旗帜鲜明地提出要"培育发展新动力,激发创新创业活力,推动大众创业、万众创新"。2016年5月30日,在北京召开了全国科技创新大会、两院院士大会、中国科协第九次全国代表大会。2016年6月1—7日举办了以"创新驱动发展,科技引领未来"为主题的国家"十二五"科技创新成就展,传达了党中央号召全党全国特别是广大科技工作者要把科技创新摆在更加重要的位置,实施好创新驱动发展战略,继续在加快推进创新型国家建设、世界科技强国建设的历史进程中建功立业。

总体而言,中国的大学生创业教育尽管取得了一定进展,但仍处于起步阶段。目前,该领域的发展还不够制度化、规范化和深入化。在高校中,创业教育主要通过课堂讲授进行,同时还包括创业计划大赛、企业家专题讲座以及创业实习基地等形式。一些高校甚至与政府合作,建立起大学生创业园区,为学生提供创业的环境和资源。

二、我国高校创业教育发展的历史总结

(一)创业教育发展的阶段总结

迄今为止,我国的大学生创业教育大致可以分为以下几个阶段。

第一个阶段,即1985年以前的空白期。在这之前,中国实行的是计划经济体制,高等教育也受到高度集中的计划管理模式的影响。招生、就业等方面都严格按照国家的计划执行,大学生毕业后往往由国家或集体单位统一分配工作,缺乏自主选择的机会。因此,在这个时期,大学生创业教育的概念和实践几乎处于空白状态。1985年以后,随着经济体制改革的深化和高等教育的改革开放,中国的大学生创业教育逐步迎来了新的发展机遇和挑战。

第二阶段,即1985年到1997年,是中国大学生创业教育开始萌芽和酝酿的时期。1985年,中共中央发布了《中共中央关于教育体制改革的决定》,这一决定对高等学校毕业生的就业政策进行了重要改革。新政策允许国家招生计划内的大学毕业生自主选择就业单位,不再强制分配到固定工作单位,这为部分毕业生开展自主创业提供了条件和动力。随着政策的放开,一些高校开始在已有的就业指导基础上探索大学生创业的指导工作。然而,直到1991年,中国作为联合国教科文组织的"创业教育"项目成员国,才在

六个省市试点创业教育。这一试点教育在理论和实践层面都取得了一定成就，为中国创业教育的发展奠定了基础。然而，这段时期的创业教育并未能实现全面推广和持续发展。尽管取得了初步进展，但资源分配不均、政策支持不足等问题，导致创业教育未能在全国范围内深入推广。总体而言，这一时期为中国大学生创业教育的起步阶段，尽管初步探索和试点取得了一些成效，但真正全面开展的条件和机制还需进一步完善和落实。

第三个阶段，即 1997 年至 2002 年的高校自主探索时期，标志着中国大学生创业教育的初步发展和探索阶段。这一时期的起点可以追溯到 1997 年清华大学举办的"创业计划大赛"项目，这是中国高等院校自发探索创业教育的开端。随后，包括复旦大学、北京航空航天大学等在内的多所高校相继开始了创业教育方面的探索和实践。在 1997 年至 2002 年 4 月这段时间里，许多高校开展了自主性的创业教育探索。1999 年 1 月，国务院批转教育部《面向 21 世纪教育振兴计划》的通知，这是政府首次正式回应高校创业教育探索的文件。通知中提出要"加强对教师和学生的创业教育，鼓励他们自主创办高新技术企业"，这是为高校创业教育提供政策和法规支持的重要契机。同时，自 1999 年起，教育部、全国学联等多个单位联合主办的"挑战杯"大学生创业计划竞赛也正式启动。这一竞赛活动不仅在全国高校中广泛传播创业理念和知识，还激励和示范了大学生的创新创业行为，对于大学生创业教育的普及化和深入化起到了历史性的推动作用。

第四个阶段，即从 2002 年 4 月至 2014 年 5 月的大学生创业教育试点和发展阶段，标志着中国创业教育进入了新的阶段。2002 年 4 月，教育部确定了清华大学、北京航空航天大学、中国人民大学、上海交通大学等 9 所高校为大学生创业教育的试点院校，并提供了资金和政策支持。这一举措意味着政府开始正式参与和引导大学生创业教育，试点高校被期望成为探索有效教育方法和实践模式的先锋。相较于之前的阶段，这一时期的显著特点在于政府介入创业教育的积极性增强，高校开始在政府的支持和引导下，探索多样化的创业教育发展路径。经过十余年的发展，试点院校在不同形式上进行了创业教育的深入探索和实践，形成了一定的理论积累和实践经验。教育部和试点高校的带动作用推动了地方政府和普通高校，包括地方高校，在政府指导和资助下开展大学生创新教育。部分高校甚至独立开展了大学生创业教育。许多高校已经开设了涵盖创业教育相关课程的专业。这些努力和举措使得中国大学生创业教育进入了全新的发展阶段。2012 年 8 月 1 日，教育部印发了《普通本科学校创业教育教学基本要求（试行）》，这一文件对普通本科学校创业教育的教学目标、教学原则、教学内容、教学方法和教学组织做出了明确规定,为推动创业教育的进一步发展提供了指导和规范。

第五个阶段,即从 2014 年 6 月至今的创业教育全面开展阶段。这一阶段的开端可以追溯到 2014 年达沃斯论坛,李克强在会上首次提出了"双创"战略,标志着中国创业教育进入了新的历史阶段。2014 年 9 月,夏季达沃斯论坛进一步强调了"双创"战略的重要性,强调要通过改革创新,推动"大众创业、万众创新"的浪潮,形成"万众创新、人人创新"的新动能。在"双创"战略的推动下,2014 年以来,中国相继出台了多达 13 份支持创业创新的文件,为新市场主体的涌现和高技术产业的增长提供了有力支持。每天新增市场主体超过 1 万家,高技术产业增速超过 10%,电子商务带动了大量农民致富,创客群体在全国范围内迅速扩大,这一系列数据显示,"大众创业、万众创新"已经成为中国经济新常态的重要引擎之一。同时,创业教育在高校中也得到了深入的推广和开展。全国各地的高校积极建设创业孵化基地和众创空间,创业教育成为高等教育的重要组成部分。通过创业课程、创业实践、创业导师制度等多种形式,高校为学生提供了全方位的创业教育支持,促进了大学生创新创业意识的培养和实践能力的提升。2015 年 5 月,《国务院办公厅关于深化高等学校创新创业教育改革的实施意见》,站在国家实施创新驱动发展战略、促进经济提质增效升级、推进高等教育综合改革、促进高校毕业生更高质量创业就业的高度,明确了深化高等学校创新创业教育改革的指导思想、基本原则、总体目标,提出了 9 项改革任务、30 条具体举措。由国务院发布文件,推进深化改革,标志着中国高校创新创业教育进入了在国家统一领导下深入推进的新阶段。这一阶段,高校创新创业教育已经由"以创带就"拓展为以"大众创业、万众创新"驱动经济社会发展,创新创业教育的实质拓展为以创新为基础的创业,支持创新者去创业,使创新创业成为驱动经济社会发展的引擎。2015 年 10 月,首届中国"互联网+"大学生创新创业大赛在吉林大学举办。此次创业大赛的特点在于以互联网平台为基础,设置"互联网+"传统产业、"互联网+"新业态、"互联网+"公共服务、"互联网+"技术支撑平台四种类型,以敦促大学生紧跟时代潮流,开发出更多基于互联网的创新创业新项目。2016—2017 年,教育部启动深化创新创业教育改革示范高校遴选认定工作,先后分两批次公布了 200 所示范高校名单,以通过示范带动效应推广典型模式和经验,促进创新创业教育改革的纵深推进,全面增强学生的创新创业能力。2018 年,国务院下发《关于推动创新创业高质量发展打造"双创"升级版的意见》,明确要求高校推广创业导师制,将创新创业教育纳入必修课体系,深化产教融合和实习实训。该政策使创新创业教育作为一项全社会、全链条的改革行动得以推进,致力于通过创新创业环境升级、发展动力升级、创业带动就业能力升级、科技创新支撑能力升级、平台服务升级等全方位举措实现高质量发展,将创新创业教育推向了质量建设和革命的新发展阶段。

综上所述,创新创业教育的起源、发展与政策变迁经历了一个螺旋式发展过程,主要是社会经济的发展和行政力量干预相互作用的结果。创新创业教育的政策,不仅包括从"散嵌"到"专门"的政策存在样态变更和从零散到成体系的规范建构,而且涉及政策辐射范围从个别高校到全体高校的制度重构,囊括发展主题、内容和方式等不断创新与升级的质量修正。政策的连续演进既在顶层设计层面为创新创业教育的持续开展与实施提供了战略方向引领和行动策略指南,也在实践层面对高校创新创业教育的推进理路和方式选择产生了宏观的制度性规范与约束效力,成为创新创业教育作为高校改革和发展的新型理念与模式而渐趋规范化、普及化和高质量发展的有力保障。

(二)创业教育发展的模式总结

我国创业教育发展模式可以总结为从规模扩展型向质量主导型转型,并构建了"三融合四阶段五递进"的创新创业教育模式。这一转型和模式的构建是基于对新时代需求和创业发展规律的理解,旨在解决高校创业教育高质量发展面临的知识创业难以满足创新经济发展需求、创业素养培养尚未引起高度重视、创业教育体系协同性亟须增强等难题。具体而言,这一模式包括以下几个核心要素:模式转型与高质量发展,从规模扩展型向质量主导型转型,强调创新创业教育的质量和实效性,而不是单纯的数量扩张。

"三融合四阶段五递进"模式:将思政、专业、产业教育与实践教学深度融合,形成全方位的教育模式。通过创新、创意、创造、创业四个阶段,逐步推进学生的创新创业能力培养。构建从创业基础到创业实战层层递进的五递进课程体系,形成由浅入深、由理论到实践的系统培养路径。实践平台与师资队伍建设:搭建注重情境体验的创新创业实践平台,采用项目实战互动体验的教学方法,增强学生的实践能力和创新思维。加强"专业导师+创业导师"团队建设,打造融合型、复合型师资队伍,提高教师的专创实践能力,同时引入企业家、产业教授担任创新创业导师,丰富教育教学资源。政策支持与组织领导:国家和地方政府通过出台相关政策文件,如《国务院办公厅关于深化高等学校创新创业教育改革的实施意见》等,为高校创新创业教育改革提供指导和支持。学校层面成立创新创业教育改革工作领导小组,由学校领导亲自抓,多部门牵头实施,形成全校师生共同参与的双创教育良好局面。通过上述模式的构建和实施,我国高校创业教育在提高教育质量、增强学生创新创业能力方面取得了显著成效,推动了创新创业教育的高质量发展。

(三)创业教育发展的类型总结

2008年,教育部组织了一次涵盖辽宁、安徽、上海、北京等六个省市的高校学生和工作人员的问卷调查和访谈,旨在全面了解我国高校创业教育的现状和发展情况。这次调研总结出我国高校创业教育主要存在以下几种基本类型。

(1)以高等职业教育为主,全面进行创业教育。高等职业教育机构在课程设置和教学实践中全面推进创业教育,注重培养学生的实际创业能力和技能。例如,针对职业教育设立的职教赛道,以培养大国工匠和能工巧匠为目标,鼓励支持产教融合模式创新、校企合作模式创新、工学一体模式创新,通过以赛促教、以赛促学、以赛促创,持续推进职教领域创新创业教育改革。

(2)大学生创业基地平台的建立。学校设立创业基地和孵化器,为学生提供实习和创业项目开展的场所和资源支持。

(3)政府推动引导,多形式开展创业教育。政府通过政策引导和资源投入,促进各类高校开展创业教育活动,如资金支持、政策倾斜等。

(4)围绕各种创业计划大赛开展创业教育。各类创业大赛成为推动学生创业的重要平台,通过竞赛激发学生的创新意识和实践能力。例如,通过举办中国国际"互联网+"大学生创新创业大赛,邀请国外高校尤其是世界知名院校积极参赛,建立同场竞技、相互促进、人文交流的国际大平台,形成了一道展现我国软实力、巧实力,促进国际交流合作的亮丽风景线。

(5)创业教育与就业指导课相融合。将创业教育与传统的就业指导课程有机结合,旨在让学生在求职过程中也具备创业的意识和能力。例如,通过设立萌芽赛道,重视和探索创新创业教育的新模式,引导高中学生开展科技创新、发明创造、社会实践等创新性实践活动,培养创新精神和实践能力。

(6)高校创业教育组织联合。多个高校间展开创业教育的合作与联合,共享资源、经验和实践成果,推动创业教育的互动和深化。例如,创客空间研究关注创新创业与创客空间、大学生创业与创客空间的关系,体现了创业教育与创客空间的紧密联系,为创新创业教育提供了新的实践平台和空间。

创业教育的全链条发展,形成了包括基础教育、职业教育、高等教育的贯通式"双创"教育链条,实现了创新创业教育的全链条覆盖,从需求侧入手,与产业链精准对接改革教育链,积极融入创新链,开展高水平科学研究,构建开放、协同、共生的创新创业教育生态系统指标体系。

　　总体而言,尽管在政府推动下我国高校创业教育有了一定的发展,但相较于发达国家,仍处于初级阶段,尚未形成系统完善的创业教育体系。许多学校的关注点仍集中在少数学生的创业活动上,对于大多数学生的创业教育仍未给予足够重视。此外,创业教育的形式相对单一,缺乏多样性和层次性,这可能影响到创业教育的实际效果和长期发展。这些类型的发展不仅体现了我国创业教育的多元化和全面性,也展示了创新创业教育在不同教育阶段的重要性和作用。政府、学校、企业和社会各界应共同努力,通过政策支持、资源建设、文化培育和国际交流与合作,推动创新创业教育的进一步发展。

第二节　我国高校创业教育取得的成就

　　我国高校创业教育的显著成效能在短短的 15 年间展现出来,得益于教育主管部门的大力推动、学校的无畏探索以及师生的积极参与。

　　首先,教育主管部门在政策层面对创业教育进行了积极的支持和引导。从 1999 年开始,教育部等多个部门陆续发布了一系列政策文件,明确了高校创业教育的重要性,并提出了相关的指导意见和实施措施。这些政策文件为高校开展创业教育提供了法律依据和政策支持,推动了创业教育的发展。

　　其次,各大高校在教育改革的浪潮中积极探索创业教育的新路径和新模式。从早期的创业计划大赛到如今的创业孵化器和众创空间,学校不断创新教学方法和平台,为学生提供了更加广泛和深入的创业实践机会。一些知名高校如清华大学、北京大学等建立了专门的创业教育中心,推动了创业教育的专业化和深度化发展。

　　最后,师生在创业教育中的积极参与也是取得成效的重要因素。教师们在教学过程中不断探索创新,将创业理念和实践融入课堂教学和课外活动中;学生们通过参与创业竞赛、实习实训等活动,提升了创业意识和实际能力,为未来的创业奠定了坚实基础。

一、高校学生创业竞赛影响不断提高

　　自全国首届"挑战杯"大学生创业大赛举办以来,这一赛事已经成为我国最具影响力和知名度的大学生创业竞赛之一。教育部作为主办方之一,大大提升了比赛的知名度和参与度,使其成为全国性的品牌竞赛。通过"挑战杯",大学生有机会在创业计划竞赛中展示他们的市场分析能力、组织管理技能和团队合作能力,这不仅是一场比赛,更是高校创业教育的重要实践平台。这项竞赛在培养大学生创新创业意识、激发创业动机等方面发挥了重要作用。通过参与比赛,学生们能够接触到真实的市场需求和商业运作,提升自己的综合素质和应对挑战的能力。因此,"挑战杯"不仅仅是一个竞赛活动,更是高校开展创业模拟训练的关键方式之一,促进了学生在实践中学习、成长和应用知识的机会。除了全国性的"挑战杯"竞赛外,各地高校还纷纷效仿,开展了省级、市级等不同级别的创业竞赛。这些竞赛不仅丰富了创业教育的形式和内容,还在地方经济发展和人才培养方面起到了积极作用。通过竞赛活动,高校能够更好地发挥其创新创业的教育功能,为学生提供更多实践与交流的平台。

"挑战杯"大学生创业大赛的举办不仅提升了高校师生对创业教育的认知与认同,还显著增强了广大师生对创业活动的关注度与参与度。这一赛事不仅促进了学术交流与合作,也为我国创业教育的长期发展注入了新的活力与动力。"挑战杯"系列竞赛被誉为中国大学生科技创新创业的"奥林匹克"盛会,是高校办学水平的一个缩影,目前已发展成为促进优秀青年人才脱颖而出的创新摇篮,对提升学生创新创业能力和学校育人质量具有积极意义。它对深化高等教育改革,推动高校创新创业型人才培养起到了重要作用。它点燃了大学生创新创业的热情,营造了拼搏进取、积极向上的校园创业文化氛围,培养了一大批具有创新创业意识和能力的人才,有助于推进创新型国家建设;同时,它也为大学生施展创新创业才能提供了平台,加速了大学生科研成果的转化速度。在该赛事的推动下,一批具有发展前景的企业得以问世,并发展壮大。

二、高校创业教育学术成果日益丰富

随着我国政府和高校对创业及创业教育的重视程度不断提升,创业教育理论也迎来了相应的发展。创业教育理论作为指导创业教育实践的重要支撑,为创业者的实践活动提供了坚实的理论基础。本研究以"创业教育"为关键词,在中国学术期刊网络出版总库进行检索(日期为 2024 年 5 月),得出以下结果:1999—2024 年这 25 年间,中国学术期刊网络出版总库关于创业教育的论文共计 80 360 篇,总体呈现递增的趋势。特别是 2009 年以后,创业教育相关论文数量大幅增长,2009—2024 年共计发表 75 674 篇,占1999—2024 年总论文数的 94.2%。这些研究主要集中在高等院校本科生创业教育方面。

从这些数据可以看出,关于创业的研究成果数量不断增加,研究内容涵盖了传统的问题、路径、政策等方面,同时也扩展到创业教育的保障、评价和运行机制等具体问题。与此同时,关于创业教育的学术研讨会也逐渐增多。例如,2003 年南开大学举办的"首届创业学与企业家精神教育研讨会"、2005年清华大学主办的"亚洲创业教育会议"、2008 年黑龙江大学组织的"创业教育与创新人才培养研讨会"、2011 年清华大学承办的"创业教育教学实践研讨会暨全国创业教育思想经验交流会"、2013 年对外经济贸易大学举办的"创新与创业教育研讨会"、2016 年西南交通大学举办的"创青春"全国大学生创业理论与实践学术研讨会、2020 年黑龙江大学承办的"创新创业教育高质量发展论坛"、2023 年北京大学举办的"全国创业教育博雅论坛"、2024 年清华经管学院举办的"创新创业与战略前沿研究展望及学科发展研讨会"。这些研讨会不仅促进了理论的交流和创新,还推动了创业教育的实践与发展。创业教育理论研究正处于一个快速发展的新时期。随着研究内容的丰富和学术交流的深入,我国创业教育将进一步深化和完善,为培养更多具有创新精神和实践能力的人才做出更大贡献。

三、高校创业教育发展模式初步形成

自教育部设立九所创业教育试点院校以来,几所高校在教育部门的指导推动下,通过自身的探索和实践,形成了多种独具特色的创业教育新模式。以下是其中几种典型模式。

(1)中国人民大学的综合素质教育模式。中国人民大学以整体综合素质教育为核心,通过将第一、第二课堂结合,注重提升学生的综合素质和创业意识。该校增加了创业选修课程的比例,让学生可以根据个人兴趣主动选择相关课程。第二课堂通过创业竞赛、讲座等形式,激发学生的创业实践动力。近年来,中国人民大学成立了创业中心,为学生的创业活动提供资金支持和技术保障,进一步促进了学生创业能力的培养和实践活动的开展。

(2)北京航空航天大学的实践训练模式。北京航空航天大学以创业知识和技能培养为重点,设立了包括必修课和选修课在内的多样化创业课程。该校的授课模式强调小组实践模拟,学生通过提交创业计划方案来完成考核,重视创业知识的学习和实践技能的掌握。此外,北京航空航天大学还成立了创业管理培训学院,统筹和支持全校各项创业活动,例如建立创业新讲堂、大学科技园和科技孵化器等,为学生提供全方位的创业支持和实践基地。

(3)上海交通大学的综合教育模式。上海交通大学以创新教育、素质教

育和终身教育为基点,通过"三基点""三转变"的理念,致力于培养具备创新精神的复合型人才。该校重视学生整体素质的提升,通过创业实践平台提升学生的创业实践能力。上海交通大学成立了创业学院,鼓励师生参与创业培训和实践活动,并建立了创新基地、实验中心以及科技创新实践中心,为学生的创业活动提供各类支持和保障。

(4)重庆工程职业技术学院"创新创业+"教育新模式。重庆工程职业技术学院在第九届中国国际"互联网+"大学生创新创业大赛中取得的优异成绩,展示了这种模式下学生的创新创业能力和成果。这种模式注重将创新创业教育融入人才培养全过程,促进专业教育与创新创业教育的融合,通过完善教学理念、方法和课程支持体系,实现学生就业创业全过程指导帮扶。

这些典型的创业教育模式,无论是以整体综合素质教育为重点,还是以实践训练和创业技能的习得为目标,又或是以创新教育和终身教育为基点,都为我国高校创业教育的发展提供了丰富的实践经验和成功范例。这些模式不仅在学术界和教育管理部门中得到认可,也在推动学生创业意识、培养创业能力方面取得了显著的成效。随着各高校不断探索和创新,我国创业教育的未来充满了希望和活力。

四、高校创业教育成功案例不断增加

1998 年以来,中国高校的创业教育实践迈向深入,不少大学生在此背景下勇敢迈出创业的第一步,涌现出一批令人瞩目的成功案例。这些案例不仅展示了大学生的创新能力和商业头脑,也证明了创业教育在培养创业精神和实践能力方面的积极作用。

吴志祥是苏州大学的一名毕业生,他在 2002 年开始了他的创业之路。他创办的同城旅游网于 2003 年正式运营,专注于同城旅游服务。随着公司业务的扩展和发展,同城旅游网在 2010 年实现了营业收入突破一亿元的成绩。此外,他还参加了全国创业大赛"赢在中国",并获得了第五名的好成绩,成为当时创业成功的典范之一。王德亮和吴英杰是黑龙江大学的两位学生,他们分别凭借自己的创新产品在创业道路上获得了成功。王德亮发明了电动涂卡器,这是一项获得国家专利的技术,有效改进了涂卡的效率和质量。吴英杰开发的被监护人专用手机,同样获得了国家专利,并成功被推向市场。这两位学生的成功案例展示了在高校学习期间技术创新的潜力和实际应用。蒋磊是一位从清华大学退学创业的创业者,他创办了铁血网,专注于军事类商务内容。通过自己的努力和决心,他成功将公司发展成为年营收超过一亿的成功案例,成为具有代表性的大学生创业者之一。铁血网在全国范围内积累了大量忠实用户,月度覆盖超过3300万用户,展示了创业者个人胆识和行业洞察力的重要性。吕键是在青岛职业技术学院创业基地得到支持后开始创业的大学生。在校期间,他参加了山东省创业大赛,并凭借自己的创业项目获得了三等奖。他的创业公司在大学校园内稳步发展,标志着他从大学生到企业家的转变和成长。王暾和日孜菀古丽·阿卜杜艾尼则分别代表了浙江大学和北京外国语大学的毕业生创业成功案例。王暾创办了赤霄科技,而日孜菀古丽·阿卜杜艾尼则回乡创办了培训学校。佟泽栋是南开大学化学学院研一的学生,也是一家生物科技有限公司的负责人。他在老师的指导下,联合几位室友开始二氧化氯气体消毒技术方向的研究,并掌握了二氧化氯两步缓释消毒技术。他的公司成为天津天开高教科创园首批入驻企业之一,享受到了成果转化、科技金融、创业孵化等方面的帮扶。他们的成功案例展示了跨行业和跨领域的创业多样性,为大学生创业提供了丰富的范例和启示。葛世萌是新疆农业大学动物科学学院2019届畜牧学专业硕士研究生,毕业后在新疆成立了自己的公司,并担任总经理及新疆马业协会登记官。他的创业事迹成功入选教育部第五届"闪亮的日子——青春该有的模样"大学生创新创业典型人物事迹。中南大学作为创新创业教育的积极推动者,在过去十多年中,培育了181家由学生创办的公司和550个工作室。这些成功案例不仅体现了学校教育的成效,也为学生提供了充分展示创业才能的平台。

这些个案反映了我国高校创业教育在实践中取得的成就,虽然整体上仍面临创业成功率低、规模不大的挑战,但每一个成功的故事都为未来更多大学生的创业之路树立了榜样和信心。随着创业教育的持续深化和政策支持的增强,相信会有更多的年轻人在创新创业的道路上取得更大的成就,为社会经济发展注入新的活力和动力。

五、对创业教育的支持力度不断加强

1989年,创业教育第一次在我国被提出,就得到党和国家的高度重视。江泽民等党和国家领导人多次强调要增强学生创业精神。党的十六大以来,政府逐步把培养大学生创新能力,引导和鼓励大学生创业放到国家发展的战略高度。党的十七大报告中指明了"促进以创业带动就业"的方向,党的十八大报告中再次提出"引导劳动者转变就业观念,鼓励多渠道多形式就业,促进创业带动就业,做好以高校毕业生为重点的青年就业工作"。十几年来,各级政府部门出台了一系列关于大学生创业的支持政策。如涉及举办创业大赛、在高校中逐渐普及创业教育的创业教育支持政策;涉及创业融

资、税费减免的财政金融支持政策;涉及场地扶持、建立大学生创业孵化园的商务支持政策以及培育创业文化方面的政策。在近些年教育部印发的关于大学生就业工作的指导文件中,对大学生创业教育的关注度逐年上升。

2010 年,教育部还专门印发了推进高校大学生创业的工作意见,意见对创业教育课程建设、师资队伍建设、质量检测跟踪体系建设、加强创业教育理论研究等方面提出了建议。2012 年,教育部针对本科院校规范了创业教学的基本要求,在教学目标、原则、内容、方法和教学组织五个部分提出了规范和要求。2014 年国务院为了更加稳妥地应对 727 万高校毕业生的新压力,与时俱进地提出"鼓励大学生通过网店形式实施创业""大学生创业引领计划",确保大学毕业生中创业所占比例有所提高。这些政策和指导意见有力地推动了我国高校创业教育的发展。2019 年国家为积极引导各地各高校深化创新创业教育改革,加强大学生创新创业能力培养,教育部印发《国家级大学生创新创业训练计划管理方法》(以下简称《办法》),对"国家级大学生创新创业训练计划"的主管部门职责和项目运行流程进行了系统梳理。根据《办法》,"国创计划"实行项目制管理,分为创新训练项目、创业训练项目和创业实践项目三类。《办法》同时从选题要求、研究方向、团队成员、指导教师和经费支持等多个方面设立基本条件,对项目发布与立项流程进行规范。此外,还规范项目结题与公布流程,并建立结题信息公开、对外服务制度。

2021 年,国务院办公厅《关于进一步支持大学生创新创业的指导意见》提出,以习近平新时代中国特色社会主义思想为指导,深入贯彻落实党的十九大和十九届二中、三中、四中、五中全会精神,全面贯彻党的教育方针,落实立德树人根本任务,立足新发展阶段、贯彻新发展理念、构建新发展格局,坚持创新引领创业、创业带动就业,支持在校大学生提升创新创业能力,支持高校毕业生创业就业,提升人力资源素质,促进大学生全面发展,实现大学生更加充分更高质量就业。

第三节 我国高校创业教育模式

一、教育部创业教育试点

2002 年,教育部确定了中国人民大学、清华大学、北京航空航天大学、黑龙江大学、上海交通大学、武汉大学、西安交通大学、西北工业大学等高校率先进行创业教育的试点工作,这些高校有步骤、有层次地进行创业教育的探索,形成了"课堂式创业教育""实践式创业教育"以及"综合式创业教育"三种典型的创业教育模式,详见表 2-1。

表 2-1 我国高样典型创业教育模式比较

模式	代表性高校	主要特征
课堂式创业教育	中国人民大学 西安交通大学	1. 第一课堂增设创业相关课程 2. 第二课堂开展创业教育讲座
实践式创业教育	清华大学 黑龙江大学 北京航空航天大学	1. 设立创业教育教研机构 2. 鼓励在校大学生创业实践
综合式创业教育	上海交通大学 武汉大学 西北工业大学	1. 以创新教育为基础 2. 培养综合创业素质 3. 提供创业实践资金和条件

在我国大部分高校开展的创业教育中,三种主要模式得到了广泛采用和推广,反映了不同高校在创业教育实施上的策略选择和教育理念。课堂式创业教育模式作为最为普遍和流行的一种方式,通过课程设置和教学安排,向学生传授创业知识和技能,培养其创业意识和能力。这种模式通常以课堂讲授、案例分析、小组讨论等形式进行,帮助学生将理论学习和实际操作相结合,是大多数高校创业教育初始阶段的基础。

随着国家政策的推行和社会需求的变化,综合式创业教育模式逐渐成为主流发展方向。这种模式不仅仅关注创业知识和技能的传授,更强调学生综合素质的提升,包括创新精神、团队合作能力、领导才能等。例如,武汉大学以"三创教育"为理念,针对不同类型的学生因材施教,从创造教育到创新教育再到创业教育,全面培养学生的创新创业能力。

实践式创业教育模式则更多出现于工科院校,强调通过实际项目和工程实践来培养学生的创业能力。这种模式重视学生在真实环境中的实践经验积累,通过参与科研项目、实验室工作或工程设计等活动,锻炼学生解决问题的能力和实际操作技能。教育部委托北京航空航天大学举办的创业教育骨干教师培训班,反映出国家对创业教育的高度重视和支持。这些培训班吸引了来自全国各地的大量高校教师参与,通过分享经验、学习新理念和方法,进一步提升了高校创业教育的质量和影响力。随着每年参与人数的增加,这些培训活动不仅促进了教师专业能力的提升,也加强了高校间在创业教育领域的交流与合作。

我国高校创业教育在不断探索和实践中,通过多种模式的应用和政策的支持,逐步形成了多样化和富有特色的教育模式,以同济大学为代表,采用校内平台型创新教育模式,以"四学一量"改革、实体化运作为突破,协同整合多方资源,推进建设全覆盖、多层次的创新创业教育体系和人才培养模式。以武汉理工大学为代表,实行"导师制",为每位学生配备一位学业、实践导师;以"项目制"为主,通过创新创业项目的真实模拟,让每个学生在校期间能进行一个或多个创新创业项目实战演练。以中国人民大学为代表,通过创新创业课程、创业训练营、企业家公开课、创业项目深度诊断、创业者访谈等活动,为处于各个阶段的大学生创业者提供个性化辅导服务,集聚了一批文化科技融合分层分类复合型人才。以上海交通大学为代表,主要以专业教育为导向,将创业竞赛、创新能力培养相结合。这些高校为培养创新创业人才做出了积极贡献。随着社会和经济发展的需要,未来创业教育将继续迭代和完善,以更好地满足学生和社会的需求。

二、KAB 创业教育(中国)项目

KAB(Know About Business)创业教育项目是国际劳工组织专门为培养青年学生创业意识和能力而开发的全球性课程体系。与其他创业教育模式相比,KAB 项目具备系统化的核心优势,主要体现在:课程内容体系化、质量控制制度化、培训体系标准化、教学活动参与化以及创业实践配套化。

其一,KAB 项目的课程内容体系化,意味着它不仅涵盖了创业所需的基础知识,还包括实际操作中的技能和策略。这种体系化的设计,确保学生在学习过程中全面理解创业的各个方面,从市场分析到商业计划的编制,从财务管理到市场营销策略的制定,全方位触及。其二,KAB 项目具备质量控制制度化的优势,这意味着项目在全球范围内都遵循统一的教学标准和评估体系,保证了教学质量的稳定性和可比性。无论在哪个国家或地区,学生接受的都是同一水平的教育和培训。其三,KAB项目的培训体系标准化,使得教师和学生都能够依据统一的培训大纲和教学方法进行学习和教学。这种标准化的培训体系,不仅提高了教师的教学能力,也增强了学生的学习效果和实际操作能力。其四,KAB项目注重教学活动的参与化,通过各种形式的实践活动和项目任务,激发学生的学习兴趣和创业热情。这种参与化的教学方法,使学生能够在实践中学习,从而更好地掌握创业所需的技能和经验。其五,KAB项目强调创业实践的配套化支持,包括设立创业基地、创业俱乐部和测评中心等实体和机构,为学生提供创业过程中所需的资源和支持。这些配套设施不仅为学生提供了实践的场所和机会,还帮助他们在实践中获得反馈和指导,提升创业的成功率和效果。

KAB创业教育项目通过其系统化的教学内容、质量保障、标准化培训、参与式教学活动和实践支持等特点,为全球范围内的大中学生提供了一个全面发展创业技能的平台,促进了青年创业精神的培养和实践能力的提升。项目实施以来,促进了大学生创新创业的发展,取得了显著成果。到2008年底,KAB项目已培训了来自25个省份、318所高校的795名师资。截至2021年,该项目已累计培训学生50余万人,推出各类创业项目2000余个,获得国内外创业大奖项300余个。目前,KAB创业教育项目运作已经比较成熟,形成了教材、基地、俱乐部和测评中心的系统架构,详见表2-2。总之,KAB大学生创业教育项目是一项非常有意义的创业教育项目,通过其实施,将有效地促进创新创业的发展,提高大学生的创业能力和创业成功率,为中国的经济发展做出更大的贡献。

表2-2　KAB创业教育系统架构

项目名称	项目内容	项目目标
教材	《大学生KAB创业基础》	提供大学生创业的系统化知识
基地	KAB创业教育基地	试点并推广KAB创业教育
俱乐部	KAB创业俱乐部	试点并推广KAB创业活动
测评中心	KAB创业教育项目测评中心	完成质量监督与效果评估体系

2010年4月,KAB中国研究所等单位联合举办的"大学生创业挑战赛"是中国青年政治学院、汕头大学、清华大学等高校学生提交创业方案的平台,展示了我国大学生创业教育的积极成果和潜力。尽管KAB项目在我国

迅速发展,但也面临着一些挑战和问题。

其一,优秀创业师资的缺乏是一个突出问题。有效的创业教育需要具备丰富经验和专业知识的导师和教练,但目前这方面的供给与需求还不平衡,尤其是在高水平的创业导师方面存在稀缺现象。其二,经费短缺也是一个制约因素。创业教育的开展需要资金投入,包括教学设备、创业实践资助等方面的支持,目前经费来源不稳定,影响了项目的持续发展和扩展能力。其三,项目受益群体相对单一。尽管创业教育的意义和效果显著,但大部分受益者仍集中在少数热衷于创业的学生中,未能覆盖更广泛的学生群体,特别是那些对创业概念不够了解或不感兴趣的学生。其四,项目的品牌建设需要进一步拓展。虽然已经有了一些知名的创业教育项目,如 KAB 项目,但在整体品牌的塑造和推广上还存在不足,影响了项目在全国范围内的影响力和认知度。其五,创业教育的整体研究需要加强。虽然有很多实践经验和案例可以参考,但对于创业教育的理论探索和深入研究仍显不足,这限制了创业教育体系的进一步优化和发展。

尽管我国创业教育取得了显著的进展,但面临的挑战仍然不容忽视。通过解决师资问题、增加经费投入、扩大受益群体、加强品牌建设和深化研究探索,可以进一步推动创业教育的发展,为更多大学生提供更好的创业教育机会和支持。

三、大学生创业引领计划

为了贯彻落实党中央、国务院关于全面深化改革战略部署和促进高校毕业生就业创业工作要求,引导和支持更多的大学生创业,人力资源社会保障部、国家发展改革委、教育部、科技部、工业和信息化部、财政部、人民银行、工商总局、共青团中央决定实施新一轮"大学生创业引领计划"。这一计划主要包括以下几个方面的内容和措施。

(一)普及创业教育

各级教育部门要加强对高校创业教育工作的指导和管理,推动高校普及创业教育,实现创业教育科学化、制度化、规范化。各高校要将创业教育融入人才培养体系,贯穿人才培养全过程,面向全体学生广泛、系统开展;积极开发开设创新创业类课程,并纳入学分管理;不断丰富创业教育形式,开展灵活多样的创业实践活动;切实加强师资队伍建设,为普及创业教育提供有力支持。

（二）加强创业培训

各级人社部门要加强与教育部门和高校的衔接,以有创业愿望的大学生为重点,编制专项培训计划,优先安排培训资源,切实抓好组织实施,使每一个有创业愿望和培训需求的大学生都有机会获得创业培训。要鼓励支持有条件的高校、教育培训机构、创业服务企业、行业协会、群团组织等开发适合大学生的创业培训项目,经过评审认定后,纳入创业培训计划,提高创业培训的针对性和有效性。要切实加强创业培训师资队伍建设,创新培训方式,积极推行创业模块培训、创业案例教学和创业实务训练,抓好质量监督,不断提升大学生创业能力。要会同相关部门进一步完善和落实创业培训补贴政策,健全并加强培训补贴资金管理,对符合条件的参训大学生按规定给予培训补贴。

（三）提供工商登记和银行开户便利

各级工商部门要按照工商登记制度改革总体部署完善管理制度,落实注册资本认缴登记制,依照有关法律法规规定拓宽企业出资方式,放宽住所（经营场所）登记条件,推行电子营业执照和全程电子化登记管理。要进一步完善工商登记"绿色通道",简化登记手续,优化业务流程,为创业大学生办理营业执照提供便利。要落实减免行政事业性收费政策,对符合条件的创业大学生,按规定减免登记类和证照类等有关行政事业性收费。人民银行各分支机构要积极会同有关部门指导银行业金融机构进一步改进金融服务,为创业大学生办理企业开户手续提供便利和优惠。

（四）提供多渠道资金支持

各地要认真落实小额担保贷款政策,在符合规定前提下,加大对创业大学生的支持力度,简化反担保手续,强化担保基金的独立担保功能,适当延长担保基金的担保责任期限,落实银行贷款和财政贴息,重点支持吸纳大学生较多的初创企业。要充分发挥中小企业发展专项资金的作用,增加对大学生创业实体的支持力度。要鼓励企业、行业协会、群团组织、天使投资人等以多种方式向创业大学生提供资金支持,设立重点支持创业大学生的天使投资和创业投资基金。对支持创业早期企业的投资,符合规定条件的,按规定给予所得税优惠或其他政策鼓励。有条件的地区要对现有各类高校毕业生就业创业基金进行整合,完善管理体制和运营机制,向大学生创业实体提供支持。

（五）提供创业经营场所支持

各地要充分利用大学科技园、科技企业孵化器、高新技术开发区、经济技术开发区、工业园、农业产业园、城市配套商业设施、闲置厂房等现有资源,建设大学生创业园、留学人员创业园和创业孵化基地,为创业大学生提供创业经营场所。对建设大学生创业园、留学人员创业园和创业孵化基地的地方和高校,有关部门要积极给予对口支持和业务指导。要将创业实训、创业孵化、创业辅导相结合,创新孵化方式,完善孵化功能,提高创业孵化成功率。要制定并完善创业经营场所租金补贴办法,对符合条件的创业大学生按规定给予经营场所租金补贴。

(六)加强创业公共服务

各级人社部门要会同协调有关方面针对创业大学生普遍遇到的问题开展创业公共服务,建立健全创业公共服务政府采购机制并加强绩效管理,构建覆盖院校、园区、社会的创业公共服务体系。要对各方面相关优惠政策进行归集梳理,以年轻人喜闻乐见的形式加强宣传解读并提供咨询,帮助符合条件的创业大学生获得相应的税费减免、资金补贴等政策扶持。要建立健全青年创业辅导制度,从拥有丰富行业经验和行业资源的企业家、职业经理人、天使投资人当中选拔一批青年创业导师,为创业大学生提供创业辅导。要采取多种方式搭建青年创业者交流平台,经常举办交流活动,为创业大学生及时了解政策和行业信息、学习积累行业经验、寻找合作伙伴和创业投资人创造条件。要积极引导大学生参加创业竞赛活动,有条件的地区可定期举办青年创业大赛,使之成为凝聚青年创业者、展示创业方案和创业项目的舞台,同时为创业投资机构、天使投资人等选择投资对象提供机会。要拓宽人事和劳动保障事务代理服务范围,将创业大学生作为重要服务对象,提供档案保管、人事代理、职称评定、社保代理等服务。要加强服务创新,积极探索将促进就业创业政策措施向网络创业就业领域延伸拓展的有效方式,为在电子商务网络平台上注册"网店"的创业大学生提供政策支持和服务。要充分发挥留学人员回国服务工作体系的作用,对留学回国创业人员开展针对性服务,帮助他们了解国内信息、熟悉创业环境、交流创业经验、获得政策扶持。

四、"挑战杯"全国大学生创业计划竞赛

20世纪80年代初,美国率先进入知识经济时代,其高校迅速推动了大学生创业教育和创业活动。1983年,美国奥斯汀德州大学举办了首届大学生创业计划竞赛,也称为商业计划竞赛,这标志着科技和风险投资浪潮的兴起。这类竞赛鼓励创业者以详尽的商业计划向风险投资家展示市场前景,

帮助其获得投资支持。美国斯坦福等大学,得益于这种创业氛围,诞生了众多知名公司,如 Yahoo 和 Netscape 等。

1997 年,清华大学的几名学生从美国引入了创业计划竞赛的概念,并于1998 年在清华大学举办了第一届竞赛活动。1999 年,团中央、中国科协、教育部、全国学联与清华大学联合发起了"挑战杯"全国大学生创业计划竞赛(又称"小挑"),将这一竞赛推广至全国,与"挑战杯"全国大学生课外科技作品竞赛(即"大挑")一同成为中国大学校园文化的重要活动。这一竞赛模式的推广催生了众多大学生创办的公司。

"大挑"与"小挑"交替举办,每两年一次,由一所高校与当地政府共同承办,具有浓厚的官方色彩和政府支持。这种组织机制有利于活动的协调和推广,使得"挑战杯"竞赛快速获得全国各大学的重视和参与。最初只是大学的校园文化活动,后来逐步扩展成为涵盖中国大陆地区所有省份、直辖市和自治区的活动,并且吸引了来自香港、澳门和台湾地区的高校参与。

"挑战杯"竞赛采取学校和全国两级赛制,包括预赛、复赛和决赛三个阶段。各省先举行省级大赛,选拔出参加全国竞赛的优秀项目。为了参与省级、全国级的竞赛,各大学积极动员和组织学生,开展广泛的准备工作。

此竞赛活动促进了大学生与社会、企业之间的互动和沟通,吸引了众多媒体、专家、企业家和风险投资家的关注。被誉为"中国大学生创业竞赛的奥林匹克","挑战杯"的宗旨是传播风险投资理念,培养自主创业意识,激发青年学生勇于创新、努力学习和投身实践,成为新时代复合型骨干人才。

第四节　我国高校创业教育存在的问题

我国一贯很重视创业教育,但是到目前为止,一些高校创业教育流于形式,甚至"名存实亡",或以一些所谓的"就业教育"取代创业教育,缺少必要的创业资源,大学生自主创业得不到系统指导,使大学生自主创业能力得不到保障,且在大学期间的专业教育过程中没有创业教育的内容,创业知识、创业能力不能满足创业的需要,加上在宣传、指导上力度不够,大学生对相关创业的扶持政策不了解。因此,要提高大学生创业的成功率,必须加强和完善创业教育、提高创业者的创业能力,为创业者提供及时、准确、有效的创业指导。

一、高校创业教育不尽合理

(一)学校重视不足,对开展创业教育缺乏急迫性和自觉性

学校在开展创业教育方面存在的诸多问题,主要体现在以下几个方面。

(1)认识片面。学校对于创业教育的认识不足,存在片面的看法。一些学校可能认为只有就业形势不好时才需要创业教育,而自己学校的就业率较高,因此不需要开展创业教育。这种观念忽视了创业教育对于培养学生创新精神、提升就业竞争力的重要作用。另一些学校可能对毕业生创业持怀疑态度,认为大部分毕业生缺乏资金、场地和经验,创业必然失败,因此不值得鼓励和投入创业教育资源。这种观点忽视了创业对社会经济发展和人才培养的积极作用。

(2)投入不足。学校对创业教育的投入相对较少,包括经费、场所和人力资源等方面。创业教育往往需要建立创业实验室、创业基地、导师团队等,但由于投入不足,这些资源无法得到有效支持和发展。

(3)形式单一。学校在创业教育的形式上通常停留在学生参加各类创业竞赛和活动的层面,缺乏将创业教育纳入课堂教学的措施,缺乏将创业教育作为必修课或者必选课的安排,使得学生对创业教育的接触和参与程度有限。

(4)师资严重不足。学校在创业教育师资方面存在严重不足。即使有创业师资,也缺乏足够的社会经验或创业经历,无法有效地指导和支持大学生的创业实践。缺乏经验丰富的创业导师团队和专业人士,限制了创业教育的深入和有效实施。

(5)缺乏积极性和急迫性。一些学校认为,只有极少数学生需要接受创业教育,因此对创业教育的推动缺乏积极性。这种态度导致学校在政策制定和资源配置上未能充分发挥创业教育的潜力,错失了培养学生创新创业能力的机会。

学校在创业教育的推广和实施过程中,面临着认识上的局限、资源投入不足、形式单一、师资严重匮乏等多重挑战。要改善这些问题,需要学校在制定政策时更加重视创业教育的战略意义,增加投入,丰富创业教育形式,建立健全的师资团队,并加强与社会资源的对接,以推动创业教育的深入发展和有效实施。

(二)学科基础薄弱,课程设置不尽合理

针对当前我国高校创业教育存在的问题,特别是学科基础薄弱、课程设

置不合理等情况,可以采取以下改进措施:

(1)建立完善的创业教育体系,优化课程设置。重新审视和优化创业教育的课程设置,包括增加创业基础课程、创业案例分析、市场营销、风险管理等内容,确保覆盖全面,并适应学生的实际需求。

(2)创新教学设计。采用更加灵活和互动的教学方式,例如案例研究、团队项目、实地考察等,以培养学生的创新能力和实践操作能力。

(3)引进符合国情的教材和案例。积极引进和开发适合我国国情的创业教育教材和案例,反映中国特色的创业环境和成功案例,帮助学生更好地理解和应用创业知识。

(4)强化跨学科交叉和融合。在创业教育中引入跨学科的元素,例如法律、市场营销、财务等,以提升学生的综合能力和跨界思维。

(5)建立创业教育的权威性。将创业教育正式纳入高校教育体系,建立创业教育的专业课程体系,并逐步形成完善的教学和评估标准,推动其成为独立的学科门类或专业。

(6)促进创业教育与实践结合。建立创业孵化器、实验室等平台,提供技术支持和市场资源,支持学生创业项目的孵化和实施,加强理论与实践的结合。

(7)推动创业教育的普及化。通过政策支持和资源投入,推动创业教育普及化,确保每位有创业潜力的学生都能接触到相关教育资源和机会,避免仅局限于少数精英学生的培养。

(8)加强师资队伍建设。培养和引进具备创业实践经验的导师,他们能够为学生提供实用的创业指导和个性化支持,激发学生的创业热情和实践能力。

通过这些改进措施,可以有效提高我国高校创业教育的质量和效果,使更多学生在接受系统化和实践性的创业教育后,能够具备自主创业的能力和信心,为社会和经济发展注入更多创新力量。

(三)传统教育模式和就业观念的制约

我国基础教育长期以来以应试教育为主导,这种模式注重考试成绩和理论知识的掌握,却忽视了学生的动手能力和创新意识的培养。因此,许多大学生在面对实际问题时,虽然理论知识丰富,却缺乏实际操作的能力和创新的思维方式。此外,来自独生子女家庭的大学生可能存在意志薄弱、不善于合作、好高骛远的问题,这些都不利于他们创业计划的顺利推进。大学生创业的热情常常高涨,但在实际面对艰苦和漫长的创业过程时,却往往缺乏足够的勇气和坚持实践的决心。他们对创业的认知往往停留在理想和热情阶段,缺乏将这些转化为实际行动的能力。

此外,影响大学生创业意愿的一个重要因素是就业观念。提到就业,许多大学生更倾向于选择政府机关、大公司或者大企业的稳定岗位,而对自主创业,特别是在基层创业,存在着认可不足甚至将其视为不务正业的偏见。这种观念阻碍了更多大学生尝试创业的积极性,使得他们更多地投身于有限职位的竞争之中,从而导致就业竞争的激烈化。因此,要促进大学生创业意愿和能力的提升,需要从教育体制、社会观念以及政策支持等多个方面入手。教育系统应该重视实践能力和创新意识的培养,引导学生通过实践来提升自己的能力和信心。同时,社会应该给予创业者更多的尊重和支持,消除对创业的偏见和误解,营造鼓励创新创业的社会氛围。政府部门则应通过政策支持、资源倾斜等措施,为大学生的创业提供更为有力的保障和帮助。这些举措有助于解决大学生创业过程中所面临的种种障碍,推动创业活动在我国广泛开展和深入发展。

(四)创业教育师资力量薄弱

我国高校创业教育在教师队伍方面存在一些挑战和矛盾,主要体现在以下几个方面。

(1)教师实战经验缺乏。目前,在我国,虽然创业教育课程已经在一些高校开设,但授课教师大多数缺乏实际的创业经验。他们主要具备的是学校内的教学和理论研究经验,而对于实际创业过程中的挑战、策略和操作方式了解不深。缺乏创业经验的教师在进行创业教育时,往往只能停留在理论层面,不能给学生提供真正实用的指导和建议,无法帮助学生有效解决实际问题。

(2)创业指导能力不足。由于缺乏实战经验,教师的创业指导能力相对较低。创业教育的核心是培养学生的创新能力和实践能力,而这些能力的培养需要教师能够以实际的案例和经验进行深入指导。缺乏实践经验的教师往往只能通过课堂讲解或基于教科书的案例分析进行教学,而无法深入学生创业项目的具体实施过程中。

(3)理论与实践脱节。创业教育的理论和实践应该是紧密结合的,但由于教师队伍的实战经验不足,导致理论和实践之间存在一定的脱节。这不利于学生全面理解创业的复杂性和实际操作的挑战性。在国外,许多教授创业教育课程的教师都是具备创业或投资经历的从业者,他们能够将自己的实际经验与理论知识结合,为学生提供更为丰富和实用的教学内容。

（4）教师队伍结构不完善。我国高校创业教育的教师队伍结构相对单一，缺乏既有学术背景又有创业实践经验的双师型教师。这种结构限制了创业教育课程的深度和广度，影响了教学质量和实效性。缺乏创业教育的专业带头人和核心团队，也使得创业教育的发展受到了制约，难以形成有效的教学和研究体系。

（五）大学创业教育与具体的社会实践和社会需求脱节

创业教育的核心在于社会实践，通过实践可以有效提高学生的实际工作能力和应对复杂环境的能力。因此，创业教育不应仅限于课堂教学和书本知识，而是需要通过实验和实训来真正培养学生的创业精神和实践能力。然而，目前在一些高校中，由于资金短缺和实训条件不足等问题，导致了实验实训环节的严重缩水。具体来说，一些院校可能缺乏足够的经费投入，无法建立和维护高质量的实训设施和基地。同时，与校外实习基地的联系不紧密也是一个问题，学生难以获得与实际创业环境相关的经验和机会。

由于这些限制，学生在校期间对于创业的学习可能只停留在理论层面，没有机会真正参与到创业计划的制订和实施中。这种情况使得他们的实践经验和能力无法得到有效的提升，只能"纸上谈兵"，难以应对真实的创业挑战。为了解决这些问题，高校可以通过多种途径改进创业教育的实践环节。首先，增加对创业教育的资金投入，优化实验实训设施，提升实习基地的质量和数量。其次，建立更紧密的校外实习基地合作机制，确保学生能够在真实的创业环境中获得实践机会和指导。最后，还可以鼓励学校与企业、行业协会等社会资源进行深度合作，为学生提供更多的创业实践项目和实习机会。

二、创业政策不完善

当前，我国在大学生创业政策制定、实施方式和政策执行等方面确实存在一些问题和挑战，主要体现在以下几个方面。

（1）政策制定有应急性和不稳定性。现行的社会政策多为应急性的应对措施，缺乏对大学生创业的稳定、持续的激励和保障机制。这意味着大学生创业支持政策缺乏长期性的规划和支持，往往是针对特定时期或问题而制定的，难以为大学生创业提供持续的支持和引导。

（2）实施方式依赖政府行政推动。目前政策支持主要依赖政府的行政推动，缺乏广泛的社会参与和社会支持。尽管官方创业支持意识强，各部门创业支持网络初步建立，但社会参与的力度仍然不足。这导致了创业支持体系的局限性,无法形成有效的多方参与和协同推动的格局。

（3）政策执行力不足。政策执行力不高是当前问题之一。良好的社会政策需要有高效的执行保障,但政策执行者往往将完成工作指标作为自己的主要目标,而忽视对服务角色的认同和执行力度。一些政策执行者对于大学生创业活动的管理过于烦琐,服务意识相对较弱,导致实际政策效果不尽如人意。

三、教育质量评价体系不完善

当前,我国高校在创业教育质量评价体系方面也面临一些问题,主要表现在以下几个方面。

（1）教育质量评价体系不完善。目前大部分高校开展了创业教育,但缺乏科学、客观的教育质量评价体系。调查显示,超过90%的高校尚未建立完善的评价机制。对参与创业教育的学生,大多数高校仍采用传统的课程考试形式进行评估,这导致学生在创业教育中仅限于书本知识的学习,缺乏实际创业知识和技能的培养。

（2）教育理念不完整。我国高校的创业教育尚未成为一种完整的教育理念,未能深入学校的指导思想并作为教育目标明确下来。学校缺乏系统的创业学课程,也未将创业教育有效融入专业教育中,使得创业教育仍处于业余教育的地位。此外,创业教育的课程内容有限,缺乏系统性和整合性。

（3）创业教育与知识教育的融合不足。创业教育往往孤立于知识教育和专业教育之外,没有有效地融合进来。然而,创业能力的培养需要现代科学知识和文化精神的熏陶,而非简单的技能传授。当前的教学内容和教育体制需要进行改革,以更好地将创业实践活动与知识教育有机结合,确保在实践中有效贯彻创业教育的实施。

（4）政策执行力不足。尽管政府出台了一系列创业教育支持政策,但实施力度不够,政策执行者多将完成任务指标作为目标,缺乏对服务角色的认同,这导致创业支持政策难以有效落实到位,影响了创业教育的有效性和影响力。

解决当前高校创业教育面临的问题,需要建立科学的评估体系,完善教育理念,深化创业教育与知识教育的融合,同时加强政策执行力度,以推动我国高校创业教育的全面发展和提升。

四、学生对创业教育缺乏普遍的认知

当前,我国高校创业教育面临诸多挑战和问题,反映了教育模式与实际需求之间的不匹配,以及学生对创业的理解和实践中的现实困境。以下是对关键问题的总结和分析。

(1)教育模式与实际需求不匹配。我国当前的教育模式主要以课堂教育和书本教育为主,学生普遍缺乏对现实世界的深刻认知和判断能力。创业能力的培养需要更多的实践和体验,而非仅仅停留在理论层面。缺乏实际操作和创新能力的培养,使得许多学生在面对真实的创业挑战时感到无所适从。

(2)创业理解误区。许多大学生对创业的理解存在偏差。一方面,将创业简单地等同于创办公司,而忽视了创新、市场洞察力、团队管理等多方面的要素。另一方面,相当多的学生认为创业最大的障碍是资金问题,而忽视了知识的积累和能力的锻练。这种误区导致很多创业者在实际操作中遇到困难时难以有效应对。

(3)创业动机的被动和盲目。许多大学生选择自主创业主要是出于对就业的担忧和压力,而非真正对创业有热情。这种消极的选择动机,使得他们在创业过程中缺乏持久的热情和坚定的决心,容易在遇到困难时放弃。

(4)高校创业教育的基础薄弱和面临"五多五少"的问题。高校创业教育发展面临的问题主要集中在组织支持、学科课程、师资力量、质量控制和延展活动等方面的不足。课余活动多而战略支持少,兼职课程多而专职课程少,兼职师资多而专业权威师资少等问题,都制约了创业教育的全面发展和效果提升。

(5)成功率低和实际创业困境。尽管有愿望和尝试创业的大学生比例较高,但真正成功的例子却寥寥无几。创业环境的挑战、项目选择的困难、个人能力和资源匮乏等问题,使得许多创业者难以突破困境,实现创业目标。

解决当前高校创业教育面临的问题,需要全面优化教育模式,加强实践与理论的结合,同时深化对创业理念的正确理解和认知,提升学生的创新能力和创业实践能力。同时,高校应加强师资队伍建设,完善支持体系,以及建立科学的评估和监督机制,推动创业教育向更加系统化和实效化的方向发展。

五、缺乏专门的创业教育组织机构

(1)创业教育管理的重要性。目前大多数高校将创业教育归口到就业指导中心或者类似机构进行管理,作为促进学生就业的辅助渠道,而非学校教育的核心部分。这导致学校决策者对创业教育的重视程度不高,难以融入学校的核心指标体系中。所以需要建立专门的创业教育管理机构或部门,确保创业教育能够得到足够的资源和支持。这些机构可以负责制定创业教育的长期发展战略、策划创业教育的具体实施方案,以及评估创业教育的效果和影响。

(2)创业教育与学校办学指标的关联。高校应当将创业教育纳入学科建设、专业设置、教学模式改革以及教学评价体系中,实现与学校整体教育发展的紧密衔接和互动。这需要在高层领导的支持下,将创业教育视为提升学生综合素质和创新能力的重要组成部分。

(3)创业教育的内容和方式创新。创业教育不仅仅是传授创业技能,更是培养学生的创业意识、创业思维和创新能力。高校可以通过课程设置、实践活动、社团组织等多种方式,创造有利于学生创业的环境和机会。高校可以借鉴国内外成功的创业教育案例,探索适合本校特色和学生需求的创业教育模式。例如,引入创业导师制度、开设创业实践课程、组织创业计划比赛等。

(4)创业教育氛围和支持体系的建立。高校需要从多个方面推动创业教育,包括改革人才培养模式、优化教育教学改革、建设学科专业和课程内容等。这些举措不仅能够提升学生的创业能力,还能够增强学校的创新力和社会影响力。同时,高校可以通过支持创业实习、创业社团的建设、提供创业孵化器等方式,为学生提供实际的创业机会和支持,培养他们在实践中的创业能力和经验。

要提升高校创业教育的质量和影响力,需要在管理机构、教育内容和实施方式上进行深化和创新,确保创业教育能够有效地促进学生的创新创业能力和综合素质的提升。这需要高校领导的高度重视和全体教职员工的共同努力。

第五节　我国高校创业教育存在问题的原因分析

一、创业教育内涵与价值的缺失

西方创业教育研究由来已久,美国大学创业教育始于20世纪40年代末,20世纪90年代以来,美国大学创业教育发展进入成熟阶段。相比较来说,中国大学开始创业教育的时间则比较短,2019年才在教育部领导下开展试点工作,在剖析与发展过程中还存在不少问题。

创业教育是一门综合性极强,学科跨度极广的学科,它涉及心理学、管理学、运筹学、成功学、公共关系学、法学、社会学、哲学等多个学科,理论性与实践性并重。目前,大学开设的创业课程大部分由商学院教师任课,教授内容偏重管理与财务,呈现出零散与孤立的特点,与其他学科之间的逻辑性和互动性比较薄弱,而对于学生创新精神、心理素质与团队合作能力鲜有涉及。由于国内尚未形成成熟的创业教育体系,所以大多数创业课程只是属于职业生涯规划与就业指导系列。

创业教育的特殊性在于要通过实践去发挥与检验效果,大学生创业创新能力培养要理论与实践相结合,遵循一条理论到实践再回归理论环线路去盘旋升华,反复锤炼。但我国目前创业教育仅限于课程安排,实践环节属于瓶颈,阻碍了创业教育发展,有待突破。

完善创业教育体系,仅靠学校的力量是不够的,大学属于非营利性质,政府财政投入仍然是我国高等教育办学经费的主要来源。创业教育完善方面离不开政府投入。创业风险与不确定性是很多大学生创业的主要顾虑,所以政府必须从税收与工商管理等方面给予创业者优惠,以减少创业损失与顾虑。

中国创业教育的兴起,与高等教育模式由精英教育向大众教育模式转变以及大学生就业困难的背景密切相关。近年来,随着在校大学生人数的急剧增加,大学生的就业问题引起了社会广泛关注。为解决这一社会问题,中国及时引入了西方国家广泛实施的创业教育模式。因此,创业教育在中国的推广,主要是为了帮助大学生更好地解决就业困难,这成为高校开展创业教育的最主要动机和直接原因之一。

然而,目前中国创业教育普遍存在被动和救急的特征。这种情况导致教育实践中更多地关注表面的形式和模仿西方经验,忽略了对创业教育内涵和价值深度挖掘的重要性。创业教育不仅是应对就业难题的有效手段和机制,更重要的是通过培养创新能力和企业家精神,为社会创造新的就业机会,有效促进国家经济的持续发展,增强整体经济活力。

因此,未来发展创业教育应当是一项积极而长远的行动。中国创业教育的目标应当更加准确地定位于适应时代发展的需要,培育中华民族的创业信念和创业精神,通过全社会的共同努力,形成浓厚的创业氛围和文化,最终将中国打造成一个具有强大创新能力的创业型社会。

二、传统就业观念的束缚

当前我国大学生自主择业的就业导向相较以往的国家分配制度是一大

社会进步。然而,传统的就业观念和政策仍未完全向创业方向转变。传统教育观念依旧认为学校的主要任务是传授学科知识,以使学生能够胜任职业,并获取稳定的就业。因此,大学教育侧重于传授择业技能,而对于创业知识和技能的教育则相对不足,导致学生在创业过程中常见问题的解决方法及基本知识缺乏。

对于许多学生及其家庭而言,高等教育的主要目标仍然是为了获取一份稳定和体面的工作。长期以来,普遍存在着"男大学生求面子,女大学生求稳定"的择业倾向,即通过考取公务员或成为教师等稳定职业来实现就业。这种观念导致在学生中间形成了一种"考上了万事大吉,考不上就苦读"的现象,这种现象被认为是对人才资源的浪费。

在这种传统教育观念的影响下,目前的教学管理模式和课程体系已经形成了一套根深蒂固的理论教育内容,但缺乏与实践结合的教育内容,尤其是对于创业基础知识和初创企业的支持力度不足,使得创业教育仅限于对学生就业指导的简单教育和宣传中,缺少系统的指导方案。

三、学校课程模式僵化

从整体来看,高校的课程模式相对来说仍然比较僵化,主要体现在课程管理体制的固化上,这一体制建立在传统的就业教育基础之上,以学年制课程为主。长期以来,高校的教育目标基本上是局限于传授课本知识,而忽视课外的实践和创新活动。课程类型多为学科课程,大多数是必修课,学生往往没有选择接受何种教育内容的权利,更强调学生对既定课程的服从和接受。

新型创业教育理念的提出涉及学校培养目标和规格的重新调整,课程体系的深刻改革,教学管理制度的变革,以及教师教学理念的更新等一系列内容。这些改革影响到学生培养的方方面面。例如,如果合肥工业大学希望将新型创业教育理念融入教育体系,就必须以创业教育为核心重新设计学校的教学方案和课程设置。

然而,到目前为止,创业教育对于高校来说,仍然只是一种业余教育的角色,并没有被学校列为核心教育目标之一。这意味着高校在教育理念和实践中,对于创业教育的重视和整合仍然不足,需要更多的系统性改革和深入的思想变革,才能真正使创业教育成为学校教育体系中的重要组成部分,为学生全面发展和社会创新做出更大的贡献。

四、教育者缺乏创业经验

大学生创业教育的关键在于教师不仅需要具备高水平的理论知识,还需具备丰富的创业实践经验。与其他学科教师相比,创业教育教师最大的不同之处在于他们要能够激发学生的创业热情,并提升他们的创业技能。国外的创业教育课程通常由具有丰富创新创业经验的教师授课,他们能够结合自身的实践经验和社会现实,生动地阐述创业规律,帮助学生将理论应用于实际,并及时抓住创业机会。

与国外不同的是,我国长期以来的教育体制并未充分培养出具备高水平创业实践能力的教师。在我国大多数高校,包括合肥工业大学,从事创业教育的教师多为"学院派",他们精通各种创业理论知识,但缺乏足够的创业创新经验。这些教师虽然能够传授理论知识,却缺乏实际创业中面临问题的切身体验和解决能力,这直接导致他们在教学中更加注重创业理论知识的传授,忽视了学生实际创新能力的培养。

因此,要提升我国大学生创业教育的质量和效果,关键在于培养一支既具备丰富创业实践经验,又能够深入理解并传授创业理论的教师队伍。这些教师不能仅仅是学术领域的专家,还应当是创业实战的行家里手,能够通过自身经验激发学生的创业潜能,引导他们在实践中不断成长和创新。

五、实践体系不健全

当前大学生创业教育普遍存在实践教学不足的问题,这直接影响了学生创业能力的培养。尽管学生可能掌握了理论知识,但并不意味着他们具备了实际创业所需的能力。创业能力的培养关键在于实践,而多数高校在创业教育方面的投入资金不足,专业实习基地建设不完善,教学实践环节较为分散或浅显,缺乏深入参与创业实践的机会。这种局面限制了学生对创业过程的真实理解和经验积累,使得他们在真正面对创业挑战时缺乏必要的准备和信心。

目前,许多高校的教学方式仍然偏向于传统的"填鸭式"和"讲授式",案例讨论往往只停留在表面,缺乏实质性的启发和挑战,教师对学生的引导比较严格,答案较为标准化,这种教学方式抑制了学生探索和创新的积极性。

创业教育应当是以实践成果为核心的教育方式,而非仅仅传授理论知识。理论知识的传授虽然重要,但若不结合实际创业实践来提升学生的创新创业能力,将无法培养出真正具备创业潜力的人才。创业实践是验证和应用创业理论的最佳途径,只有通过积极完善大学生创业教育的实践体系,才能为学生提供转化理论知识为实际创业能力的机会和平台。

以合肥工业大学为例,在创业教育实践方面,目前主要依赖参加"挑战杯"等创业计划大赛,而未能形成科学系统的创业教育实践体系。这种单一的实践活动模式难以全面培养学生的创业技能和实战经验,因此大学生创业成功率较低的问题在所难免。因此,合肥工业大学有必要加强创业教育实践体系的建设,提供更多真实的创业实践机会,从而为有创业意愿的学生提供更为全面和有效的培训和支持。

我国目前大学创新创业项目以大学生创新创业大赛为主要开展方式,全国各高校学生可以自己组建团队,并开展团队的创新创业项目,以此来参与创新创业大赛。但总体来说,类型较为单一,且学生参与的创新创业实践机会较为缺乏,高校创新创业活动氛围不够浓厚。我国在国家层面出台了多项关于加快高校创新创业教育建设的相关文件,但依然存在不可忽视的问题。在学校层面,依然处于"应对"或"跟随"状态,按照主管部门活动或大赛要求被动参加,形式单一、主动性较低。在社会企业方面,社会企业参与高校创新创业活动的意愿并未完全体现在高校的创新创业教育活动中,高校创新创业教育的单一途径限制了企业进入高校参与大学生创新创业教育活动的方式。

六、创业教育服务保障体系不完善

大学生创业教育的成功实施需要政府、高校和社会三方的共同支持和配合。当前,我国虽然已经出台了一些鼓励大学生创业的政策,但这些政策往往只停留在文件形式上,缺乏核心法律的支持和明确的实施细则。例如,尽管教育法和高等教育法未对学生创业做出明确规定,但教育部在 2000 年发布了支持大学生创业的政策,却限制了创业类型,造成创业的不确定性和局限性。

在高校层面,虽然一些试点单位设立了创业教育专门管理机构,但大多数高校仍然依赖教学、科研或学生管理部门来组织创业教育活动,缺乏专门的管理机构和有效的协调机制。这种情况导致了创业教育在实施过程中的碎片化和无系统化,无法形成有力的支持体系和持续的政策支持。

社会对大学生创业的态度也仍然保守消极,普遍认为大学生创业是在"瞎折腾",缺乏良好的创业氛围和支持环境。创业教育的重要组成部分是创业实践,然而由于资金投入不足和创业教育服务体系不完善,很多高校只能停留在理论教育层面,无法为学生提供必要的实际创业经验和支持平台。这种现象使得大学生在创业实践中举步维艰,难以真正落地创业计划。

要改善大学生创业教育的现状,政府需要加大政策力度和法律支持,确立明确的法律依据;高校应建立健全的创业教育组织体系和持续的支持机制;社会应树立积极的创业文化,营造良好的创业氛围。只有政府、高校和社会三方共同努力,才能为大学生创业提供真正有力的支持和帮助,推动创业教育迈向更加健康和持续的发展。

本章小结

我国高校创业教育的发展历程可以分为五个阶段,每个阶段都反映了政策、社会背景以及教育理念的演变和变革。

1985年以前的空白期:在改革开放初期,我国高校教育主要侧重于知识的传授和技能的培养,对于创业教育几乎没有系统性的安排和推广。1985年到1997年的酝酿、萌芽时期:在这一时期,随着经济体制改革的深入和社会经济发展的需要,大学生创业意识开始萌发。但具体的创业教育措施和政策尚未形成,多为个别学校或教师个人的试点和实践。1997年至2002年的高校自主探索时期:在此阶段,一些高校开始自发探索创业教育的路径和模式,尝试结合实际情况开展相关教育活动,但整体上仍处于初级阶段,缺乏系统性和标准化。2002年4月至2014年5月的创业教育试点和发展阶段:从2002年开始,我国政府逐步意识到创业教育对于人才培养和经济发展的重要性,开始在一些高校和地区进行创业教育的试点工作,并逐步推广。政府的政策文件和指导意见开始明确支持和鼓励创业教育的开展。2014年6月至今的创业教育全面开展阶段:2014年,李克强在达沃斯论坛上提出了"双创"战略,进一步推动了我国创业教育的全面开展。各地高校纷纷响应国家政策,加大创业教育的力度和深度,涌现出大量的创业教育基地、比赛和活动。

我国高校创业教育在多个方面取得了进展,包括高等职业教育的创业课程、大学生创业基地的设立、政府政策的推动、各类创业竞赛的举办以及创业教育与就业指导课程的整合等。这些措施在一定程度上促进了青年创业精神的培养和实际创业能力的提升。然而,总体来看,我国高校创业教育仍面临诸多挑战。

首先,教育体系尚不完善,创业教育缺乏系统性和层次性。现有的形式较为单一,缺乏多样性的教育内容和方法,未能有效覆盖不同层次和需求的学生群体。其次,学校对创业教育的重视程度不足,存在认知片面和缺乏急迫性的问题。传统的学科基础薄弱,课程设置不尽合理,未能有效融入创业教育内容,导致教育模式和就业观念受到制约。再次,师资力量相对薄弱,缺乏具备创业实践经验和教学能力的高水平教师。这使得创业教育过程中,理论教育和实践指导的结合不足,影响了学生的实际创业能力培养。最后,创业政策的完善度不高,教育质量评价体系尚未建立,学生对创业教育的普遍认知不足,缺乏专门的创业教育组织机构和完善的创业教育服务保障体系,这些因素都制约了创业教育发展的深度和广度。

未来,需要进一步加强政策引导,完善教育体系,提升创业教育的质量和覆盖面。这包括建立多样化的创业教育内容和方法,培养更多具备实践经验的教师,加强学校和社会资源的互动与整合,形成全面支持创业教育的政策环境和制度保障,从而推动我国高校创业教育更加健康和持续地发展。

第三章 | 高校创业教育价值、功能和目标

高校创业教育的价值导向决定着高校创业教育的方向,更关系到培养学生哪些能力素质的根本问题。一般来说,确定培养目标必须考虑社会对人才的需求。不同层次、不同类型的学校依据社会对人才的需求情况,培养目标也不相同。高校创业教育具备的功能直接决定了高校创业教育的育人体系。考虑学生未来社会能力的培养,高校创业教育课程的目标主要是培养学生的创业基本素质,即树立创业意识、培养创业心理品质、形成创业知识结构和提高创业能力。

第一节 高校创业教育的价值

一、创业教育价值

马克思从满足主体需求的视角出发,构建了价值关系,并进一步指出,价值的普遍本质在于它是现实中的人类与能够满足其某种需求的客体属性之间的一种关系。价值属于关系范畴,既不能脱离主体,也不能脱离客体。价值来源于客体,但取决于主体,并在实践中产生。价值是在人的实践和认识活动中确立的,是一种以主体的目的和需求为标准的客观的主客体关系,即客体的存在、性质及其运动是否与主体的本性、目的、需求和能力等相一致、相适应或相接近的动态关系。简而言之,凡是与主体的本性、目的、需求和能力等相一致、相适应或相接近的客体内容,都是有价值的。凡是与主体的本性、目的、需要、能力等不一致、不适合、不接近的客体内容,都是没有价值的。价值是主体需求的反映,这意味着仅有主体的需求不足以构成价值关系,还需要能够满足需求的价值客体。满足主体需求和满足价值客体需求是两个不同层次的概念。满足主体需求意味着具有满足需求的潜力,而

满足价值客体需求则表示需求已经得到实际满足。在价值关系中,主体的需求是决定价值的核心和主导因素,而客体的功能属性是价值的基础。

要体现人作为价值主体的核心和主导作用,可以总结如下几点:①没有人就无法形成价值关系,价值是对象与人的目的、需求和能力的统一体;②人的需求决定了客体的功能属性能否成为价值客体,人的目的、需求、情绪、情感、意志等因素决定了人"想要什么"或"应该是什么样";③人的能力决定了哪些功能属性可以成为价值客体,满足个人目的和需求并不是自然而然或随心所欲的过程,而是一个理智的、有创造性的过程;④人的选择性决定了客体能否成为价值客体。人的本性以及反映这种本性的目的和需求,决定了其价值评估、选择和创造的方向,这些因素可以转化为人的信念、信仰和理想,提供行动的动机,并激发追求的热情。

价值既反映主体的需求,也体现主体的能力。人们的价值活动必须以当前的社会历史环境和条件为基础,遵循自然与社会规律,并考虑对象的实际情况,即按照自然事物和客观规律的尺度进行价值评价、选择和创造。此外,人们的价值活动还受到个人素质与能力的限制,决定了他"能做什么"和"能成为什么"。只有那些符合人的"本质力量"指向的对象,并在人的素质与能力范围内的事物,才可能真正成为人的价值评价、选择和创造的对象,从而使人能够实现自己的目的、满足自己的需求。

能够作为价值主体的只有人类,任何价值主体必然是人或由人组成的群体。而作为价值客体的,可以是自然物、社会事物或者其他人。人不仅可以是价值主体,也可以是价值客体。当人作为价值客体,即能够满足他人需求的客体时,主要是通过其知识能力或创造价值的能力来满足他人的需求,最根本的是其具有创造价值的能力。人作为价值客体时,其核心在于能够创造并提供具有价值的成果,从而满足他人的需要。

教育是人自己形成自己的活动,是人的价值的自我形成。教育的价值就在于发现、挖掘、发挥、形成、引导、限定人的价值。精神价值是人的最高价值,是人的价值与其他事物的价值的根本区别,其实质是知识、能力和思想品德的价值。

教育形成人的价值就是要通过有价值的知识、能力和品德的教育形成人的精神价值。研究教育的价值首先应该研究"人应该具有什么价值"。人对教育具有某种需要才能产生某种教育价值观,有了某种教育价值观才能产生发展教育、从事教育活动的动机和行动,确定教育的目的和目标以及内容、方法等。人是教育的起点、终点和本体,是教育的价值主体、认识主体和实践主体。提高人的主体性理所应当是教育的最高价值追求和终极意义关怀。认识和规定教育本质不能不追问人的意义和教育的价值。追问教育应该是什么和我们需要什么教育,就是在追问人应该是什么、我们需要什么人。反之亦然。人类对教育的认识、理解和解释其实首先是对自己的认识、理解和解释,是对自己的本质、理想、追求的认识、理解和解释。

教育是人类自我形成的活动,是个体价值的自我构建。教育的意义在于发现、挖掘、发展、塑造、引导和限制人的价值。精神价值是人类的最高价值,是人与其他事物价值的根本区别,其实质在于知识、能力和思想品德的价值。教育通过传授有价值的知识、能力和品德,来塑造人的精神价值。

研究教育的价值首先需要探讨人应该具备哪些价值。个体对教育有某种需求,才能形成相应的教育价值观,有了这种价值观,才会产生发展教育、从事教育活动的动机和行动,明确教育的目的、目标、内容和方法。人是教育的起点和终点,是教育的本体,同时是教育的价值主体、认识主体和实践主体。提高人的主体性应当是教育的最高价值追求和终极关怀。

创业教育的价值在于探索创业教育主体与客体之间的关系,这体现在主体对客体的认知、体验和评价上,以及客体对主体需求的满足程度和其对主体的意义与影响。本研究提倡"以人为本"的创业教育价值理念,即以"人的自由而全面发展"为核心价值导向,旨在帮助个人获得美德与财富,实现幸福人生,从而达到自我实现的价值。这种价值导向的创业教育注重培养创新意识、创新能力、创新精神和创新思维,目标是培养具有创新能力的人才。

"以人的自由而全面发展"为导向的创业教育理念扩展了创业教育的功能,认为创业教育不仅仅是鼓励学生创办企业(即"小创业教育"),更在于培养大学生的企业家精神和素质(即"大创业教育")。因此,创业教育不仅是创业理想、精神、人格和道德的教育,更是创业能力的培养,强调通过创业意识和能力的培养来提升企业家创新精神和素质。

二、创业教育价值层次

张锐的直播电商之路
从大学生兼职,到年销售额过亿元,他只用了三年

张锐,"95后"大学生,他的创业之路既充满了挑战,也充满了机遇。从大三时兼职做直播,到年销售额突破亿元大关,张锐仅用了三年时间。他的故事不仅激励了无数年轻人,也为新时代的创业者提供了宝贵的经验和启示。

起步:兼职做直播

2019年,张锐还是一名普通的大三学生。当时,直播电商正逐渐兴起,

但他并没有意识到这是一个巨大的机会。一次偶然的机会,他在社交媒体上看到一名网红通过直播卖货赚取丰厚佣金的帖子。这让他萌生了尝试直播带货的想法。

起初,张锐只是利用课余时间在校外兼职做直播。为了节省成本,他把宿舍布置成了直播间,用手机作为直播设备。虽然一开始观看人数寥寥无几,但他并没有气馁。张锐每天花大量时间研究直播技巧,学习如何更好地展示产品、如何更吸引观众的注意力。为了提升直播质量,他还购买了专业的灯光和音响设备。

初见成效:积累粉丝

经过几个月的努力,张锐的直播间逐渐有了起色。观众人数开始稳步增长,销售额也慢慢提升。为了提升销量,张锐主动联系各大品牌,争取到了一些新品的首发权。他会提前做足功课,了解产品的各个细节,确保在直播中能够为观众提供详细的介绍和使用体验。这种专业性和用心赢得了观众的信任,也吸引了更多的粉丝。

张锐深知,仅靠自己一个人很难在竞争激烈的直播行业中脱颖而出。于是,他开始组建自己的团队,招募了几位志同道合的同学一起合作。团队中的每个人都有各自的分工:有人负责产品选品,有人负责直播策划,有人负责售后服务。团队的协作让张锐的直播间运作更加高效,销售额也随之大幅提升。

多元化经营:从直播到全方位电商服务

随着直播事业的快速发展,张锐开始尝试多元化经营。除了直播带货,他还进军了短视频内容制作和电商培训领域。他认为,电商不仅仅是卖货,更是一个全方位的营销和服务体系。因此,他组建了专业的内容制作团队,制作高质量的短视频,通过社交媒体平台吸引更多的粉丝和潜在客户。

在电商培训方面,张锐也有着自己的独到见解。他认为,许多想要进入直播电商行业的人缺乏系统的培训和指导,因此他开设了电商培训课程,从选品、直播技巧到数据分析,全面覆盖了电商运营的各个环节。这些课程不仅为他带来了可观的收入,也为行业培养了大量优秀的电商人才。

稳步发展:迈向更高的目标

2022年底,张锐的公司年销售额已经超过1亿元,成为行业内的佼佼者。他的成功不仅在于抓住了直播电商的风口,更在于他持续的学习和对市场的敏锐洞察。张锐每天都会关注最新的电商趋势和消费者需求,不断调整自己的运营策略。他深知,市场瞬息万变,只有不断学习和创新,才能保持竞争力。

为了进一步提升品牌影响力,张锐开始与一些知名品牌和明星合作,通过跨界营销吸引更多的关注。他还计划开设线下体验店,让消费者不仅可以在线上购买商品,还能在线下体验和试用。这种线上线下结合的模式,既能提高消费者的购物体验,也能增强品牌的信任度。

持续学习:终身成长的理念

虽然事业已经取得了显著的成功,但张锐并没有满足现状。他始终保持着强烈的学习热情,每天都会花时间研究行业动态和学习新知识。他认为,市场每天都在变化,只有不断学习,才能跟上时代的步伐。他积极参与各类电商论坛和行业交流活动,与同行分享经验,学习他人的成功之道。

张锐的成功不仅是个人的成就,更是一种精神的象征。他乐于助人,喜欢分享,总是愿意帮助朋友和同学解决问题。在他的影响下,许多年轻人也开始尝试直播电商,探索自己的创业之路。张锐用自己的实际行动证明了,只要有梦想并付诸行动,年轻人也能在创业的道路上取得辉煌的成就。

(摘自2024年3月《创业邦》杂志,作者:李欣,有改动)

从张锐的创业故事可以看出,他在直播行业接受的创业教育改变了他的命运,让他对未来充满了信心。创业教育的核心在于满足个体的需求,包括其价值设定和追求。个体的需求依赖于创业教育活动来体现和实现,因此具体、生动、丰富的创业教育是其价值的客观基础。以下是对创业教育价值三大层次的梳理。

(一)创业教育的价值理想

创业教育的价值理想涉及创业教育的核心追求,主要在于从最高层面反映个体对创业教育活动的价值诉求,体现了创业教育的理想性和其旨在实现的目标的单一性,以及创业价值的崇高实现形式。创业教育不仅仅是传授技术和培养技能的简单目标,也不是简单地将人文教育置于一切之上,而是努力在两者之间找到平衡点,从而将创业教育的理想价值设定为满足个体自由全面发展的需要,是个体自我实现的需求。

(二)创业教育的价值目标

创业教育的具体目标可以通过不同形式来阐述,而创业教育的价值在理想的指导下表现出多样化的现实价值状态,使得其理想更加具体、更加实际。创业教育的理想价值是崇高的、终极的,但参与创业教育活动的个体都有各自的需求和追求。因此,在理想价值的指导下,需要允许每个个体追求个性化的创业价值需求,这也是教育民主化的基本体现。

（三）创业教育的价值存在

创业教育既是过程又是结果。创业教育的价值构建涉及主体和客体的关系,这种关系处于持续变革之中,是一种持久存在。这种特性使得创业教育的价值能够在可能性和实际之间共存。然而,创业教育的最终实现依赖于参与社会活动的创业教育主体,只有通过创业实践,创业教育的价值才能真正得以实现。如果忽视这一点,创业教育的价值可能会变成一种心理活动或者某种观念、精神迁移的过程。

显然,创业实践和社会生活是非常丰富多样的,它们向个体提供了各种挑战、机会和考验。创业教育的价值仅仅依赖于抽象的理性推理是无法实现的,而是需要通过基于创业实践的创业主体与社会关系的互动来实现。因此,创业教育的三个层面的价值形态在创业教育的过程中是统一的,每一个创业教育过程都涉及这三个层面的不同价值类型。

创业教育的主体不同,其内涵的价值意义也会随之而变。在这三种价值形态中,价值理想是根本和核心,价值目标是其具体化的表现,而价值的实现则是将价值目标从可能性转化为现实的过程,是创业教育价值实现的体现。

三、创业教育价值体系

田甜:从大学课堂到独角兽企业
从产品开发到海外扩展,她只用了三年

田甜是"90后"创业新星,自2019年在大学创办"甜甜电子科技"以来,田甜在产品研发、市场营销和团队建设等方面取得了令人瞩目的成就。她总结出了成功创业的四个关键要素:全面的知识储备、有效的资源整合、创新的产品开发以及强大的心理素质培养。

全面的知识储备:理论与实践的结合

田甜在大学时主修电子工程与市场营销,她在课堂上不仅学习了电子产品设计和开发的基础知识,还掌握了市场分析和营销策略。在大四时,她参加了学校的创业实践项目,开发了一款智能家居产品。这款产品在校园创业大赛中获得了第一名,这让她看到了智能家居市场的潜力,也坚定了她创业的决心。

有效的资源整合:利用周围的资源

田甜在创业过程中,充分利用了她在校内外的资源。她的导师是国内知名的电子工程专家,为她提供了宝贵的技术指导;她的校友中,有不少人

在各大科技公司任职,他们为她的产品提供了市场反馈和推广渠道。田甜的团队中,有负责产品开发的技术骨干,也有擅长市场推广的营销高手。她善于整合这些资源,形成了强大的团队合力。

创新的产品开发:满足市场需求

在研发过程中,田甜注重市场调研和用户反馈。她的团队定期进行用户需求调查,分析市场趋势,并根据数据调整产品设计。2020年,她们推出了一款智能安全监控系统,这款产品结合了最新的AI技术,能够实时监控家居环境,提供智能报警和安全建议。这款产品一经推出,就受到市场的热烈欢迎,销量迅速攀升。

强大的心理素质:迎接挑战与压力

田甜特别强调心理素质在创业中的重要性。她认为,创业过程中难免会遇到各种挑战和压力,只有保持良好的心理状态,才能应对各种突发情况。她在大学期间选修了心理学课程,这让她在面对创业压力时,能够更好地调节自己的情绪。田甜经常参加心理素质训练,通过冥想和运动保持身心健康。

市场推广与品牌建设:从国内到国际

田甜深知,产品的成功不仅仅在于技术和设计,更在于市场推广和品牌建设。她利用社交媒体和电商平台,积极推广她的产品。同时,她还注重品牌形象的塑造,通过参加各类展会和科技论坛,提高品牌的知名度和美誉度。2021年,田甜的公司获得了天使投资,这让她有更多的资金投入产品研发和市场推广中。

走向国际:开拓海外市场

2022年,田甜开始将目光投向国际市场。她认为,只有不断开拓新的市场,才能保持公司的持续增长。她组建了国际市场部,积极参加国际展会,寻求海外合作伙伴。她的智能安全监控系统在欧美市场受到了广泛关注,并迅速打开了市场。2023年,她的公司在海外市场的销售额已经占到总销售额的30%。

田甜的成功不仅在于她的知识储备和资源整合能力,更在于她持续学习和不断创新的精神。她认为,市场每天都在变化,只有不断学习和创新,才能保持竞争力。她的创业故事不仅激励了无数年轻人,也为新时代的创业者提供了宝贵的经验和启示。在未来的日子里,相信田甜会继续在智能家居领域创造更多的奇迹,实现更高的目标。

（摘自2024年5月《创业邦》杂志,作者:李欣,有改动）

　　从田甜的创业故事可以看出,创业教育的价值体系是一个复杂而系统的整体。根据创业教育的定义及其实践特点,其核心架构应包括以下四个方面:一是创业理论,主要分析和研究创业活动和过程,帮助创业者掌握基本知识并了解创业发展的基本规律;二是创新能力,作为创业能力的核心,没有创新就不可能进行有效的创业;三是创业精神,培养在创业过程中必备的各种非智力素质;四是创业技能,分析和研究创业过程中的程序和方法,积累经验,提升实践能力。这四个方面构成了创业教育体系的基本框架,缺一不可。

　　如果每位创业者都能接受这样全面的创业教育,将能够减少错误决策,加速整个社会的创业进程。

　　掌握创业知识和创业发展是有区别但又互相关联的。它们之间的联系体现在知识和发展互为条件。知识是发展的基础,没有在创业教育中掌握必要的知识,就难以实现创业的有效发展;而发展则是更好地掌握知识的条件,只有在创业教育中获得必要的发展,才能有效掌握更多的创业知识。然而,学生的发展不仅仅意味着获取知识,更重要的是塑造和完善自己的创业人格,成为社会需要的创业人才。

　　创业知识和创业发展之间的区别在于,通常情况下学生掌握了知识,但在发展方面却未必达到同等水平。这种"剪刀差"表明,发展落后于知识的掌握,是许多教育教学中普遍存在的现象。

　　建立创业教育教学基本价值之间的合理结构,是创业教育教学关系中的客观要求。这四项基本价值:知识价值、能力价值、品格价值、方法价值,彼此密切联系、相互制约、相互渗透又相互依赖,共同构成了严密的创业教育教学价值体系。在创业教育教学过程中,每一项价值都必须在整体联系中实现其有效性。任何一项价值脱离了体系都将失去其实现的可能性,而整体价值体系若失去任何一项价值将受到严重损害:没有了知识,无法掌握和运用能力、品格和方法;没有了能力,无法形成和发展知识、品格和方法;没有了品格,就无法实现其作为品格的意义;没有了方法,将无法实现知识、能力和品格的目标。

　　因此,必须确保这四者在同一创业教育教学过程中的统一实现,并保证各方面都能得到有效的发展。

第二节　高校创业教育的功能

概括地讲,创业教育具有社会发展功能、教育发展功能和人的发展功能,即通过创业型人才的培养,促进社会进步与发展,促进教育改革与发展,促进人的全面自由与发展。

一、社会发展功能

刘明创业案例

刘明,一个心怀农业梦想的年轻技术人才,自中国农业大学毕业后,义无反顾地选择回到家乡浙江省,创立了新农业科技有限公司。他的故事,不仅是关于创业,更是关于如何通过创新技术和坚定信念,改变传统农业的现状,推动农业向现代化迈进的典范。

刘明在大学期间深刻理解到现代农业技术对于解决日益增长的人口对农产品的需求和资源限制的重要性。他特别关注农业物联网、大数据分析以及智能化农业设备的应用潜力,这些技术不仅能提高农产品的生产效率,还能减少资源浪费,改善农产品的质量和安全性。

回到浙江省后,刘明面临着种种挑战:资金有限、市场认知度不足以及传统农民对新技术的疑虑。然而,他以实际行动证明了他的愿景和能力。他与一小队志同道合的年轻人合作,共同奋斗,创造出新农业科技有限公司。

公司成立之初,刘明便将科技创新贯穿于每一个决策和行动中。他们研发了一系列智能化农业设备,包括用于灌溉、施肥和病虫害监测的先进系统,以及基于大数据分析的精准农业管理平台。这些技术不仅提高了农业生产效率,还帮助农民降低了成本,优化了农业生产结构。

刘明和他的团队不满足于技术的应用,还积极与当地农民合作,通过示范项目和培训活动,向他们传授现代农业技术的知识和技能。他们与农民建立起紧密的合作关系,共同探索适合当地的技术应用方案,并帮助农民提高了农产品的品质和市场竞争力。

随着时间的推移,新农业科技有限公司逐渐赢得了市场的认可和农民的信任。他们的技术和服务覆盖了浙江省乃至全国范围内的许多农场和种植户。刘明不仅通过技术创新改善了农产品的生产和质量,也为当地农民创造了更多的就业机会和收入来源。

刘明的故事不仅是一个创业成功的典范，更是现代农业发展的生动实践。他的公司不断推动农业现代化进程，促进了资源的有效利用和农业生产的可持续发展。他们的成功经验不仅在技术上具有示范性，更在社会影响力上树立了榜样，激励着更多的年轻人投身于农业科技的研发和应用。

刘明创办的新农业科技有限公司，如今已经成为浙江省甚至全国农业现代化发展的一面旗帜。他的成就不仅是技术创新的成果，更是对农业产业转型升级的重要贡献。刘明用自己的实际行动，诠释了技术创新如何在传统行业中焕发全新的活力和价值，为未来的农业发展描绘了更加光明的前景。

（资料来源：http://www.xuexila.com/chuangye/506389.html）

刘明在农业领域的成功创业紧密关联着他接受的创业教育。创业教育作为一种教育活动，在社会发展中扮演着重要角色。社会的创业教育水平越高，社会成员实现灵活就业、自主创业和岗位立业的效果就越显著，从而带来更好的社会效益和经济效果。随着创业型人才的快速发展，人们的物质和文化生活水平也随之提高，这进一步推动了社会的繁荣和发展。在我国高等教育大众化和创业活动活跃的背景下，开展创业教育显得尤为迫切。

大学创业教育应当充分利用现代自然科学和社会科学发展的最新成果，根据社会对创业型人才的新需求，针对学生成长过程中出现的新问题，通过专业课程教学中创业教育的实施以及第二课堂创业实践活动的广泛开展，使学生在培养创业意识、掌握创业知识、发展创业能力和塑造创业心理品质的同时，成为知识的持有者和社会财富的创造者，成为对社会发展具有开创性价值的推动者。

二、教育发展功能

2010年6月12日，上海交通大学率先在全国高校中成立了创业学院。这一创新平台不仅代表了学校对创业教育的独特理解，也显示了学校在推进创新人才培养方面的积极探索和实际行动。

上海交通大学创业学院定位为一所高起点、高水平、精品化、注重实践的学院，致力于建设成为符合中国国情、具有上海和交大特色、世界知名的创新创业人才培养学院。该学院的平台成功实现了创业意向学生、创业导师团队以及风险投资家等群体的有效聚集，推动更多有潜力的大学生成为未来的企业家，并将大学生的创业项目转化为现实的企业。目前，创业学院已经形成了"面上覆盖、点上突破"的分层教育模式。一方面，通过在专业教育中渗透创新、创意、创造的精神和理念,开设创业教育通识课程,实施大学生创新计划(PRP 计划),定期举办创业计划大赛等活动,使全校学生在创新创业氛围中受到教育、感染和磨练,培养终身受用的创新精神、创造理念和创业意识。另一方面,通过提供具有独特特色的创业课程,创业训练营的指导和辅导,以及创业苗圃的预孵化和资金支持,培养了一批有强烈创业意愿的学生,他们成为大学生创业的"种子选手",并有望成为未来的企业家。

多年来,上海交通大学在创业教育领域取得了显著成果。上海交通大学创业学院在创新创业教育领域继续取得显著成果。2023 年,"清源科技"项目在"创青春"全国大学生创业大赛中荣获金奖。该项目由交大学生于2022 年创立,专注于开发智能水质监测和管理系统,利用物联网和大数据技术,为工业和农业用水提供高效监测解决方案。清源科技不仅展示了学生团队的创新能力和项目市场潜力,还体现了交大在创业教育和技术创新方面的领先地位,对改善水质管理和促进可持续发展具有重要意义。

2009 年,中山大学正式设立了中山大学创业学院。该学院依托管理学院,结合国内外商科院校的发展趋势,抓住国家创新型战略背景下在经济、社会和科研等方面的重大机遇,立足社会实际需求而创立。

创业学院旨在为中山大学全体学生提供创业教育培训,致力于培养具有创新能力、创业精神、坚强创业心理品质和复合型经济管理才能的学生。通过系统全面的创业理论知识和实践活动,培养学生具备"创新性""冒险性"和"主动开拓性"的时代创业精神。

创业学院将积极探索并实践适应当今社会需求的创业教育新模式,融合中西方创业理念和管理经验,以"STRATEGIC"战略创业理念为基础,打造具有创新型专业和实践特色的创业教育与培训新模式。

中山大学创业学院的"STRATEGIC"战略创业理念包括模拟实战学习、团队协作学习、角色扮演和交换学习、知识整合应用学习、目标导向型学习、创业链学习、全球化环境学习、创新实践学习和商业竞争学习。

目前,创业学院已经建立了一支精干、高效、实战经验丰富的国际水平优秀教师队伍。这些教师不仅在各自的创业研究领域取得了丰硕成果并得到学术界的广泛认可,同时他们的创业实践活动也受到了社会各界的广泛好评。

中山大学创业学院的成立和开展创业教育活动彰显了创业教育作为一种教育理念的重要性,这不仅是教育体制改革的深层次、根本性举措,也对高等教育的持续和健康发展起到了关键作用。传统教育理念的局限性使得大学教育必须走出传统框架,培养具有开拓精神、创新思维和国际竞争力的创业型人才,这正是当前创新教育模式的当务之急。

　　大学创业教育需要树立与时俱进的理念,通过确立适应创业教育需求的人才培养模式,包括宽口径、厚基础、综合化和国际化。这意味着基于通识教育的专业教育逐步实现,使学生的知识、能力和素质得到协调发展,科学精神与人文素养有机结合。改革现有的专业教育和课程体系也是创新的关键。加强基础课程、扩展选修课程比例、推动国际化课程以及优化课程结构,有助于学生知识结构的优化,实现知识、技能、过程、方法、情感态度和价值观的有机统一。

　　此外,教学内容、教学方法和评价方式的创新至关重要。强化教学内容的基础性、系统性、前沿性和应用性,推进启发式和参与式的教育方法,突出科学的评价体系,有助于提升学生的主体性和内在动力。通过探索教学管理体制,如实行学分制、选课制和导师制度,可以更好地发挥学生的个性和创造性。这些措施不仅使高等教育能够满足市场经济对人才培养的要求,还能适应知识经济对知识型、科技型创业人才的需求,同时顺应全球高等教育改革和发展的新趋势,助力高等教育实现新的跨越式发展。

三、人的发展功能

善邻社区服务平台:初心助人,科技造福

　　2022年,李明、张婷和王磊这三位来自不同专业的大学生,共同创立了善邻社区服务平台。他们的初衷是利用科技帮助城市中的老年人和行动不便的居民,为他们提供日常生活中急需的各种服务。他们发现,现代城市中,许多老年人和行动不便的居民常常因为缺乏必要的帮助而面临生活困难,这触动了他们的心。

　　李明是计算机专业的学生,具备扎实的技术背景;张婷来自社会工作专业,对社区服务有深刻的理解;王磊则是工商管理专业的学生,善于商业运营和项目管理。他们三人决定结合各自的专长,共同打造一个能够真正帮助到需要帮助群体的社区服务平台。

创业过程

　　他们开发了一款移动应用程序,用户可以通过该平台预约各种社区服务,如购物代办、送餐、家政、医疗陪护等。平台还设有紧急援助功能,用户可以一键呼叫志愿者或专业人员提供帮助。平台上汇集了大量志愿者、社区服务机构和企业,通过合作提供高质量的服务。

项目成就

　　自项目启动以来,善邻社区服务平台已经帮助了成千上万的老年人和

行动不便的居民。用户反馈显示，该平台极大地方便了他们的日常生活，提高了他们的生活质量和幸福感。该项目促进了社区内部的互助与关爱，增强了邻里之间的联系。通过志愿者的参与和社区资源的整合，善邻社区服务平台不仅提供了必要的生活帮助，还倡导了助人为乐、关爱老人的社会风气。

平台利用大数据和人工智能技术，优化服务匹配和调度，提高了服务效率和用户体验。紧急援助功能为用户提供了安全保障，进一步增强了用户的信任和依赖。

社会影响

李明、张婷和王磊的创业之路，充满了艰辛和挑战，但他们从未忘记初心：通过科技和社区的力量，为老年人和需要帮助的人群提供实际帮助，改善他们的生活。善邻社区服务平台的成功，不仅展示了他们的创新能力和社会责任感，也为现代城市中的社区服务树立了新的标杆。

这个项目的成功，离不开团队的合作和社会各界的支持。善邻社区服务平台的故事，激励了更多的年轻人投身于社会公益和创新创业，推动了社会的进步与发展。

（来源：2023年2月16日《义乌商报》，作者：徐玉成、黄玉洁）

创业教育是一种引导学生实现人生成功的教育形式，其核心在于培养学生的首创精神、冒险精神、创业能力、独立工作能力以及技术、社交和管理技能。这些方面对于个体的全面发展至关重要。马克思主义强调促进人的自由和全面发展，特别强调智慧和性格的全面合理发展，以及才能和个性的自由发展，这与创业教育的理念是一致的。在大学创业教育中，必须以学生为中心，强调其主体性和自由个性，旨在培养他们成为就业者，成为工作岗位的创造者。

创业教育的实施主要通过课程教学和课外辅导等途径，帮助学生规划职业生涯，特别是在大学阶段明确奋斗目标，助力他们选择通向成才和成功的道路。过程中，学生通过处理与他人、集体和社会的关系，提升和完善个人人格，为逐步适应社会、完成社会化进程，奠定坚实基础。大学创业教育还应注重潜能开发，培养学生创新思维方式，增强其创造力、学习力、适应力、竞争力和成功效率，通过实践获得新的知识、技能和健康的身心状态。

第三节　高校创业教育目标定位

我国的创业教育目前还处于初级阶段,但得到了政府和教育界的重视与支持。国家出台了一系列政策来扶持大学生创业,各高校也积极推动创业教育,引入了 KAB 课程体系,培养大学生的创业精神。然而,由于受教育者的素质不同,他们对知识的接受程度也不一样。因此,我们需要及时发现并培养那些具有创业潜力和强烈创业愿望的青年学生,为他们提供有针对性的教育,并在政策和制度上给予支持,帮助他们成功创业。

一旦大学生决定自主创业,通常会面临如下问题:如何入手,做什么,以及如何做。由于缺乏企业运作知识和实践经验,大学生在创业初期常常充满激情但缺乏理性。在这个阶段,正确理解和认识创业过程中每一个步骤的作用及其相互关系,精心筛选商机,寻找适合自己的经营和盈利模式是至关重要的。

创业教育可以帮助创业者培养创业意识,树立科学的创业观念,并且教导他们如何精确把握每一个创业环节,以促进创业的合理运作。同时,建立科技创业园区和科技孵化器也是重要举措。这些平台通过支持和推广校内高科技成果的转化,培养专业人才,成为孵化高新技术企业和培养高新技术企业家的基地,为大学生提供创业指导和实践的重要平台。

为了科学认识和准确定位大学生创业能力的培养,首先需要明确创业的基本内涵。传统意义上,创业通常指创建企业。在中国,《现代汉词典》(第 7 版)将创业定义为"创办事业",可以理解为开创个人、集体、国家或社会事业并取得成就。在国外,对创业的研究早已展开,但全面准确地定义创业仍具挑战性。美国"创业教育之父"杰弗里·蒂蒙斯提出的概念被广泛接受,他将创业定义为一种创造、增值和实现价值的过程,认为创业包括各种公司和组织的不同阶段和形式,超越了传统的企业创建概念。然而,现实情况显示,大学生的创业方式可能更多地是为了解决就业问题,而非纯粹的创新和创造。

在中国,创业的概念更为广泛,大学生创业的目的和形式也具有特殊性。因此,创业教育的目标需根据这一背景进行设定和实施。高等学校的创业教育目标区别于就业培训,是着重于培养学生的创新精神和实践能力,强调个体责任感和创业意识。

为此,高校创业教育的目标应该分两个层面来开展:一是基础素质教育,这是创业教育的共性目标,旨在强化所有学生的创业意识,丰富他们的创业知识,提高创业能力和技能,以及培养创业所需的心理品质。二是个性化培养,针对少数学生,创业教育应致力于培养他们的开拓性个性,激发其创新潜能和领导才能,使其能够在创业过程中具备更高的独立性和创造力。综上所述,创业教育的目标不仅在于传授知识和技能,更重要的是塑造学生的创业精神,使他们能够在未来职业生涯中做出积极的贡献并实现个人价值。

一、高校创业教育的基本目标

创业基本素质是指在人良好的先天遗传素质基础上,在环境和教育的影响下,通过个体的主观积极努力形成和发展起来的,在创业实践中表现出来并相对稳定的心理特征。具体包括创业意识、创业知识、创业能力和创业品质。

(一)培养大学生创业意识与创业精神

首先,创业意识指个体在创业实践中的个性意识倾向,包括创业需求、创业动力、创业兴趣、创业理想、创业信念和创业世界观等心理成分。创业意识在创业基本素质中具有社会性质,影响着创业者对待创业活动的态度和行为,指导着其行为方向和强度,具有选择性和能动性,是创业素质的核心组成部分之一。通过创业教育,可以帮助青年学生了解当前严峻的就业形势和巨大的就业压力,认识到创业成功可以提供的就业机会,解决社会就业难题。此外,学生需要了解中国面临的发展机遇,需要更多人投身创业事业,将投资机会转化为社会财富。因此,创业教育应该培养学生发现商机的警觉性和敏感性,激发他们主动创造和创业的意识。

调查显示,许多国外学生从小就具备经商意识和经济头脑,这使得他们毕业后选择创业是一种正常且值得赞扬的选择。相反,中国学生普遍更倾向于寻找体面或安逸的工作,对于开设店铺或从事小买卖等创业方式持保留甚至羞耻态度。因此,改变学生的观念,激发其创业意识成为实施创业教育的首要任务之一。学校可以通过设置相关课程来转变学生的观念,全面激发他们的创业潜能。

创业教育的首要任务在于激发大学生的创业意识和创业精神。这意味着培养他们具备积极探索、开拓创新的改革意识,以及敢于竞争、敢于冒险并愿意承担风险的竞争意识和奋发向上、不懈努力的奋斗精神。长期以来,由于基础教育受应试教育的影响深远,我国大学生普遍缺乏创业意识和愿意冒险的精神。调查显示,尽管有相当一部分大学生的父母是创业成功人士,但大多数学生对创业的意愿不强,更倾向于选择稳定的工作。因此,高校在推动创业教育时,必须将激发学生的创业意识放在首位,这是创业教育成功的关键。通过创业教育,学校应该营造积极的创业氛围,让青年学生深切感受到创业的必要性和紧迫性,从而改变他们的就业观念,树立起创新意识,培养他们的创业精神。总之,创业教育不仅仅是传授知识和技能,更重要的是塑造学生的心态和价值观,使他们在面对未来职业生涯时能够勇于尝试,敢于挑战,从而为社会和个人创造更大的价值。

(二)培养大学生创业心理品质

创业心理品质指在创业实践中对个体心理和行为起调节作用的个性意识特征,包括情感和意志方面的特征。这些品质如责任感、勤奋勇敢、独立性格、亲和力以及诚实守信,对于创业的成败至关重要。人的心理因素可以分为认知心理机能系统(智商IQ)和非认知心理机能系统(情商EQ)。研究表明,虽然智商是个体成功的基础,但情商在决定个体成功与否方面至关重要。

创业者需要勇于创新,敢于冒险并愿意承担失败的风险。创业路途充满挑战,随时可能面临失败,因此创业者应当有勇气面对挑战,并在失败中汲取教训,不畏失败,敢于重新起步。年轻是创业的宝贵资本,创业者应当具备坚定的意志和顽强不屈的精神。

创新精神是创业过程中不可或缺的品质。创业者应当敢于尝试那些别人不敢做的事情,思考那些别人未曾想过的可能性。自信心态也是创业者必备的心理素质,建立在对自身能力准确评估的基础上,而非自负。创业者需要明确自己的能力和目标,既不盲目冒险,也不因害怕失败而畏首畏尾。

此外,创业者必须勇于行动。行动是将思想和目标转化为成功的关键步骤。只有通过果断而勇敢的行动,创业者才能抓住机遇,逐步实现成功。对于创业教育课程来说,其目标应当是培养学生具备这些心理品质,使他们能够在实践中展现出坚定的意志、充满自信并敢于行动的特质,从而为自身的创业之路打下坚实的基础。

在实施创业教育时,学校应当针对现代大学生的心理特点,有针对性地培养他们的创业心理品质。大多数现代大学生由于生活条件良好,从小养成了娇生惯养的习惯,这使得他们的心理耐挫力相对较弱,对创业活动造成不利影响。因此,学校应特别注重从五个方面来培养学生的创业心理品质:第一,要培养学生具有乐观向上的创业心态,以及良好的行为方式、严谨务实的工作作风和诚实守信的行为准则。第二,要培养学生具备顽强的意志和坚定的信念,以及好胜的个性、浓厚的兴趣和持久的热情。第三,要培养学生具有强烈的社会责任感,敢于竞争的意识,敢为天下先的勇气,以及勇于创新的精神。第四,要培养学生具备锲而不舍的毅力和百折不挠的斗志,能够在面对挫折和失败时保持镇定自若,善于控制自己的情绪,在困难甚至危机面前临危不惧。第五,要培养学生具有正直大气、慷慨无私的胸襟,善于与他人团结合作共事,严于律己,乐于奉献的情怀。良好的创业心理品质是决定个体创业实践活动能否顺利开展并成功的重要因素。因此,学校在设计创业课程方案和制订实施措施时,应将上述五个方面作为培养学生创业心理品质的重要目标。

（三）丰富大学生创业知识

创业知识是指在创业实践中具有工具和手段意义的知识系统及其结构。它涵盖了多个方面的内容,包括专业职业知识、经营管理知识和综合性知识。

（1）专业职业知识。这是指与特定行业或领域相关的专业知识,如技术、工程、医学等。在创业过程中,这些知识与专业能力共同发挥作用,帮助创业者理解和解决行业特定的问题,开发新产品或服务。

（2）经营管理知识。这些知识涉及企业运营和管理的各个方面,包括市场营销、财务管理、人力资源管理等。这些知识帮助创业者有效地组织和管理资源,提高企业的运营效率和效果。

（3）综合性知识。这些知识涉及社会运筹的各种专门领域,如法律法规、工商税务、金融和保险等。创业者需要了解和遵守相关法律法规,处理企业的财务和税务事务,以及理解金融市场和保险产品对企业的影响。

在创业实践中,这些知识不仅是理论上的学习,更需要通过实际的实践活动来加深理解和应用。创业教育的目标之一就是传授这些基础性和实践性的创业知识,通过课堂教学、实习实践和案例分析等多种形式,培养学生的创业意识和创业能力。总之,创业知识的广泛涵盖和深入理解对于准备创业者应对市场挑战、运营企业并取得成功至关重要。通过系统的创业教育,学生可以掌握必要的工具和技能,为未来的创业生涯打下坚实的基础。

创业知识对于创业者的思维方式和行为方式具有决定性影响。因此,创业者除了需要具备创业意识和创业精神外,还必须掌握创业知识。创业知识包括但不限于建立创业团队、识别商业机会、制订商业计划、市场营销、财务管理、创业融资等基础知识,以及了解创业相关的政策法规。通过创业教育,大学生可以完善自身的知识结构,丰富创业才能,掌握必要的创业技能。高校需要通过创业教育课程,使学生具备创业所需的专业知识和技能储备。

学校应当根据学生的实际需求和创业市场的需求,开设相关的创业教育课程。可以通过开设选修课、举办讲座、组织培训班等形式,传授经营管理、市场营销、公共关系、财务法律、金融保险等方面的专业知识。在问卷调查中,多数受访者认为影响大学生创业的最大障碍是缺乏创业知识。因此,在实施创业教育时,学校必须重视向学生传授创业基础知识,而不应该在学生未系统学习创业基础知识之前,就推动创业实践活动。学校在加强专业知识教育的同时,也应加强创业知识教育,拓展学生的知识视野,帮助毕业生构建适应社会需求和创业环境的知识结构。这样才能更好地促进学生在创业领域的成功。

（四）提高大学生创业能力

创业能力是指在创业实践中展现出来,对提升创业活动效率并确保顺利进行至关重要的心理条件。它主要包括三个方面的能力:专业职业能力、经营管理能力和综合性能力。

（1）专业职业能力。这是从事特定社会职业所必需的专业技能和知识。在创业过程中,创业者需要掌握与其所选择的行业或领域相关的专业知识,例如技术、市场分析、产品开发等。专业职业能力的高低直接影响到创业者在该领域中的竞争力和成功概率。

（2）经营管理能力。这是有效组织和管理企业资源的能力,包括财务管理、人力资源管理、市场营销策略等。经营管理能力决定了企业运营的高效性和可持续发展能力,是创业者在面对市场挑战和管理风险时的重要依据。

（3）综合性能力。这是创业者在复杂和多变的市场环境中展现的多方面能力。它包括发现和把握机会、有效利用资源、灵活应对变化、良好的决策能力、优秀的人际关系和公共关系能力等。综合性能力使创业者能够在竞争激烈的市场中脱颖而出,应对各种挑战和机遇。

创业能力的形成和发展与创业实践密切相关,需要在实际的创业活动中不断磨炼和提升。因此,高校开设的创业教育课程应着重培养学生的专业职业能力、经营管理能力和综合性能力。通过理论教学、实践实习和案例分析等多种教学方法,帮助学生掌握并应用这些关键能力,为将来的创业生涯做好准备。总之,创业能力不仅包括对专业领域和市场的深刻理解,还需具备灵活应对和解决问题的能力,以及与他人有效合作和交流的能力。这些能力的综合发展是创业成功的重要保障。（见图3-1）

激发行动的能力	操作行动的能力	能够行动的能力	继续行动的能力
了解	灵感	信息收集	面对成功
抱负	发现机会	职业技能	面对失败
主动性	规则	社交技能	道德和社会义务
冒险性	实施	操作管理技能	规划未来
应变	评估	工作网络	
坚持不懈	反馈		
有始有终			

图 3-1 创业能力概念框架

高校应采用多种形式和途径来提升学生的创业能力。专业和职业能力的培养可以通过系统的课程渗透模式来实现。在课程形式上,应多样化,既包括专业课程,也包括实践活动课程。教学方法应强调实战培训策略,即在真实或高度仿真的环境中教授学生实际技能,帮助他们将新技能与自然强化物联系起来,以保持并提升这些技能。

此外,高校可以充分利用合作方的资源来培养学生的创业能力,例如为学生提供到合作企业实习的机会,使他们能够在学习理论知识的同时获得实践锻炼。对于经营管理能力的培养,则需要通过模拟创业实践活动来进行,鼓励学生积极参与创业实践,从中获得直接的经验。

基于以上分析,科学认识大学生创业能力培养的重要性在于根据当前中国的基本国情和阶段性特征确定培养要求的层次性和阶段性。在层次性方面,需要实现全面系统的培养,涵盖综合素质的全面发展,为学生未来的创业活动奠定坚实基础。同时,也要进行层次分明的分类培养,以有针对性的方式提升学生的创业能力,推动其个性和特色的形成。在阶段性方面,需考虑长远目标规划和解决当前现实问题的结合。从长远规划看,大学生创业能力的培养是支持创新型国家建设的重要战略,为培养学生的创新精神和实践能力提供关键途径。而从解决现实问题的角度看,主要任务在于通过创业促进就业,尤其是高校毕业生的就业机会。

确定大学生创业能力培养的核心是引导学生学会更好地适应社会,重点在于传授创新创业知识,培养学生的创新精神和创业意识。通过创造条件为学生提供创业实习和实践的机会,促使学生在实践中掌握创业技能,使部分学生能成为自主创业者,为社会创造更多的就业机会。

二、高校创业教育的目标体系

创业教育的本质是一种素质教育。在现实中,人们通常将创业理解为创建新企业或个体经营,这是中国创业教育面临的主要障碍。然而,创业更应被视为一种思维和行为方式,强调抓住机遇、有效利用资源、承担风险、创造价值,并注重机会、资源和团队之间的动态平衡。创业行为广泛存在于各种组织和经营活动中,运用创业精神开展工作是取得成就和进步的关键。

创业精神是企业发展的核心和灵魂,也是推动社会经济发展的重要力量。我国最稀缺的资源之一正是具备创业精神的创业者和创新者。因此,创业教育的目标应集中于培养学生的创业精神和创业意识,同时提供他们所需的基础知识、基本能力和基本素养,以便为未来的创业活动做好准备。

创业教育的目标是一个系统工程,由不同的子目标组成,这些子目标的共同努力最终支持了整体目标。总体目标是培养大量创业型人才,为国民经济的活力和可持续发展提供持续的人力资源支持。

要实现这一目标体系,关键在于设定和实施各种形式的创业教育活动目标,这些活动与创业者的素质目标紧密相关。各种形式的创业教育活动应相辅相成,共同聚焦于培养符合中国特色社会主义市场经济需求的创业型人才,最终确保大学创业教育的成效和影响力。其内部结构与相互关系见图3-2。

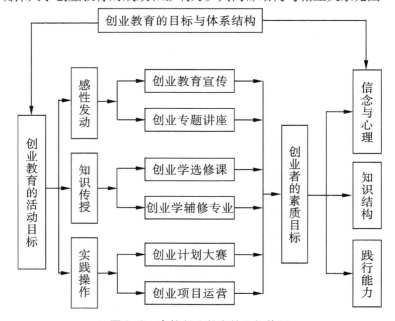

图 3-2 高校创业教育的目标体系

从图3-2可看出,创新创业教育的活动目标可以分为三大类:第一,"感性发动"通过多种方式如校园网站、校园广播、宣传材料发布、创业教育文件传达、创业演讲和专题讲座等,营造出创业所需的情感氛围和舆论支持,旨在开拓学生的视野,改变他们被动的就业观念,激发创业的愿望和热情。第二,"知识传授"是通过将创业哲学、创业管理和实务等课程纳入学校正规教学体系中,有选择地或系统地进行教学,使学生能从创业的冲动转变为自主的认知,为未来的创业行动打下必要的知识基础。第三,"实践操作"包括组织的创业计划大赛以及成熟的创业项目,或由学生和教师自行选择的项目,通过提供一定的创业基金、场地、设施和技术指导,让学生自主运营创业项目。这些活动旨在将学生的创业热情和知识融入实际行动中,检验其创业愿望、能力和成效的一致性,真正认识创业对个人和社会的意义与价值。

这三类创业活动在时间上是逐步推进的,逻辑上是相辅相成的,最终培养出具备优良素质的创业者。他们不仅具备远大理想和高尚情操,还拥有豁达的心态、合理的知识结构,以及科学的行动路径和实用的操作技能。这些创业者个体或团队体现了"哲理与心理""知识结构"和"实践能力"的理想结合,成为社会主义市场经济的重要活力源泉。

本章小结

高校创业教育在现代教育体系中扮演着至关重要的角色,不仅是培养创新型人才的关键途径,还在推动社会经济发展中起到重要作用。首先,高校创业教育具有显著的价值,体现在促进就业、提升创新能力以及推动社会发展等方面。通过系统的创业教育,学生能够掌握创业所需的基本知识与技能,培养创新思维和实践能力。这样不仅能增强学生的就业竞争力,缓解社会的就业压力,还能促进新兴产业的发展,推动经济的可持续增长。此外,高校创业教育还能够培养学生的社会责任感,引导他们关注社会问题并开发创新性解决方案,为社会的进步和变革贡献力量。

在功能方面,高校创业教育提供了知识传播和技能培养的平台,帮助学生掌握商业管理、市场分析、财务规划等核心知识。通过各种实践活动和真实的创业环境,学生可以将所学理论应用于实际,培养其领导力、决策能力和团队协作能力。此外,高校创业教育的另一重要功能是激发学生的创新创业意识。通过创业课程、讲座和实践活动,学生可以受到启发和激励,从而主动探索和尝试创业。这种教育方式不仅提升了学生的创业成功率,还促进了他们的全面发展,包括心理素质的提升和社会适应能力的增强。高校通过提供创业孵化器和项目实训机会,为学生的创业实践提供支持,帮助他们将创意转化为现实。

在目标定位方面,高校创业教育的首要目标是培养具有创新能力的高素质人才,以适应未来社会和市场的变化。通过系统化的教育,提升学生的综合素质,使其具备在不同领域进行创新和创业的能力。高校创业教育还旨在提高学生的创业成功率,通过科学的教学方法和实践指导,帮助学生规避创业风险,增加创业项目的可行性和成功可能。此外,高校创业教育还关注学生的全面发展,不仅重视技能的提升,还包括社会责任感、道德观念和文化素养的培养。这样的教育目标与国家和社会的发展需求紧密结合,旨在为经济结构调整和现代化经济体系的发展培养适应性强的创业人才。

综上所述,高校创业教育在培养创新型人才、推动经济发展以及促进社会进步方面具有不可替代的作用。通过明确其价值、功能和目标定位,高校可以更有效地设计和实施创业教育项目,为学生的未来发展和国家的创新能力提升贡献力量。这种教育模式不仅帮助学生实现个人发展,还为国家的经济和社会发展注入了新的活力,形成了教育与社会发展的良性循环。

第四章 | 我国高校大学生创业教育需求

通过对我国大学生创业教育的发展现状进行分析,发展我国部分高校存在对大学生创业素质和能力培养不足的问题。为了深入了解这一问题,必须研究和理解大学生群体的创业特质,找出他们在实际创业过程中存在的素质和能力缺失。这样才能在推动创业教育时采取有针对性的措施,因材施教,确保创业教育的有效性和实效性。

第一节 影响大学生自主创业的因素分析

为了深入了解当前大学生对待创业问题的态度和情况,我们的课题组用4个月的时间对中原工学院、河南大学、东华大学、南开大学、上海理工大学、北京理工大学、深圳大学这7所高校的在读学生进行了一项规模适当的问卷调查。问卷内容覆盖了大学生对创业的态度和意向、他们认为自身创业需要具备的条件、对当前高等学校创业教育的了解程度、创业课程设置以及教学需求等多个方面。这些问题的调查结果能有效反映出大学生的创业思想和实际状况。

我们共发放了400份问卷,并成功回收了362份有效问卷,有效率达到90.5%。调查对象涵盖了不同性别、年级和专业的学生,因此,所得结果具有一定的代表性和可比性。这使得本次抽样调查在方法论上显得合理且具备较高的科学性。

一、大学生创业意识因素

(一)七成学生对自主创业感兴趣,六成学生考虑过创业

调查结果显示,大部分高校学生对自主创业表现出了较高的兴趣,并且有一定的创业打算。在400名被调查的在校大学生中,有143名学生表示对

自主创业非常感兴趣,102名学生表示比较有兴趣,这两组共占总调查人数的61.25%。相比之下,对创业没有兴趣的大学生仅占总人数的3.9%。

具体到考虑过创业的情况,共有232人表示有过创业打算,占总调查人数的58%;只有96人(24%)从未考虑过自主创业。这显示出对创业有兴趣和有过创业打算的人数占比远高于毫无兴趣和从未考虑过创业的人数。总体来看,对创业有兴趣的人数占比明显高于没有兴趣的人数,而有过创业打算的人数比例也显著高于从未考虑过创业的人数比例。

(二)高年级学生创业兴趣更高,创业需求更多

根据调查数据显示,高年级(大三、大四)学生在创业意识方面表现出更强烈的倾向,对创业展现出更大的兴趣,并且更多人有创业的打算。具体数据显示,大一到大四学生对创业感兴趣的程度依次为59.12%、73.29%、63.28%、76.27%;在创业打算方面,相应比例分别为53.08%、49.29%、56.72%、67.40%。这表明,随着面临步入社会、不断增加的就业压力,大学生更加务实和理性,开始认真看待就业的挑战,并积极探索未来发展和实现个人价值的多样途径。特别是在高年级阶段,他们对创业的需求显著增加。

(三)创业领域以兴趣为导向,创业形式的选择呈现多元化趋势

调查结果显示,在校大学生可能会投入的创业领域,有以下几个主要分类:与所学专业联系较密切的领域占26.7%,自身感兴趣的领域占46.8%,社会热门领域占11.9%,投资风险较低的领域占14.6%。这表明当今大学生更倾向于根据自身能力和兴趣寻找广泛的创业方向,而不是将创业局限在其所学的专业领域内。

从专业与创业领域的关系来看,大学生并没有将创业限制在自己的专业范围内,显示出他们的创业思路较为开放。在创业形式的选择上,团队创业受到了多数大学生的青睐。他们认为团队创业能够集思广益,减轻创业压力,并增加成功的机会。同时,随着社会发展和商业模式创新,新的创业形式如网络创业和加盟创业也逐渐受到青睐,创业形式的选择呈现出多样化的趋势。(如表4-1所示)

表4-1　创业形式统计

创业形式	有效人数	百分比/%	有效百分比/%
网络创业	81	22.38%	22.38%
加盟创业	59	16.30%	16.30%

续表 4-1

创业形式	有效人数	百分比/%	有效百分比/%
团队创业	97	26.79%	26.79%
大赛创业	25	6.90%	6.90%
概念创业	38	10.49%	10.49%
自主经营	45	12.43%	12.43%
其他	17	4.69%	4.69%
总计	362	100%	100%

二、大学生创业资金因素

在外部条件对大学生自主创业的影响程度按重要性排序中,调查显示,"一定的资金保障"被排在首位。具体来说,33.15%的学生认为资金不足是在校大学生创业的重要客观障碍。这表明,创业资金问题是大学生最为关注的难题之一。资金不足不仅是他们创业道路上的主要障碍,也应成为政府和学校在帮助或支持大学生创业过程中重点考虑和解决的问题。(如表4-2所示)

表4-2　大学生自主创业障碍统计

自主的障碍	有效人数	百分比/%	有效百分比/%
缺乏创业资金	120	33.15%	33.15%
缺乏创业素质和能力	91	25.14%	25.14%
创业环境、社会关注和支持度不够	28	7.73%	7.73%
信息不畅,没有好的创业项目和方向	21	5.80%	5.80%
知识水平不够	29	8.01%	8.01%
缺乏经验	56	15.47%	15.47%
家人反对	17	4.70%	4.70%
总计	362	100%	100%

1999 年的欧洲会议提出:"教育应该向学生提供创业的知识和机会。"从教育改革的角度来看,创业培养应该成为一个重点项目。尽管国家多年来

出台了多项鼓励大学生创业的政策,但大学生对这些政策了解不深。因此,对大学生创业政策的宣传显得尤为重要。大学校园是一个试验的研究领域,目前许多高等学府已经开始实施一系列创业人才培养措施。以浙江工业大学为例,校团委在 2005 年设立了学生精英培养计划——"飞鹰班",在全校三个校区范围内选拔 30 名优秀学生进行集中培养,通过一系列实际操作训练,旨在提升学员的领导能力和创业素质。这种创业教育模式非常适合在全国高等院校推广。学校应充分利用社会资源,与企业建立紧密联系,为大学生创业提供支持。众所周知,当大学生创业团队有项目时,往往难以获得企业投资或帮助。然而,学校与企业合作后,双方形成责任和义务,学生有了项目时,可以减少在社会上寻求帮助的精力,而企业则能够对项目进行可行性分析和探讨,抓住最佳的投资机会。

三、大学生创业素质因素

课题组对影响大学生创业的个人素质的重要性进行了排序,如表4-3所示。

表4-3　创业素质统计

创业素质	有效人数	百分比/%	排名
较强的沟通及交际能力	312	86.19%	1
富有挑战精神	287	79.28%	2
优秀的管理及领导艺术	226	62.43%	3
吃苦耐劳的精神	221	61.05%	4
具有创新思维	194	53.59%	5
抗挫折能力	166	45.86%	6
扎实的专业知识	118	32.59%	7

从以上排序可以看出,大多数学生认为在进行自主创业时,良好的沟通交际能力是最为重要的个人素质,其次是富有挑战精神和优秀的管理及领导艺术,这些因素占据了很大比重。与之相反,扎实的专业知识并不被广大学生看作影响创业的重要因素。

资金问题被认为是全社会的难题,不是高校教育能够独立解决的。然而,大学生创业素质的缺乏应该受到创业教育的重视,这是大学生普遍反映存在的问题。具体而言,大学生在沟通交流能力、挑战精神、管理和领导艺术、吃苦耐劳、创新、抗挫折以及专业知识等方面普遍存在不足,这些具体问题应该成为创业教育关注的重点。

第二节　大学生对高校创业教育的认识及看法

一、大学生对创业教育的了解程度

课题组调查了在校大学生对目前所在学校的创业教育情况的了解程度,以及选修创业教育课程的积极性,如表4-4、表4-5所示。

表4-4　大学生对创业教育的了解程度

内容	程度	有效人数	有效百分比/%
对创业教育了解情况	很了解	12	3.3%
	了解	60	16.5%
	一般	122	33.8%
	了解一些	141	39.0%
	不了解	27	7.4%
总计	—	362	100%

表4-5　大学生创业教育课程选修意愿表

内容	意向	有效人数	有效百分比/%
是否愿意选修创业教育课程	愿意	332	91.7%
	不愿意	23	6.3%
	不知道	7	2.0%
总计	—	362	100%

通过调查可以得知,大学生对创业教育的了解程度普遍不高。具体来说,有33.8%的大学生认为自己对创业教育的了解一般,而39.0%的学生了解一些。然而,尽管了解程度有限,91.7%的大学生表示愿意并希望选修创业教育课程。因此,学校应该不仅仅是开设创业教育课程,而且要确保这些课程质量高,能够满足大学生对创业教育的实际需求。这需要从整个教学

体系入手,为学生提供全面、系统的创业教育,帮助他们在创业领域获得必要的知识和技能。

二、大学生对创业教育教学的要求

表4-6　创业教育教学需要

创业教育教学要素	内容	有效人数	有效百分比/%
创业教育目标定位	培养一批创业型人才	69	19.0%
	激发学生的创业热情,转变被动就业的观念	138	38.0%
	拓宽学生的视野,丰富学生知识体系,提升学生能力	104	28.7%
	培养科技创业精英人才	52	14.3%
创业教育内容重要性	创业意识	257	71.1%
	创业知识	141	38.9%
	创业能力	161	44.5%
	创业心理素质	208	57.5%
创业教育教师	成功创业者	289	79.8%
	经济管理学院教授	186	51.5%
	政府及学校就业部门人员	22	6.0%
	知名企业家	313	86.5%
	辅导员	10	2.8%
创业教育教学要素	讲授法	49	13.5%
	案例教学法	112	31.0%
	研讨式教学	177	48.8%
	游戏	109	30.2%
	角色扮演法	152	42.1%
	头脑风暴法	66	18.3%
	网络教学	77	21.4%
创业教育教学评价	考试	6	1.6%
	创业计划书答辩	263	72.6%
	考试与答辩相结合	73	20.2%
	平时表现	20	5.6%

　　根据对大学生创业教育教学情况的调查了解,有38.0%和28.7%的学生认为高校开展创业教育应该以转变学生就业观念和拓展学生知识与能力为目标。他们认为即使不能就业,学生也可以利用自己的技术与能力选择创业作为另一条出路,并且在创业过程中能够了解和掌握相关知识。

　　关于创业教育的内容,分别有71.1%的学生和57.5%的学生认为创业意识和创业心理素质非常重要,这被看作是学生是否能够和是否愿意创业的决定性因素。在选择创业导师方面,79.8%和86.5%的学生认为应该由成功的创业者和知名企业家来担任创业导师,因为他们拥有丰富的创业经验,能够通过真实的案例和情境指导学生如何创业。关于创业教育的教学方法,研讨式教学法和角色扮演法是学生比较喜欢的教学方法。在教学评价上,学生普遍认为创业计划答辩是最好的评价方式,这种方式可以全面评估学生的创业能力和理解水平。

　　综上所述,根据学生的调研结果,高校需要增加创业教育课程的开设数量,注重培养学生的创业意识和创业心理品质,改革传统的教学方法,选择具有创业经验的导师来指导创业课程,采用答辩方式或考试与答辩相结合的评价方式来评估学生的学习成果。

第三节　大学生创业过程中对创业教育的需求

　　创业是一个具有周期性循环过程的活动,通常可以分为三个阶段:创业初期(低谷阶段)、创业中期(高峰阶段)和创业后期(低谷阶段)。在创业初期低谷阶段,创业者需要投入大量时间和金钱等物质资源,企业处于亏损和透支状态。创业中期高峰阶段则是企业开始盈利并稳步增长的阶段,达到商业运营的顶峰。而创业后期低谷阶段,则是相对于高峰阶段而言,企业可能遇到发展瓶颈和收益下降,处于收支博弈状态。

　　在创业过程中,如果创业者能够成功克服瓶颈,实现危机转化,企业有可能再次进入新一轮的创业周期循环。然而,如果未能克服瓶颈,可能导致企业破产和创业失败。高校创业教育是一个系统的工程,贯穿整个创业过程。因此,本小节主要结合案例,分析高校创业教育对创业预备期的大学生创业者、创业初期的大学生创业者和创业中后期的大学生创业者的影响。

一、创业预备期激发动机需求

亳州大学生创业典型胡迎东:创意让梦想照进现实

胡迎东的摄影工作室主要为毕业生提供服务,他亲自拍照、制作,并联系印刷公司印刷毕业影集。每位客户可以选择 3 套服装,拍摄约 50 张照片,制作一个个性化的影集,全部费用仅需 75 元。这样的个性化定制和优惠的价格,让胡迎东每个毕业季都非常忙碌。他透露,目前每个月的营业额可以达到 1 万元以上。摄影公司设立在亳州学院校园内,工作室面积仅 20 多平方米。最初,他与两位同校的小师弟一起创业。如今,这些师弟们在外地实习和深造,待他们学成归来后,将再次与胡迎东合作,共同推动公司发展壮大。

创业对于胡迎东来说,是从他读大学时就开始萦绕在心中的梦想。直到 2014 年毕业时,随着学校大学生创业园的建立,这个梦想才变成了现实。胡迎东于 1990 年出生,毕业于亳州学院室内装潢与设计专业。大学期间,他不仅是班级的班长,还是学校活跃分子,他希望在学校能够培养自己各方面的能力,为将来的创业做好准备。每到毕业季,胡迎东发现许多同学都对拍摄一些独特的毕业照片充满兴趣。因此,他萌生了将摄影与校园文化结合起来,为毕业生制作个性化影集的想法。

2014 年,胡迎东毕业的时候,亳州学院成立了大学生创业园,旨在鼓励学生们自主创业。这个时机对于胡迎东来说,正是他实现梦想的机会。他立即向班主任陈晓宇表达了自己成立影视公司的愿望,并得到了陈老师的大力支持。在亳州学院的大学生创业园内,胡迎东成功地成立了自己的创意摄影公司。学校为他提供了免费的工作室,并承担了水电费用,同时安排指导老师在专业技术上为他提供支持和指导。在陈晓宇老师的指导下,胡迎东的创意项目还参加了"昆山花桥杯"第八届安徽省大学生职业规划大赛,并获得了银奖。尽管胡迎东已经毕业两年,但由于他的创意摄影项目表现出色,市场反响良好,作为创业园中的典型案例,他的工作室仍然保留在学校内。这不仅是对他个人创业成功的认可,也彰显了学校对学生创新创业的长期支持和鼓励。胡迎东通过学校提供的资源和指导,成功实现了自己的创业梦想,并在创业的道路上取得了显著的成就。

现在,胡迎东还把自己的生意做到了网上,开始寻找更广阔的市场。他打算将自己的生意扩展到幼儿园、小学和中学。对于未来,胡迎东坚信会越来越好。

（资料来源:http://ah.ifeng.com/a/20160704/4720337_0.shtml）

胡迎东能够成功迈出创业的第一步,主要归因于他在大学期间接受到了创业教育的指导和支持。这种支持包括以下几个方面。

(1)设定明确的创业目标。在学校期间,胡迎东能够清晰地设定自己的创业目标,将摄影与校园文化结合,为毕业生制作个性化影集。

(2)参加创业设计大赛。参与创业设计大赛帮助他锻炼创意和实施能力,同时也为他的创意摄影项目赢得了认可和奖励。

(3)密切联系学校创业基地。学校创业基地为他提供了工作室,并免除了部分费用,这为他的创业提供了实质性的支持和资源。

(4)掌握时势和创业政策。胡迎东及时了解创业政策和市场趋势,使他能够在竞争激烈的摄影市场中找到自己的定位和机会。这些支持和资源帮助胡迎东克服了创业预备期的迷茫和初期困难,使他能够在毕业后立即进入实施阶段,并取得了初步的成功。相比之下,许多大学生虽然有创业梦想,却缺乏正确的创业理念和相关的能力和素质。这反映出现代大学生在创业教育方面面临的挑战,特别是在如何正确理解和应用创业概念上存在不足。

当前,高校普遍认识到"创业是可以被教的"这一理念的重要性,开始推动以培养大批量企业家为目标的创业教育。然而,一些精英化的创业教育模式可能导致教育资源的不公平分配,部分学生因个人认知或价值观的原因可能排斥参与创业教育,从而影响其创业意识和动机的培养。因此,高校在开展创业教育时需要树立正确的价值观,注重培养学生的综合素质和创业能力,而非简单地追求功利化的经济效益或社会效益。这样的教育理念和实践能够更有效地支持学生在创业道路上迈出坚实的第一步,帮助他们形成科学合理的创业理念,有效应对创业初期的挑战和困惑。

二、创业初期市场运作技能需求

超三成大学生欲做微商　创业失败案例居多?

微商,即通过微信、微博等社交平台开设网店进行生意的创业者,已经成为一个新兴的职业,全国有上千万人从事微商。在重庆地区,微商的发展也备受关注。关于微商在重庆的赚钱情况,有人成功也有人失败,这反映了这一行业的高风险和高回报特性。

大学生是微商创业的主要群体之一,超过三成的大学生表现出通过微商创业的意愿。在重庆市,也有不少大学生微商创业的成功案例。例如,四川外语学院的丹增央吉通过开设微店,自己试穿衣服当模特来吸引顾客,目前已成功代理了3个品牌,每月收入至少达到8000元。西南大学的李东笑则拿下了德国某卫生巾品牌的代理权,每月平均纯利润超过 1 万元。此外,重庆工商大学的崔起帆通过开设微店销售美瞳片,每个月也能轻松入账四五百元。

然而,微商创业的失败案例同样不少。例如,梁平万事通在微信公众号上开办了两期培训班,试图通过组织创业者开设微店集群来实现粉丝量的变现。然而,该平台遭遇黑客攻击后关闭了微店集群,导致创业者们的生意受到影响,一些人可能已经放弃微商。

重庆理工大学的学生何媛媛分享了她做微商创业的经历,她尝试进货面膜,通过朋友圈进行销售,起初一个月能勉强卖出几盒。然而,随后无论她如何在朋友圈内推广,都没有得到响应。她表示,像她一样的微商创业者很多都遭遇了生意亏损和信誉受损的困境,"班里微商最多时有 16 个人,现在几乎全军覆没"。

如何提高微商创业的成功率?根据《2015 中国微商发展研究报告》,当前整个微商体系机制尚未完全建立,需要改进售后管理、消费者维权保护机制、第三方数据统计、舆论监督管理以及信用体系建立与评估等环节。互联网从业者张山斯认为,加强行业监管和营造良好的市场环境是支持微商创业的当务之急。

从微商的经营行为来看,商业模式亟待优化。目前大多数微商采用传统的分销模式,经销商一级一级加价销售,导致产品价格不透明,品质良莠不齐。张山斯指出,消费者出于对朋友圈和社交圈的信任,往往不会进行理性比对,这些信任被部分微商滥用,导致消费者信任受损。因此,行业自律的加强势在必行,以改善整个微商行业的信誉和发展环境。

(资料来源:http://www.ebrun.com/20151122/156491.shtml)

创建企业是大学生将创业项目从梦想转化为现实的第一步,同时也是检验项目市场价值的关键标准。创业初期需要大量的人力、心力、物力和财力投入,维持项目正常运转考验着创业者的综合能力。

首先,创业者需要了解并遵守公司法、劳动法、企业税收法、商标注册等法律法规,以确保创业项目的合法化和正规化。大学生在这些方面通常知之甚少,面对复杂的法律条文和注册手续往往会遇到困难,这可能导致他们创业的积极性大减。因此,创业教育应该在大学期间向学生传授这些基本的创业法律知识和技能。其次,选择创业项目、勘察创业场地、进行市场调查都需要充分的准备工作。许多大学生在初次创业时往往对项目的前景高估,过于理想化,这容易导致对市场的判断失误,从而增加创业失败的风险。

创业教育应该帮助学生进行现实的市场评估和项目选择,提高他们的商业敏感性和决策能力。最后,在创业初期,创业者往往会处于创业项目的排斥期,即理想与现实之间的反差。这时需要及时调整创业策略,以应对市场的变化和挑战。因此,创业教育的核心之一是提升学生的创业能力,重点培养他们的情商、智商和逆商,增强他们的抗压能力和应对挫折的能力。

总之,通过系统的创业教育,大学生能够在创业初期更好地准备和规划,降低创业风险,提高项目成功的概率。这种教育不仅关注知识传授,还应强调实际操作技能的培养,使学生在创业道路上能够迈出稳健的第一步。

三、创业中后期危机化解需求

研究生面馆创业失败

成都的"第一研究生面馆"是一段充满"创业梦想与现实挑战"矛盾的故事。2014年12月24日,6名食品科学系的研究生在成都琴台故径边自筹资金20万元开设了"六味面馆",计划通过创业来探索新的商业机会。这家面馆开业前的宏大计划包括在未来五年内在成都开设20家分店,并期望与国际知名的快餐品牌如肯德基和麦当劳竞争。然而,面对现实的挑战和运营困难,这家号称"第一研究生面馆"的餐馆只经营了短短4个多月就面临关店的命运。该面馆在开业初期曾试图利用"研究生"这一身份来进行广告宣传,希望能因此吸引更多顾客。然而,学校领导态度强硬,要求6名创业的研究生在学业和经商之间做出选择,他们最终面临了退出面馆或者退学的抉择。

这个故事反映了在中国大学校园内创业的复杂性和挑战。尽管年轻的创业者们充满了激情和雄心,但他们往往面临来自学校、家庭和社会的多重压力和限制。在这种情况下,很多创业项目最终难以维持,被迫提前结束或转让。对于大学生创业者来说,除了商业计划和市场前景的考量,还需要考虑到校园政策、学业进度以及资源管理等因素。成功的创业不仅依赖于创新的商业模式和市场机会,还需要有效的资源整合和持久的执行力。

（资料来源:http://www.xuexila.com/chuangye/gushi/326346.html）

处理创业后期出现的危机是创业实践中的重要挑战,尤其是在创业初期成功引起市场关注后,如何持续发展和应对市场变化是关键。处理创业后期的危机需要创业者具备坚定的决心和灵活的应对策略。通过深入的市场分析、科学的财务规划、持续的创新和适应能力的提升,可以有效应对不同阶段可能出现的挑战,保持企业的稳定发展和长期竞争优势。

本章小结

大学生的创业意识受多种因素影响。约70%的学生对自主创业表现出兴趣,60%的学生考虑过创业。高年级学生对创业有更强的兴趣和需求,通常以个人兴趣为主导选择创业领域,并展现出多样化的创业形式。资金紧缺是影响大学生自主创业的重要因素之一,在外部条件对其影响的重要性排序中,"一定的资金保障"被视为首要问题。尽管国家已多次出台政策鼓励大学生创业,但学生对这些政策的了解仍显不足,因此,对创业政策的有效宣传尤为关键。现今,许多高等教育机构将校园视为创业实验场,实施了多项创业人才培养措施,强调与企业的紧密合作以支持学生创业。大学生创业团队一旦有了项目,往往面临难以获得企业投资或帮助的现实,通过与专家合作进行项目分析也常常承受巨大的财务压力。学校与企业的合作可以分担这些压力,通过相互承担责任与义务,为学生的创业项目提供支持,帮助其把握最佳投资机会。

在大学生创业素质方面,沟通交流能力被认为是最为重要的个人素质,其次是挑战精神和优秀的管理及领导技能。相比之下,扎实的专业知识并不被普遍视为影响创业的关键因素。尽管资金问题是整个社会的普遍难题,但大学生创业素质的缺乏仍需创业教育的重视。这些问题不仅是大学生普遍反映的现实,而且也是学生们在沟通交流、挑战精神、管理领导、创新能力、抗挫折能力以及专业知识等方面普遍存在的不足。

通过对大学生的调查,发现他们对创业教育的了解程度普遍较低。因此,高校不仅应当增设创业教育课程,还需确保这些课程质量优良,从整体教学体系入手,满足学生们对创业教育课程的需求。研究结果表明,高等院校需要扩展创业教育的课程覆盖范围,注重培养学生的创业意识和心理素质,改革传统的教学方式,聘请具备创业经验的专业人士来指导创业课程。在教学方法上,可以采用答辩或考试与答辩相结合的方式评估学生的学业成绩。

创业的初期低谷阶段是指创立新企业时需要投入时间、资金等资源,处于透支状态。创业的中期高峰阶段是指企业开始盈利并稳步增长,达到收益的顶峰,属于盈利状态。而创业的后期低谷阶段则是相对于高峰期而言,企业发展遇到瓶颈或危机,导致收益趋于持平或下降,形成收支平衡的状态。成功突破创业瓶颈并完成危机转化后,企业可能进入新一轮创业周期循环。

第五章 | 国外高校创业教育经验借鉴

　　创业教育是一种全新的教育理念,最早是于 1989 年由联合国教科文组织在"面向二十一世纪国际教育发展趋势"研讨会上提出。当时,首次提出了"事业心和开拓教育"(Enterprise Education)的概念,后被翻译为创业教育。1998 年,该组织进一步强调,高等教育不仅要培养未来的毕业生成为求职者,还要使其具备成为成功企业家和就业创造者的能力。在我国,创业教育理念首次出现于 1998 年 12 月教育部发布的《面向 21 世纪教育振兴行动计划》中,该文件指出要"加强对教师和学生的创业教育,采取措施鼓励他们自主创办高新技术企业"。

　　全球创业教育的起源可以追溯到 1919 年美国霍勒斯·摩西创立的青年商业社,该组织开展了业余商业教育。在一个多世纪的发展历程中,创业教育大致经历了以下三个阶段。①中学的商业教育(1919—1947 年):这个阶段主要集中在中学教育,目的是让学生了解商业和企业的基本概念和操作,霍勒斯·摩西创立的青年商业社就是在这个阶段发挥了重要作用。②大学的正式课程教育(1947—1967 年):在此期间,创业教育开始进入大学课程设置,成为正式的教学内容,这一阶段的创业教育主要是通过商学院和经济管理学院开设的课程进行的。③大学中系统化的课程教育、专业教育与学位教育(1967 年至今):从 1967 年起,创业教育逐渐在大学中系统化,除了课程教育,还发展成为专业教育和学位教育,学生可以选择专门的创业课程和项目进行深入学习。

　　截至 2024 年,创业教育已经在全球范围内得到了广泛的推广和深化。高校不仅开设了更多的创业课程,还设立了创业孵化器和加速器,支持学生将创业理念转化为实际项目。此外,各国政府也纷纷出台政策,鼓励和支持创业教育的发展,以应对全球经济变化和创新需求。创业教育正在成为培养未来创新型人才的重要途径,推动经济和社会的可持续发展。

　　2014—2024 年,创业教育的内容和形式发生了显著变化。2014—2016

年,全球经济复苏,各国政府和教育机构开始重视创业教育,许多高校设立了创业中心和孵化器,鼓励学生进行创业实践。2017—2019 年,随着科技的迅猛发展,创业教育中开始广泛应用人工智能、大数据、物联网等前沿技术。创业课程内容更加丰富,教学方法更加多样化。2020 年,线上教育模式迅速普及,创业教育也随之转向线上和线下相结合的混合教学模式。全球创业竞赛和活动在网络上蓬勃发展。2021—2023 年,各国政府出台了一系列支持创业教育的政策,提供资金和资源支持。高校与企业和投资机构的合作更加紧密,为学生提供了更多的实习、创业指导和融资机会。2024 年,创业教育在全球范围内全面推广,成为培养创新型人才的重要途径。创业孵化器和加速器的数量不断增加,学生的创业实践能力显著提升,社会和经济因此受益匪浅。

总的来说,创业教育的发展不仅仅是教育体系的创新,更是社会和经济发展的重要驱动力。未来,随着全球经济的进一步发展和技术的不断进步,创业教育必将继续发挥其重要作用,为培养更多具有创新精神和实践能力的优秀人才做出更大贡献。

第一节 国外高校创业教育的发展及其特点

一、基于培养个性品质的美国大学生自主创业教育管理

(一)美国创业教育的发展

1. 中学的商业教育

美国商人霍勒斯·摩西认为,高中生虽然能够从书本中学习到一些商业理论知识,但这只是一个基础,实际的商业实践经验更为关键。为了让高中学生能够获得更多的实际操作机会,摩西于 1919 年创办了青年商业社(Junior Achievement),旨在帮助有创业兴趣的学生成立自己的公司,开展市场调研和商品选择等活动。他积极志愿为这些充满好奇心的学生提供指导,教他们如何进行市场调查、选择商品、成立公司、建立账目、为商品定价、计算盈亏,并进行销售。这个项目在美国引起了广泛关注,许多商界人士纷纷在所在社区的学校里开展青年商业社的相关教育。这种教育方式使年轻人能够"看到经营商业的各种机会,体验到做生意带来的兴奋和挑战",并直接推动了 20 世纪 20 年代美国商业的繁荣。结果,美国的教育系统将青年商

业社教育正式纳入中小学课程。摩西通过青年商业社进行的商业实践教育和指导,大大促进了美国创业教育的萌芽和发展。

2. 正规的大学课程教育与专业教育

1947 年,哈佛商学院的迈赖斯·迈斯教授首次为 MBA 学生开设了新创业管理课程。这被认为是美国大学中首个创业学课程,标志着创业教育在高等教育中的首次出现。尽管哈佛商学院在 1947 年将创业课程引入课堂,开启了大学创业教育的先河,但在随后的 20 年里,美国大学并没有迅速跟进,仅有 4 所大学开设了相关课程。1968 年,百森商学院(Babson College)推出了创业方向(Entrepreneurship Concentration)课程,这是本科教育中第一个正式开设该方向课程的学校。1971 年,南加州大学开设了与创业相关的工商管理硕士学位课程,这标志着美国创业教育的初步发展。1972 年,南加利福尼亚大学首次将创业学专业纳入工商管理教育。同年,美国第一家小企业研究院在德克萨斯大学成立,这是美国小企业管理局启动的一个全国性项目,旨在为全国高校开设小企业咨询课程提供支持,这一项目成为美国创业教育的重要里程碑。这段时期,标志着创业教育从霍勒斯·摩西的商业教育向更广泛领域的转型。自 20 世纪 70 年代起,美国经济结构开始转型,新兴的中小型企业为创业教育提供了广阔的发展空间。许多著名的美国高科技大公司都是由大学生创业者利用风险投资创立的,这进一步推动了创业教育的发展和普及。

3. 体系化、普及化的课程教育与实践教育

从 20 世纪 80 年代起,美国的创业教育进入快速发展阶段,逐步向系统化的专业和学位教育方向迈进。各大高校纷纷设立了创业教育课程,内容涵盖广泛,涉及对创业者个人行为和企业行为的研究、家族企业与小企业的管理、快速成长企业的运营等多个方面,涵盖个人、团队、企业、行业和社会等各个层面。

这些课程集中在创业或新企业创建、小企业管理、创业咨询、如何创建和运营新企业、撰写创业计划书和技术转移等方面。此外,还包括创业投资与私人股权、创业相关法律、创业财务、家族企业管理等内容。此时的创业教育不仅注重理论教学,还强化了实践操作,旨在全面培养具备创新精神和实战能力的创业者。(见表 5-1)

表 5-1　美国高等学校的创业教育主要课程设置

课程设置类型	主要代表课程	课程主要学习内容
创业意识类	哈佛商学院"创业精神、创造性与组织"	创意激发、创造性开发、信息搜索、商业机会判断力、机会评估等
创业知识类	斯坦福商学院"投资管理与创业财务"	创新战略、组织设计、供应链管理、市场营销、风险投资、资本市场、税务制度、知识产权、合同与交易、国际贸易、市场竞争结构等
创业能力素质类	百森商学院"新企业成立"	创业流程、新公司的建立、信息处理、团队组织、应变能力、管理沟通、产品开发、市场营销等
创业实务类	仁斯里尔理工学院"技术创业试验课程"	商业机会选择、制定商业计划书、资本筹集、创业竞赛、组织创业团队、创业企业建立、创业经验积累等

　　进入 21 世纪,美国的创业教育已被正式纳入国家教育体系,形成了一个强大的组织支持网络。这个体系贯穿小学、中学、大学及研究生教育,具备完善且系统的教学计划和课程结构。师资力量强大且队伍稳定,全国已有近 2000 所高等院校开设了创业教育课程,形成了一套科学、系统的创业教育研究体系。可以说,美国高校的创业教育已进入了相当成熟的阶段。

　　(二)美国高校创业教育的特点

　　1.社会和学校高度重视创业教育,已形成社会化的创业教育网络

　　美国政府非常重视创业教育,创业学已成为美国大学,尤其是商学院和工程学院中发展最快的学科之一。高校的创业教育得到了社会资金的大力支持,美国政府还专门设立了国家创业教学基金,以推动创业教育的发展。大多数美国大学内部都设有创业中心,这些中心负责将教师和学生的研究成果转移给企业,或者帮助创办企业和非盈利组织。创业教育在美国已经形成了一套完备的体系和社会化的创业教育网络,包含了创业教育中心、创业家协会、智囊团、创业研究会、家庭企业研究所等组织机构。

　　2.师资力量雄厚,队伍稳定性高

　　雄厚的师资力量是美国创业教育成功的关键因素之一。各大院校都拥有稳定且专业的教师队伍,美国高校非常重视教师的创业实践经验。为提升教师的创业教育水平,这些院校鼓励并选派教师参与创业实践,积累实际

操作经验,从而更好地指导学生。这种对教师实践能力的重视,极大地增强了创业教育的质量和效果。

3.教学内容丰富,教学效果明显

创业教育在推动美国社会经济发展方面发挥了重要作用。美国高校的创业教育课程内容十分丰富,创业教育理念已经渗透到各个学科,形成了系统化的教学模式。学校开设了几十门专业和跨学科的课程,有效地保障了教学效果,实现了教育目标。这些课程不仅涵盖创业理论和实践,还包括管理、财务、法律和技术等多方面内容,使学生能够全面掌握创业所需的知识和技能。

4.创业教育体系开放

美国大学的创业教育体系是开放的,并与社会建立了广泛的外部联系网络。大学的创业中心与各种孵化器、科技园区、风险投资机构、创业培训机构、创业资质评定机构、小企业发展中心、创业者校友联合会和创业者协会等组织密切合作,形成了一个高校、社区和企业良性互动的创业教育生态系统。企业乐于接纳学生进行项目研究,学生的研究成果也为企业的发展提供了支持。这种开放的模式有效地利用、整合和开发了社会各类创业资源,使得创业教育迅速步入良性发展的快车道。

如今,美国已经形成了较为完备的创业教育教学体系,覆盖从小学、初中、高中、大学专科、本科直至研究生的正规教育。全美有超过1500所高校开设了创业教育课程。创业学已经成为许多商学院工商管理硕士的主修或辅修专业,或者是培训的重点。在这一时期,美国实现了创业教育的正规化、专业化和学位化。创业计划竞赛在此过程中也逐渐成为重要的实践活动手段。德州大学奥斯汀分校、麻省理工学院、斯坦福大学等十多所大学每年都举办此类竞赛,麻省理工学院的"5万美元商业计划竞赛"更是著名。每年都有多家新企业从这些竞赛中诞生,一些创业计划和团队甚至以数百万美元的价格被收购。这些通过创业计划孵化出的企业有些短短几年就成长为年营业额达10亿美元的大公司。从这些例子可以看出,创业教育为美国经济注入了持续不断的活力。

二、基于全社会创业文化建设的英国大学生自主创业教育管理

英国政府在20世纪80年代明确提出,大学必须更有效地为经济社会发展服务,同时与工商业界建立明确的联系。1983年,在英国王储查尔斯王子的倡导和王子基金的支持下,英国启动了青年创业计划,动员并联合企业界

和社会力量为青年创业提供咨询、指导、资金、技术和网络支持。除了青年创业计划以外,英国还大力鼓励和支持全社会,尤其是高等院校的教师和学生创业。在政府的引导下,英国的大学逐步转变以知识为本的办学理念,开始将服务社会作为大学的重要职能,并通过专利转让、创办科技园区、合作研究项目等多种形式为社会经济与科技发展做出贡献,创业教育与创业型人才的培养也因此受到了重视。1987 年,英国政府制定并发起实施了"高等教育创业"计划(Enterprise in Higher Education Initiative,EHE),标志着英国政府开始推行大学生创业教育政策。英国的大学为此进行了一系列改革,包括教师培训、课程改革、雇主合作以及学生直接参与等。

英国政府于 1998 年发表了《我们竞争的未来:建设知识推动的经济》白皮书,强调利用知识、技能和创造力作为关键资产,以应对企业在新时代面临的挑战。白皮书呼吁企业必须具备创新性、创造性,并能持续改进业绩,建立新的合作联盟和冒险合作。对政策制定者来说,挑战在于创造一个支持科技卓越发展的框架,增强竞争力,促进创业和创新文化,并确保环境保护有效。为了支持这些目标,英国政府在 2004 年拨款设立了"创业远见"(Enterprise Insight)组织,旨在激励 14 ~ 30 岁的年轻人发挥创业精神,丰富英国的创业文化。

在英国,高校创业教育的最大影响来自被称为新"剑桥奇迹"的"硅沼"。这个名字源自剑桥周边的信息技术企业聚集区,与美国加州斯坦福大学周边的"硅谷"齐名。几年间,这里涌现出了超过 1000 家高新技术企业,雇佣了超过 3 万名员工,年收入超过 30 亿美元。剑桥大学科学园从 20 世纪 60 年代开始致力于将大学科研与企业结合,在 20 世纪 80 年代,这片 52.6 万平方米的区域聚集了近 500 家高新技术企业,为超过 4000 人提供了就业机会,年产值达数亿英镑,成为欧洲最成功的科学园之一,被誉为"剑桥现象"或"剑桥奇迹"。到了 20 世纪 90 年代,由亚力克·布罗厄斯参与推动的"硅沼"进一步为"剑桥奇迹"注入新的活力。

布罗厄斯追溯剑桥与企业的历史时指出,剑桥大学早在科学园建立之前就已开始支持应用型科研,而剑桥与企业之间的联系已有超过一个世纪的历史。他认为,剑桥奇迹的成功得益于剑桥大学赋予个体学术自由的特色,使他们能够追求个人理念和思想,并保持知识产权的独立性。布罗厄斯强调,剑桥的经验值得关注的两个方面是对新兴企业的支持以及促进小企业成立的法律和财务机构的存在。

近年来,剑桥大学在制药、计算机科学等领域与葛兰素史克(GSK)、微软等大型跨国企业展开了密切合作。布罗厄斯指出,面对未来,剑桥需要发展一种新型的体制,更具灵活性和激励性,以进一步促进新型小企业的发展。同时,建立大学与大企业之间有效的合作体制,将有力推动重大成果的产生。他们最近的重点是推动植入式实验室的发展,即企业在大学内设立实验室,这对大学的基础研究非常有利。

经过多年的政府引导和大学实践,英国的创业教育得到了快速发展。目前,至少有45%的大学开设了一门或多门创业教育课程。这些课程的教学方式主要可以分为两类:传统教学方式包括教材讲授、撰写论文和书面考试;小组教学方式更为现代化,以实践为导向,课程由有实业管理经验的兼职或全职教师执教,以小组为教学单位,重点讲授真实的创业活动,课程内容主要以小组项目和项目商业计划为载体,通过客座演讲和与企业家的沟通来让学生获得类似于实际创业经验的体验。

从整体教学体系来看,英国的创业教育虽然发展迅速,但相比美国还缺乏体系化和规范化的特征。在课外创业教育实践活动方面,英国政府、企业和大学采取了多种措施,例如,设立具有竞争性的创新创业项目奖学金或基金,以支持大学生的创业活动。1999年设立的"科学创业挑战基金"就是政府在高校内外培育创业文化的重要组成部分。此外,英国高等教育学会也开发了"创业技能矩阵",旨在推广企业家精神,得到了英国教育与技能部的支持。

多所大学如拉夫堡大学、曼彻斯特大学等也为学生的创业计划提供资金支持。此外,一些大学还建立了创业研究机构和全国学生创业网络,通过在线资源和创业中心的目录来支持学生的创业行动。总体来看,通过英国政府多年来的推动以及社会和高校的响应,英国的大学已经达成了重视培养创业型人才的共识。未来,英国的创业教育有望从正规的课程教育进一步发展为系统化的专业与学位教育。

三、澳大利亚高校创业教育的发展及其特点

澳大利亚的大学创业教育始于20世纪60年代,并在80年代中期开始提供研究生水平的创业教育。澳大利亚的创业教育主要集中在职业教育与培训领域,由技术学院和继续教育学院主导。其目标是培养开办小企业的能力,并通过设立"小企业创业机构"和开发符合职业教育特点的创业课程来实现这一目标。

截至2024年,澳大利亚的创业教育体系已高度成熟并已有针对性的细分教材。①综合性教材:管理自己,即评估、开发和培训创业者和经营者的个人素质。②工业类教材:主要针对特定行业的创业需求和管理技能。

③商业发展类教材:涵盖策划、创建、经营与运行企业的各个方面,包括财务管理和市场营销等内容。④远程教育类教材:适合那些需要灵活学习时间和地点的学生,可以为他们提供在线学习和教学资源。这些教材都设计为模块化结构,学生可以根据自己的兴趣和需求选择30～200个课时的学习内容。这种模块化的教学方法能够有效地满足不同学生的学习需求,并为他们提供实际创业所需的技能和知识。

近年来的主要发展分为以下几个阶段。2014—2016年,澳大利亚政府加大了对创业教育的投资,推动了创业课程在大学和职业技术学院的普及。许多高校开始设立创业中心,提供创业辅导和支持服务。2017—2019年,随着全球创业热潮的兴起,澳大利亚的创业教育也迎来了快速发展。高校与行业合作更加密切,实习和实践机会显著增加。2020年,线上创业教育迅速普及,许多课程和活动转移到线上平台。远程教育的灵活性也带来了新的机遇,更多学生能够参与到创业教育中。2021—2023年,政府和企业进一步加强合作,提供更多的资金和资源支持创业教育。创业竞赛和孵化项目蓬勃发展,激发了学生的创业热情和实践能力。2024年,澳大利亚的创业教育体系在职业教育与培训领域进一步成熟,模块化课程和远程教育模式得到广泛应用。通过这些教育模块和课程,学生在实践中开展和管理自己的创业项目的能力大幅提升。

澳大利亚的创业教育在过去几十年里不断演进,适应了社会和经济的变化。随着全球创业环境的日益复杂和多样化,澳大利亚的创业教育体系通过不断创新和升级,继续为学生提供实用的创业知识和技能,推动经济和社会的可持续发展。

四、印度高校创业教育的发展及其特点

印度在创业教育方面的发展可以追溯到20世纪60年代,当时提出了"自我就业教育"的理念,鼓励大学生不仅成为求职者,还要成为创造工作机会的人。1982年,印度科技部成立了"国家科技创业人才开发委员会",并推出了长期的科技创业人才开发计划,旨在提高大学生的创业意识和能力。这个计划要求大学与企业家、银行家以及技术研究开发机构的专家建立联系,为学生提供创业经验和交流的平台,培养他们的创业精神。

1986年,印度的《国家教育政策》进一步加强了对创业教育的推动,明确要求培养学生自我就业所需的态度、知识和技能。这些政策的实施促使印度大学在亚洲范围内走在了创业教育的前列。印度的许多大学都设立了创业中心,这些中心主要负责协调和推动"非课程活动",如创业项目设置、国

际商业计划大赛等。印度加尔各答管理学院（Indian Institute of Management Calcutta）每年举办的国家商业计划书大赛是亚洲大型商业计划大赛之一，展示了印度大学生创业潜力和创新能力。印度理工学院（Indian Institutes of Technology，IIT）也在推动创业教育方面取得了显著成就。这些机构不仅通过课堂教学，还通过创业中心和实践项目培养学生的创业精神，鼓励他们将学术知识应用于实际生活和商业环境中。印度的创业教育体系经过多年的发展，已经形成了以创业中心为核心的创新生态系统，为年轻人提供了充分的创业支持和资源，培养了大量有创新精神的人才，为印度经济的发展注入了新的活力和动力。

印度创业教育的发展主要有以下几个阶段：20 世纪 60 年代，提出"自我就业教育"理念，鼓励大学生成为工作机会的创造者。1982 年成立"国家科技创业人才开发委员会"，推出科技创业人才开发计划，推动大学生创业教育。1986 年实施《国家教育政策》，进一步强调创业教育的重要性，明确要求培养学生的创业态度、知识和技能。2004—2009 年，创业教育在印度高校逐步普及，许多大学设立了创业中心和孵化器，提供创业指导和资源支持。2010—2014 年，印度政府加大对创业教育的支持力度，推出一系列政策和计划，鼓励高校与产业界合作，推动创业教育的发展。2015—2019 年，印度高校创业教育进入快速发展期，各类创业竞赛和活动增多，学生参与度和创业热情显著提升。2020 年，创业教育迅速向线上转移，线上创业课程和活动成为新的趋势，推动了远程教育的普及。2021—2024 年，政府与高校进一步加强合作，提供更多资金和资源支持创业教育。高校创业中心和孵化器数量增加，创业教育体系更加完善。

印度加尔各答管理学院（Indian Institute of Management Calcutta，IIMC）被认为是亚洲顶尖的商学院之一，提供硕士、博士和高级经理人培训三个层次的课程。该学院强调管理作为一个综合过程，旨在帮助学生建立全球化视角，涵盖经济、技术、文化和商业政策环境。特别是创业教育方面，加尔各答管理学院将其视为重要的发展领域，将创业课程融入管理课程体系，并采取具体措施培养学生的创业精神。学生创业协会在学院的支持下开展，每年举办亚洲规模最大的创意实施比赛（Ideal to Implementation），吸引超过 200 所印度国内外的院校参与竞争。加尔各答管理学院的创业教育非常成功，毕业生中有 30% 选择创业。与此同时，印度理工学院（Indian Institutes of Technology，IITs）作为亚洲著名的理工学院，与工业界密切合作，重点研究因素整合和创业领域，培养既懂技术又懂管理的行业领导者。该学院的创业教育课程以信息技术为核心，并通过研讨会、讲座等辅助课程支持学生创业精神的培养。实践教学在课程中占据重要位置,并与产业互动紧密配合,研究开发项目、实验室和定期研讨会构成了课程的核心组成部分。在课外活动方面,"创业与创新社团"对于学生、教师和校友积极参与创业和创新活动起到了重要作用,为他们提供了转化成高新技术企业的引导、支持和发展环境。社团提供多种服务,包括创业初期的企业孵化与技术创新、基础设施建设和企业孵化活动的支持系统,以及促进网络资源的利用,包括教师、专家、顾问公司的培育和技术鉴定。社团还积极推动和鼓励创业精神的发展,并致力于促进知识的创造、创新和创业活动。

截至 2024 年,印度的创业教育体系已经形成了以创业中心为核心的创新生态系统,为年轻人提供了充分的创业支持和资源,培养了大量有创新精神的人才。高校在政府的支持下,通过各类政策和计划,不断加强与产业界的合作,推动创业教育的深入发展。这些举措为印度经济的发展注入了新的活力和动力,为社会创造了更多的就业机会和创新成果。

五、法国创业教育的发展及其特点

在经历社会、经济和文化变革的过程中,法国政府逐渐意识到,公民最需要的能力之一是适应环境并有效地掌控个人生活。基于这一理念,法国政府部长理事会在 1986 年决定推出"青年挑战"计划,旨在建立支持青年创新创业的机制。该计划由青年部(2002 年改组为青年、教育和研究部)于1987 年率先启动并实施,主要为年龄在 18～25 岁的青年和青年团体提供无偿的资金、培训、咨询、中介和后勤服务,以支持他们开展创新创业项目。

随着时间的推移,该计划的服务对象逐渐扩展至年龄为 15～28 岁的青年。该计划自实施以来,吸引了超过 10 万名青年参与和申请项目,资助了超过 12 000 个项目。总共投入的资助金额超过 3500 万欧元,并且这些项目还额外吸引了地方投资超过 4000 万欧元。获得资助的青年中,约 40% 曾面临失业问题,35% 仅具有高中或高中以下文凭,而 36% 的项目负责人是女性青年。此外,50% 的资助项目与文化相关,而 80% 的项目是长期运营的实体经营。这些数据显示,法国的青年计划通过为青年提供必要的资源和支持,特别是那些面临经济和教育挑战的青年,帮助他们实现了创业梦想,并在社会和经济发展中发挥了积极作用。

与英国的青年创业计划相比,法国的青年计划展现了几个显著特点。首先,该计划由政府提供资金支持,所有通过评审委员会审核的项目均可获得资助,资金来源为政府拨款,每年青年部的预算为 534 万欧元。其次,该计划鼓励创新,旨在激发青年人的潜力和创造力,推动社会创新氛围的形成。

评审项目时,社会效益、创新性和挑战性是首要考量因素。该计划还重视利用奖励机制宣传创新精神,每年各地区组织评审委员会选出优秀项目,并从中评选出 12 个国家级优秀项目进行奖励和表彰,通过电视、国际会展、经验分享会和网络等多种方式进行广泛宣传。最后,该计划体现了政府跨部门的联合和合作。青年部在计划的实施过程中起到牵头协调作用,多个政府部门共同组成公益小组,通过多渠道推广和实施计划。此外,法国的青年计划得到了海外事务部、旅游部、彩票基金会、社会行动基金会等国家部门的支持,同时与地方政府机构密切合作,形成了多方面的合作网络。法国的青年计划通过政府资金支持、创新激励和跨部门合作,为青年创业提供了广泛的支持和机会,有力促进了青年创新精神的培养和社会经济的发展。

在项目运行的流程上,法国的青年挑战计划与英国的青年创业计划有基本相似之处,但少了一对一的创业辅导教师。在法国,项目联系人扮演着关键角色,专门负责青年挑战计划的实施、协调和管理,为青年提供持续的支持。这些项目联系人是青年部及其地方派出机构的全职工作人员,从青年产生创业创意开始,直至项目获得批准并开始筹建和运行,他们都全程参与。项目联系人不仅帮助青年解决专业上的挑战,还给予心理层面的支持,可以说他们既是社会工作者也是心理工作者。在专业技术指导方面,项目联系人主要依靠当地资源建立网络,为青年寻找专业的咨询、培训和支持。这些资源包括培训机构、商学院、商会、文化体育协会和咨询公司等。相关的费用由"青年挑战"计划项目承担。

在创业风险投资方面,法国的国内风险投资发展相比于英美等国家较为滞后。近年来,政府陆续制定了鼓励创业资本发展的措施,主要集中在促进资本需求和促进资本供给两个方面。此外,法国政府还在推动创业基金的发展,启动了全国性创业基金和地区性创业基金。全国性创业基金主要用于支持全国范围内的创业项目,而地区性创业基金则针对地方创业项目提供支持。法国的"青年挑战"计划通过政府资金支持、创新激励和跨部门合作,为青年创业提供了广泛的支持和机会,有力促进了青年创新精神的培养和社会经济的发展。在项目运行的流程上,法国的青年计划通过项目联系人提供全程支持,并依靠地方资源建立专业技术指导网络,为青年创业提供了全方位的支持。近年来,政府还通过一系列措施推动创业资本发展,促进创业环境的优化和完善。

六、基于创业环境和文化建设的德国大学生自主创业教育管理

德国的创业教育起源于 20 世纪 50 年代的职业院校"模拟公司",这一

实践教学方法成为德国创业教育中最早和最具影响力的形式之一。随着时间的推移,德国政府逐渐明确高校应成为"创业者的熔炉"的愿景。1998年,德国大学校长会议和全德雇主协会共同发起了名为"独立精神"的倡议,旨在全国范围内营造有利于高校毕业生独立创业的环境。该倡议旨在使高校成为培养独立创业者的温床,认为随着知识经济社会的到来,未来社会经济需要更多运作灵活、创新性强的企业和产品。因此,独立创业在未来劳动力市场上的重要性日益突出。为了响应这一需求,德国政府目前已在全国超过20所大学设立了创业学首席教授的职位。

从创业风险投资的角度看,德国在欧洲国家中属于较为发达的国家。1996年,德国创业投资领域共有近100家创业投资机构,投资总额达到13.7亿马克。然而,与美国相比,德国的创业投资起步较晚,发展速度较慢,缺乏活力。这一情况主要受制于社会、税收、经济、金融和资本市场等多方面因素,尤其集中体现在投资环境、投资主体和投资场所等方面。德国联邦政府高度重视改善创业投资的外部环境。政府陆续发表了多份研究报告,并采取了一系列集体措施,如制定新规定、修改现有法规以及推出创业投资计划等。例如,1997年6月,由31位经济专家和大学教授组成的德国联邦经济部科学咨询委员会发布了《创业投资》专家报告;同年11月,联邦教研部和经济部联合发布了《德国联邦政府促进中小企业创新一揽子方案》政府报告;1998年3月,联邦经济部发布了《创业投资报告所提建议实施情况》的内部简讯。这些文件的发布和相关政策的实施,显著推动了德国创业投资市场的发展,特别是促进了创业企业和中小企业,尤其是技术创新型企业的健康成长。2000年以后,政府持续推出新政策和计划,如"高科技创业基金",支持初创企业的税收优惠政策、简化创业程序等。

展望未来,德国的创业教育和创业环境将继续在以下几个方面发展和完善。①加强高校与产业界的合作:进一步密切高校与企业、创业投资机构的合作,提供更多实践机会和资源支持。②优化创业支持体系:继续完善创业孵化器、加速器和创新实验室的功能,提供更多专业化的支持服务。③推动创新创业文化:通过各类活动和项目,营造更加浓厚的创新创业文化氛围,激发更多大学生参与创业。④政策与资金支持:政府将继续优化创业政策,提供更多资金支持和激励措施,推动创业生态系统的健康发展。德国的创业教育和支持体系在多年的发展中已经取得了显著成就,并将在未来继续为大学生创业提供坚实的基础和广阔的舞台。

七、日本创业教育的发展及其特点

日本为了使高等教育更好地适应经济发展的需求,已将创业教育列入必修课程。1994 年,日本设立了"综合学科",该课程包括必修、选修和自由选择科目,其中创业课程"产业社会与人"被设为必修科目之一。自 1998 年起,日本文部省(今文部科学省)和通产省合作在小学阶段推行"就业与创业教育",旨在从儿童时期培养学生的就业意识和创业精神。随着经济发展形势的变化日本政府和教育当局转变了过去高等院校重视研究而轻视经营的政策,调整方向以促进高等院校创办研究开发型企业,作为推动经济复苏的关键措施。全国各地高校纷纷涌现出创办研究开发型风险企业的热潮。2001 年 5 月,日本提出了"校办企业"计划,旨在 3 年内由日本的高等院校共同创办 1000 家高新技术研究开发型企业。为此,日本文部科学省放宽了国立和公立大学教职员在企业兼职的限制,鼓励教授和研究人员参与企业技术开发和经营管理。目前,日本创业教育已经全面覆盖小学到大学的各个阶段,高校普遍开设创业课程和相关项目。

《日本经济新闻》的调查显示,到 2024 年 7 月,日本全国高校已创办了 500 多家企业,其中三分之一由教授或学生担任总经理。这些企业虽然成立时间不久,但依托学校强大的研发能力,具有较高的科技含量。尽管日本校办企业面临资金短缺和经营人才匮乏等挑战,但政府和私人资本越来越重视对这些企业的扶持和支持。到 2024 年,用于支持校办企业的基金总额已超过 300 亿日元。多个风险投资机构设立了专门的风险投资基金,以支持高新技术企业和校办企业的发展。日本政府推出了一系列政策和措施,鼓励创新创业活动,提供税收优惠和资金支持。尽管日本在创业教育和校办企业发展方面取得了显著进展,但仍面临一些挑战:初创企业普遍面临资金不足的问题,需要更多的风险投资和政府支持。许多校办企业缺乏具有商业经验的管理人才,需要加强管理培训和人才引进。

展望未来,日本的创业教育和创业环境将继续在以下几个方面发展和完善:①进一步完善从小学到大学的创业教育体系,提供更多实用性强的课程和项目;②加强高校与企业之间的合作,提供更多实践机会和资源支持;③继续完善创业孵化器、加速器和创新实验室的功能,提供更多专业化的支持服务;④通过各类活动和项目,营造更加浓厚的创新创业文化氛围,激发更多学生和研究人员参与创业;⑤政府将继续优化创业政策,提供更多资金支持和激励措施,推动创业生态系统的健康发展。日本的创业教育和支持体系在多年的发展中已经取得了显著成就,并将在未来继续为大学生创业提供坚实的基础和广阔的舞台。

八、基于素质培养和激发活力的韩国大学生自主创业教育管理

当代韩国大学生普遍充满创业热情,许多大学内部都设立了"创业同友会",这些地方充斥着梦想成为下一个比尔·盖茨的大学生们。韩国的大学传播着这样一种观念,"大学是创业的准备阶段,大学生是未来企业家的种子"。来自日本的一项调查显示,71%的韩国青年希望创业,这一数字在全球范围内名列前茅。韩国中小企业厅的统计数据显示,仅在2000年1—3月,韩国大学通过"创业同友会"创办的风险企业就达到80多家,接近上一年全年的水平。这些统计数据表明,韩国大学生创办的风险企业中,76%集中在信息技术、通信、互联网和电子等高科技领域。韩国媒体认为,大学生们凭借创新的思维和创意,正在引领一股创业热潮。近年来,韩国创业企业的数量和质量逐步提升,展现出强大的创新和竞争力。

韩国大学生创办风险企业通常有两种方式。一是依托各大学内部自发组织的"创业同友会",二是利用各大学设立的"创业支援中心"。截至2003年底的统计显示,韩国共设立了215个"创业支援中心",会员人数达到11 980名。这些中心主要由经验丰富的教授组成,不仅帮助校内的风险企业获取政府或校外投资机构提供的资金和经营技术支持,还协助大学生进行创业可行性调查,并为新成立的风险企业提供必要的设备和场地。

在韩国,创业热潮得到了政府的积极推动。政府大力支持"创业同友会"和"创业支援中心",中小企业厅、产业资源部等多个政府部门为这些组织提供必要的活动经费,并在资金上支持各大学的"创业支援中心"。韩国政府已经转变了过去优先发展开发区的政策,转而支持大学生创业,将培养高素质人才与发展风险资金和风险企业紧密结合起来。在创业风险投资方面,韩国高度重视风险投资的发展。1994年,政府资助成立了韩国综合技术金融股份公司(KTB),KTB通过股本投资、垫付、附条件贷款、技术开发贷款、租赁和代理融通等多种形式,为技术开发活动和创业活动提供全面的资金支持。KTB接受政府相关机构的存款,并被授权转贷政府基金,包括科技促进基金、信息和通信基金、新技术启动支持基金等可支配的政府基金。此外,KTB还发行具有科技债券特点的技术债券,所得利润用于科技促进基金,支持KTB的转贷运作。KTB还引入了风险投资合伙基金,从机构投资者处获得投资资本,以股份形式投资于新成立或现有的中小型公司。KTB作为管理伙伴负责投资管理,并根据合作伙伴的投资份额预先约定条件来分配资本的收益或损失。KTB的建立和发展有力地支持了高科技产业的发

展,并且韩国的风险投资正在走向国际化,瞄准全球范围内的高科技产业。从 1981 年成立以来,KTB 投资的公司中已有 200 多家上市。目前在中国已经投资超过 40 多家企业,行业涉及传媒、视频网站、教育、环保产业、大众消费等。

第二节　发达国家高校创业教育及其启示

一、整个社会教育理念的转变

创业已成为改变经济增长方式、缓解社会就业问题的有效途径。在知识经济时代,全社会培养大量具备创新精神和创业能力的高素质人才,不仅是重要的发展趋势,也是支撑国家经济健康可持续发展的关键基础。长期以来,传统的教育观念局限于大学生毕业后的就业、考研或出国选择,而大学人才培养的目标主要集中在研究型和应用型上,这严重抑制了创业精神和创业意识的培养。社会和家庭在对孩子的教育中也缺乏对创新精神和创业意识的重视。清华大学创业中心的调查报告显示,中国在创业教育方面的平均水平低于全球的平均水平。中国大学生创业的比例不到毕业生总数的 1%,而在发达国家,这一比例通常在 20%~30%。

因此,必须尽快转变整个社会的传统教育理念,深化高校人才培养模式的改革,从注重就业向注重创新创业教育转变。我们需要确立一个新的观念,即大学生不仅可以通过就业获得成功,还可以通过自主创业实现成才。全面培养和提升大学生的创新创业综合素质和能力是至关重要的。这种社会教育思想观念的转变至少应包括以下四个方面的基本内容:以人为本的教育观念;以学生为主体的教学观念;促进学生全面发展的教育质量观念;培养创新创业人才的教育价值观念。

二、以人为本注重培养大学生的创业基本素质

科学发展观中,以人为本是核心理念,在创业教育中也尤为重要。人力资源不仅是保持竞争优势的关键资源,也是管理中最重要的生产要素。因此,我们必须将关注、爱护、尊重人以及充分激发人的积极性和创造性置于首要位置。为此,必须改革传统的人才培养模式,结合我国的实际国情,学习和借鉴国外成功的创业教育经验。创业教育的核心应当是培养和提高大学生的创业基本素质。这包括培养大学生具备从事创业实践所需的知识、

能力和心理素质。在这一过程中,重视个体的发展和成长,激发学生的创新潜能和创业精神至关重要。通过建立符合现代需求的教育体系和实践平台,使学生能够在真实的创业环境中学习和成长,掌握创新思维和解决问题的能力。创业教育不仅仅是传授知识和技能,更是培养学生面对挑战时的应变能力和创造力。将人的发展放在教育的核心位置,可以更有效地促进学生的全面发展,为他们未来的创业和职业生涯奠定坚实的基础。

三、创业教育模式的探索与认识

从国外高校创业教育的实践看,每种教育方式都各具特色,通常体现并紧密结合其学科特点和资源优势,并不存在所谓的"理想的最佳模式"。根据考夫曼创业研究基金会的调查结论,有三个方面被反复提及:一是为创业教育不知疲倦倡导的人士;二是提供建议并提供有力支持的智囊团;三是资金支持。在领导体制方面,许多学校的创业中心隶属于某个学术性院系,或与该院系有密切联系,以确保有足够的学术支持。一些创业中心也会与其他中心或学院联合起来,以增强整体实力。通常情况下,创业中心的运作由院长或副校长负责,这有助于避免过于官僚化和程序主义的问题。

大多数成功的创业中心主任通常都具备创业实践经验,他们依赖由创业家、教师和学生组成的团队来实现其主要工作和预设目标。在创办创业中心之初,建立一个智囊团是关键步骤,同时充分利用校友资源,他们既是重要的支持者和资源来源,也可以担任客座讲师。理想的创业教育模式还应包括以下几个方面:①得到学校学术委员会的支持,特别是获得全校其他院系教师的认可和支持;②建立一个优秀的教师队伍,并邀请当地成功的创业家来分享实战经验;③将理论学习与实践经验和学术研究结合起来;④在设计创业课程时,全面考虑其内容,确保在教学前准备充分,提供充足的参考资料和案例供学生学习和应用等。

四、创业教育课程体系的设计

从总体来看,国外大学对创业教育的层次划分通常基于几个主要方面:课程数量(从一门到多门)、课程的集成程度(从低到高)、针对企业不同发展阶段开设的课程(包括开端、生存、成长、扩张、成熟阶段)。此外,还涉及不同学科领域的种类。以美国和加拿大等国家为例,它们的大学创业教育在非工商管理专业学生中通常包括家族企业、创业机会识别和创业营销等课程;对于商学院本科生,主要的创业课程依次是创业或创建新企业、小企业管理、创业咨询、创建和运营新企业、编写创业计划书以及创业财务等。对于研究生而言,最常见的创业课程包括创业或创建新企业、小企业管理、创业咨询、编写创业计划书、技术转移、创新评价、创建和运营新企业、公司创业、创业投资与私人权益以及创业相关法律等课程。从这些课程设置可以看出,创业教育在国外的发展呈现出从非商科到商科本科生再到商科研究生的递进路径。这种模式下,创业管理成为核心课程,课程内容在广度和深度上都有所体现,旨在为学生提供全面的创业知识和技能,以应对不同阶段和不同复杂程度的企业挑战。国外的创业教育已经形成了成熟的课程模式,以满足不同层次和背景的学生需求,促进他们在创业领域的成长和成功。

从国外知名高校的创业教育课程体系来看,通常可以将创业教育课程设置分为四类:创业意识类、创业知识类、创业能力素质类和创业实务操作类。具体到美国一些高校的本科生创业教育课程设置,一般遵循一定的规律,尽管具体课程设置因学校而异。据百森商学院创业研究中心主任 Bill Bygrave 教授的研究,一个比较理想的课程体系通常包括先设立 4~5 门核心课程,如"新企业创立""创业技巧和行为管理""创业财务""成长型企业管理"等。这些核心课程通常内容精炼实用。在这些核心课程的基础上,根据各校的特点再添加一些组合课程,这些组合课程应该涵盖知识面较为广泛、类型多样的内容,以确保学生获得全面的知识培训,避免知识面的不足。

每一个创业教育计划都应从至少一门课程开始,并且需要投入大量精力确保第一门课程的吸引力。通常,这门课程是"新企业创立"或者"启动新企业"。这些课程主要关注创业者、商业机会和资源的结合,通过一个创业计划将它们紧密联系起来。这样的课程设计不仅可以吸引创业专业学生,还能激发其他专业学生的兴趣,使得创业教育具有广泛的影响力和吸引力。表 5-2 为美国四所高校本科生创业教育课程设置情况。

表 5-2　美国四所高校本科生创业教育课程设置统计表

大学	课程	类别	门数
百森商学院	创业与机遇 新技术风险投资	必修	2
哈佛大学	创业研发 科学与工程创新 技术创新启动	必修	3

续表 5-2

大学	课程	类别	门数
斯坦福商学院	创业车库:设计 创业车库:测试和启动 技术创新 创业思想领袖研讨会	必修	4
凯斯西储大学	创业战略 新创企业创建 创业财务 创业与创新 技术创新与创业经济学 体验式创业	必修	6

五、创业教育应充分发挥高校自身资源优势

国际知名高校的创业教育模式通常建立在自身的学术研究成果、学术领军人物、硬件条件和实验室设备等优势基础之上。尽管这些模式因其学科专业优势和发展领域的不同而各具特色和风格,但对于需要培养全方位能力的创业人才来说,并不都是最优的培养模式。这是因为在学术研究上享有崇高地位的知名大学,并不一定能有效培养出一流的创业者或未来的企业家。有必要运用一个经过系统优化设计的创业教育框架模型作为"参照系",来审视和"校准"个别院校的课程设置,以确保其具有科学性和系统性。这种方法有助于在发挥各校学科优势的基础上,尽量减少因学科倾向性而可能导致的教育偏离。对我国高校创业教育课程体系的设计来说,这无疑具有重要的启发意义。通过采用这样的模型,可以更有效地整合学术资源和教育实践,确保学生在创业教育过程中获得全面的能力培养,包括创新思维、实际操作能力以及跨学科合作能力。这不仅有助于提高学生的创业成功率,也有利于高校在国际竞争中的地位和影响力。

本章小结

在探讨国外高校创业教育的成功经验时,我们可以看到几个关键方面的突出表现。首先是实践导向的教育模式,这种模式通过将理论知识与实际操作紧密结合,为学生提供宝贵的创业体验和应对市场挑战的能力。例

如,许多高校通过创业实习项目和孵化器支持,使学生能在安全的环境中探索创新和商业化过程。这种实践性教育不仅加深了学生对创业实务的理解,还培养了他们解决问题和应对挑战的能力,为未来的创业奠定了坚实的基础。

其次,建立完善的创业生态系统至关重要。成功的高校创业教育不限于课堂内的教学,还包括与政府、企业、资本市场等多方合作的生态系统。这种合作提供了从法律咨询到市场调研、资金筹集等全方位的支持,大大降低了创业者的风险,并增强了他们的创业信心。例如,高校可以通过设立创业中心和技术转移办公室来支持学生和教师将研究成果转化为商业机会,从而推动创新和经济发展。

最后,开放多样的教育模式对于培养创新精神和领导能力至关重要。跨学科课程、在线学习平台和创业竞赛等多样化的教育机会,不仅能够满足不同学生的学习需求,还能激发他们的创新潜力和团队精神。例如,学生可以通过参与跨学科项目和竞赛,与来自不同背景和专业的同学合作,共同解决现实世界中的复杂问题,这种经历不仅拓展了他们的视野,还提升了他们的协作能力和领导技能。

总结来说,这些国外高校在创业教育方面的成功经验为全球教育体系提供了重要参考。通过实践导向的教育模式、建立完善的创业生态系统以及开放多样的教育模式,这些高校不仅为学生提供了丰富的学习机会和实践经验,还培养了他们在不同行业和领域中成为创新者和领导者的能力。这种综合性的教育方法不仅能够满足日益复杂和多样化的社会需求,也为全球创业生态系统的发展做出了重要贡献。随着全球经济和科技的迅速发展,这些成功经验将继续影响和塑造未来创业教育的方向和发展。

第六章 | 高校创业教育主体定位、分工和协作

创业教育主体应该是一个多元化主体,高校教师、高校管理者、具有创业经验的企业主、政府有关部门负责人、社会组织负责人等均是创业教育的主体,让更多主体主动参与大学生创业教育,高校与政府、企业、社会部门以及高校之间实现合作共赢。

第一节 高校对大学生创业教育应义不容辞

一、科学构建大学生创业课程体系

创业教育课程在当前阶段应定位为公共课,结合素质教育和职业教育,以素质教育为主导,分为三大渐进模块:素质教育、技能提升、实训孵化。素质教育模块包括"创业哲学""创业伦理学""创业心理学""创业基础""公共关系学""企业家精神"等公共必修课。这些课程安排在第3或第4学期开设,旨在为学生提供创业通识教育,培养他们的创业意识和正确的创业观。内容涵盖创业认知与素质、创业精神激发、创业机会识别与选择、创业创新精神、创业团队建设、创业资源整合利用、市场营销、创业计划编制、创业心理调适、创业风险管理、创业社会责任等。教学过程中,应采用创业设计贯穿始终的方式,使得理论教学、讨论分享和实地教学各占课时的三分之一。课程由创业教育导师主导,侧重于案例教学,以培养学生的创新创业意识;学生在讨论分享中主导,创业教育导师辅助,激发学生的创业精神;企业家或创业导师主导,创业教育导师辅助,开展创业者讲座、企业参观等活动,通过创业故事引发学生的创业激情。

技能提升模块包括"创业经济学""创业管理学""创业环境学""创业设计学""创业实务""创业法学"等公共选修课程,计划在第5—6学期开设,旨

在为有创业意愿的学生提供初创企业管理技能教育。课程内容涵盖市场进入与业务营销、顾客价值创造与传递、主营业务竞争与合作、生产管理与质量控制、资本运作与财务规划、团队管理与精神延续、人力资源管理与激励、依法经营与法律自助、内部创业与战略扩张等。重点在于揭示新创企业的成长规律,并传授管理方法,以支持新企业的持续成长和传承。

二、加强大学生创业实践与项目孵化

作为实践教学的一部分,实训孵化模块采用专题辅导和实践体验的形式,旨在培养学生的创业能力。该模块内容包括自我评估创业精神、评估和捕捉创业机会、确定组织形式、深入探讨主营业务、分析顾客群体、选择营业地址、设计商业模式、展开市场营销、筹集和运作资本、进行企业财务预测、选择企业形式、依法注册企业以及孵化创业项目等。实训孵化模块依托创业实践基地和创业孵化园,通过创业团队的实际操作和仿真创业体验,贯穿整个教学过程。高校可以设立创业基金、创建创业基地,或与企业合作提供支持,举办创业计划大赛、组建创业团队和创办创业企业等活动,以表彰和激励优秀的创业者和创业团队。这些举措有助于促进学生创新理念、创业知识与实践的有机结合,培养具备创新精神和实践能力的下一代企业家。

创业教育导师团队由三个主要部分组成:一是创业教育学专家学者,他们主要负责教授创业意识、创业精神和创新观念等方面的课程和指导;二是专注于创业实务和创新技术的专业学者,他们提供创业实践教育和科技创新支持;三是由创业企业家、企业顾问和风险投资家组成的团队,他们主要负责提供创业实战经验、商业计划的可行性评估、创业投资和创业经营决策的咨询服务,以及帮助创业企业成长。对于进入创业园的项目来说,每一个项目都应该配备一个适合的导师团队。校外创业体验基地包括企业设立的创业体验基地和政府管理的创业园,这些基地不仅是校园创业实践活动的延伸和支持,也为学生提供了重要的实践平台。根据其内容和形式,创业体验基地可以分为创业实习基地、创业社团实践基地、创业岗位体验基地和校外创业园等。特别是校外创业园通过各种方式指导大学生自主设计、创办和运营企业,参与商务活动、技术创新、技术成果转移和技术服务等领域,是非常有效的创业孵化器。显而易见,校外创业体验基地的建设填补了校内创业实践空间和资源的不足,将大学生的创业活动提升到政府行为和社会关注的层面,有效地营造了良好的社会创业文化氛围。

第二节　构建"校企联合"的创业教育体系

为了完善学校创业教育机制,充分发挥社会协助力量,弥补高校创业教育不足,应大力借用企业资源,构建"校企联合"的创业教育体系。

一、与企业共建大学生创业教育中心

地方企业家协会、企业联合会或各个企业可与高校合作,在校园内设立大学生创业中心,旨在指导大学生进行创业。这些中心的宗旨可以定位为"培养未来的企业家,为地方经济社会提供服务"。其核心目标包括:首先,建立创业意愿学生与地方企业对接的渠道,为学生提供广泛的创业实践平台。这些中心定期组织学生参观企业、进行交流和培训,以打造地方高校人才培养的独特特色。其次,设立创业基金并建立创业导师库(智囊团),为有市场前景的创业项目提供资金支持和智力帮助,以培育高质量的小企业和未来的企业家。最后,帮助各企业发现创业和创新人才,建立大学生就业和企业选拔优秀人才的互动平台,促进大学生的职业发展和地方企业的可持续发展。

二、开设"企业家讲堂"

大学的创业教育课程通常缺乏来自一线专家学者的直接指导。为了弥补这一不足,学校应当充分利用校内外的教育资源,组织高质量的活动,如"创业报告""创业论坛""创新论坛"和"校友创业成功报告会"。这些活动通过邀请专家、教授和成功企业家分享丰富的知识、独到的见解以及成功的创业经验,旨在激励和鼓励学生,增强他们在创业道路上的信心和决心。

三、积极邀请企业家到高校开展创业教育与指导

在高校开展创业教育过程中,特别是在实践教学和现场教学环节,以及校园创业文化建设方面,积极邀请地方企业家参与至关重要。他们能为有志创业的学生提供最真实有效的创业咨询服务,包括分享创业经历、经验、教训,以及示范如何捕捉创业机会和有效管理创业企业。具体而言,高校可以特聘地方企业家担任创业导师或客座教授(副教授),并颁发聘书给他们。这些企业家可以定期举办创业讲座和咨询活动,明确创业指导的主题,为学生提供直接的创业教育和指导。这种安排不仅能够增强学生的实际操作能

力,还能够在学术和实践之间建立桥梁,促进校企合作,并推动校园创业文化的全面发展。

四、通过企业组织设立创业培训咨询服务机构

在当前青年人创业意识和创业氛围日益增强的背景下,我国的创业培训和咨询服务市场潜力仍未得到充分开发。地方企业家协会和企业联合会具有重要作用,它们不仅能有效地联系和动员地方企业和企业家,而且享有较高的公信力。作为带有官方背景的民间组织,它们更容易赢得创业者的信任。因此,这些组织具备了天时、地利、人和的充分条件来开展这一社会性事业。这不仅有助于促进创业者的成长和发展,也为整个社会创业环境的健康发展提供了坚实的支持。

五、建立企业创业实习基地

目前,许多学校的创业教育模式往往仅限于知识传授,未能为学生提供足够的实践机会和更大的发展空间。大学生渴望能够到企业中体验创业,但多数企业因为需要保护商业秘密的原因而不愿接纳大学生,让他们了解创业流程和生产流程等。通过"校企联合"的创业教育模式,可以有效解决这一问题。企业为学生开设实习基地,搭建实践平台,营造创业氛围,增加就业岗位。这种模式积极有效地整合了学生的实习、实训、创业和就业四个方面,为他们提供了展示自我、锻炼自我、提高自我能力的良好平台,也为他们提供更多成长和成才的机会。最终实现学校、企业和学生三方共赢的局面。

六、积极捐助设立大学生创业帮扶基金

大学生创业常面临经验不足和资金短缺的问题。为了有效激励大学生自主创业精神,并支持有潜力的创业项目,企业可以设立"大学生校园创业基金"。这种基金不仅投资有前景的创业计划,还提供有效的指导和合理的使用建议,避免有价值的创业意向因资金问题而夭折。这一举措不仅为高校的创业教育提供资金支持,也为企业培养和储备人才资源做好准备。教育与实践相结合是培养理性财富观的有效途径。大学生在相对封闭的校园环境中,对社会的了解和接触较为有限。因此,只有通过实践才能更深入地了解社会、认识社会,从而重新审视个人的价值观。实施"校企联合"的大学生创业教育模式,让学生走进企业和创业基地参观和实践,亲眼见证企业家创造财富的过程,领悟财富对社会的价值。在亲身参与创造过程中,体会到

财富的来之不易,从而学会珍惜劳动和财富。

这样的实践经历有助于大学生逐步形成正确的创业观念:不仅仅是为了赚钱,更是为了实现个人价值,同时造福社会,促进社会的和谐发展。因此,在积极鼓励大学生创业、营造创业氛围的过程中,高校创业教育应该积极引入"企业"因素。我们可以充分利用和发挥企业的资金支持、人力资源、专家指导和实战经验优势,有效构建"校企联合"的大学生创业教育机制。这种模式有助于为国家培养未来的创新型人才目标提供有益的探索。

第三节 地方政府对大学生创业教育应有所承担

一、出台支持大学生创业政策

当前,在政策尚未完善的情况下,我国大学生创业在地方社会上未能得到充分重视。政府的政策支持至关重要,应当采取以下措施:第一,对大学生创办企业的费用进行优惠或减免;第二,对企业所得税等税收在一定期限内给予减免;第三,针对农林牧渔、高科技、低污染、低能耗以及能够提供就业岗位等方面的创业项目,应当实施特别优惠政策;第四,提供贷款优惠政策,允许企业注册资本零首期;第五,提供必要的无偿资助或风险投资资金支持。这些政策措施将有助于为大学生创业提供更为良好的政策环境和支持条件,推动他们在创业道路上取得更好的成果。

二、设立创业促进会

各级政府应设立创业促进会作为官方管理机构,专门负责促进创业事务。其中,创业促进会应设立大学生创业促进分会,并设置创业创新策划部、创业咨询服务部、创业扶持协调部等部门。这些部门主要任务包括统筹地方创业促进工作,管理各级各界创业促进组织,推动创业文化的建设,提供创业政策咨询和创业流程指导,协调创业扶持措施的实施,组织政府主导的创业培训计划,并管理创业孵化园、创业研究会以及创业基金会等机构。这些举措旨在为大学生创业提供更好的政策支持和服务,促进创业环境的持续改善和创新精神的培养。

三、创建创业孵化园

为了有效孵化创业项目,特别是初次创业者的项目,政府应该策划并建立创业孵化园。这些孵化园为创业者和创业企业提供了一个成长的"温室"，旨在将其打造成地方的"硅谷"，成为培养未来企业家和孕育大企业的重要平台。在创业孵化园中，创业项目可以享受一系列优惠政策和服务，如免租、免税费，以及创业咨询、指导和协调等支持。这些措施旨在降低初创企业的运营成本，提供专业的咨询和指导，帮助创业者克服创业过程中的各种挑战，促进他们的成长和发展。通过建设创业孵化园，政府能够有效地推动地方经济的创新和发展，培育新兴产业，同时增加就业机会，为地方经济转型升级提供重要支持。

四、设立创业研究会

为了深入理解和研究创业教育与创业行为的规律，发掘创业者的行为特征和心理特质，研究创业政策，以及探索创业企业的创立、管理、成长和扩展过程，我们有必要设立地方创业研究会。地方创业研究会将汇集各高校积极从事创业研究的学者和关注地方创业教育的企业家，共同开展创业相关问题的深入研究。这一倡议旨在为地方创业提供政策和方法上的智力支持和服务。创业研究会将每年设立多个创业研究课题，并筹集资金以资助这些项目的顺利开展。通过这些研究课题，我们可以更好地理解创业过程中的挑战和机遇，为政府制定更为有效的创业支持政策提供理论和实证研究的支持。这不仅有助于推动地方经济的创新发展，还可以促进创业文化的深入根植和传承。

五、设立创业基金会

各级政府应积极发起设立创业基金，鼓励企业和慈善人士捐赠资金，支持青年创业。这些创业基金的主要目的是定期为有市场前景的创业项目提供免息借贷或风险投资，同时对成功的创业案例进行奖励。创业基金的运作机制应确保风险投资收益重新投入本基金。此外，根据企业或企业家捐赠的比例（每年动态调整），部分收益将返还给捐赠者，但返还额度总计不超过总收益的70%，其余部分则重新投入创业基金。这种设立创业基金的做法，旨在动员社会各界力量支持青年创业，通过资金和奖励机制激励创业活动，促进经济发展和创新精神的培育。

六、鼓励民间创办风险投资公司

大学生创业带有一定的风险，但也潜藏着巨大的利益。那些具备远见和勇气的人，往往能获得丰厚的回报。然而，无论是企业还是政府设立的创业基金,都无法涵盖所有的创业项目。因此,大学生创业不能完全依赖政府或企业设立的基金来支持。相反,最好的方式是政府鼓励民间成立各类创业风险投资公司。这些风投公司可以通过发现优秀的创业项目并进行投资,来推动这些项目的发展和转化。这种做法不仅能够吸引私人资本参与创业投资,还能够有效地促进创业项目的实施和成功。通过民间创业风投公司的设立,政府可以借助市场机制更加灵活地支持创业者,同时促进经济的创新和发展。这种模式可以在保证市场竞争性和效率的同时,为大学生创业提供更多的资金和支持机会。

本章小结

本章探讨了高校创业教育的主体定位、分工和协作。首先,高校在大学生创业教育中应承担不可推卸的责任,科学构建大学生创业课程体系是关键。创业教育课程应定位为公共课,结合素质教育和职业教育,以素质教育为主导,分为素质教育、技能提升和实训孵化三个渐进模块。通过案例教学、讨论分享和企业家讲座,全面培养学生的创业意识和实践能力。

其次,创业研究会每年设立多个创业研究课题,并筹集资金资助这些项目,以更好地理解创业过程中的挑战和机遇。这不仅有助于推动地方经济的创新发展,还能促进创业文化的深入根植和传承。各级政府应积极发起设立创业基金,鼓励企业和慈善人士捐赠资金,支持青年创业。创业基金的运作机制应确保风险投资收益重新投入本基金,并适当返还部分收益给捐赠者,动员社会各界力量支持青年创业。

最后,地方政府在大学生创业教育中也应有所承担,应出台包括费用优惠、税收减免和贷款优惠在内的一系列支持政策,设立创业促进会和创业孵化园,为大学生创业提供良好的政策环境和支持条件。创业促进会应统筹地方创业促进工作,提供创业政策咨询和流程指导,管理创业孵化园、创业研究会和创业基金会等机构,全面促进大学生创业。

第七章 高校创业教育课程设置和实践体系

第一节 高校创业教育课程设置体系

目前,世界各国的大学创业教育课程大多参考了美国大学的设定,其中关键的课程是"创业学"。美国的创业教育教材已经相当成熟,版本繁多,主要围绕企业创建、管理和清算这一完整周期展开。以 Hisrich 和 Peters 合著的教材《创业学》为例,该教材分为 4 个部分,共 17 章,包含 24 个案例。第一部分主要介绍创业者、创业以及创新的理论基础。第二部分是教材的核心,详细介绍如何创建新的风险企业。这部分全面描述了"创业计划书"的格式和内容,涵盖市场营销计划、财务计划以及组织结构计划等关键文档。第三部分探讨不同的融资渠道,重点在于风险投资基金,因为这是新创企业主要的融资来源。第四部分讲述新创企业的成长、管理和清算,包括企业上市和清算事宜。这种主流的"创业学"教程实质上是一个完整的企业经营流程,其最大优点在于强调实践操作性。

在美国,大学及其学院在开展创业教育时展现出了很高的自主性,各学校有不同的做法和侧重点。斯坦福大学是一个典型例子,其商学院和工学院分别为不同专业的学生提供了多样化的创业课程。斯坦福商学院的创业研究中心开发了 50 多门广泛涵盖创业学科领域的课程。核心课程包括"新创企业的形成""管理成长中的企业""创业金融""社会创业""极限可负担性设计"和"管理成长中的企业"等。这些课程主要面向 MBA 学生,并且部分课程对其他院系也开放。

斯坦福工学院则专注于培养未来工程师和科学家的创业技能,开设了"技术创业企业的管理""高技术创业入门"等入门性课程,同时为研究生提供了更深入的课程如"高技术创业管理""全球创业营销"和"技术创业"等,还为博士生开设了创业学科的研讨课程。在美国创业教育中,百森商学院极具代表性。自 1919 年成立以来,百森商学院一直是创业学领域的领导者,以其独特的创业教育方案和专业特长享誉全球。该学院的本科创业教育课程多次被《美国新闻与世界报道》评为第一,2001 年,《华尔街日报》将其毕业生的创业技能列为全国第一。杰弗里·蒂蒙斯教授不仅是百森商学院的创业教育倡导者,也是美国创业教育领域的领导人物。他设计的百森商学院的创业教育课程方案,成为美国各高校公认的创业教育典范。百森商学院的创业教育课程体系主要分为 5 个部分:战略与商业机会、创业者、资源需求与商业计划、创业企业融资和快速成长。美国的大学创业教育不仅注重理论与实践结合,还根据不同学科和专业特点设计了多样化的课程,为学生提供了全面的创业学习体验和机会。

"战略与商业机会"课程主要关注如何发现和选择创业机会,并探讨什么样的机会能够促成高发展潜力企业的创建。学习者将学习如何充分发掘自身的创造性才智,以及制订个人的创业计划。此外,课程还会探讨如何从成功的创业者那里学习行动、态度、习惯和战略,以启发学生的创业思维和行动计划。"创业者"课程则侧重于探讨创业者应具备的基本素质和技能,分析创业团队在成功创建风险企业中的关键作用。课程内容还包括如何处理在组建新型风险团队时可能遇到的关键性问题和障碍,以及如何有效地协调和管理团队成员的能力和动机。"资源需求与商业计划"课程着重于成功创业者如何制订详细的商业计划。学生将学习如何寻找资金来源、开展市场营销、建立战略联盟以及获得商业运营许可证等关键创业知识。该课程帮助学生理解如何将创意转化为可操作的商业实体,通过有效的规划和资源管理来支持企业的发展和扩展。"创业企业融资"课程涉及新企业在融资过程中面临的各种关键问题。学生将了解债务和股权资本市场的现实情况,学习如何制定和执行有效的融资战略,寻找和与股权投资者谈判,以及在资本市场中获取债务融资的方法和技巧。"快速成长"课程侧重于新建的风险企业在成长过程中可能遇到的具体问题和危机。学生将探讨风险企业经历的发展阶段及其独特性,学习如何避免和解决困境,以及如何在领导和管理方面采取突破性的方法来支持企业的快速成长和成功发展。这些课程共同构成了一个完整的创业学习体系,旨在帮助学生从理论到实践全面掌握创业过程中的关键要素,培养他们在创业道路上所需的技能和思维方式。

我国的高校在设置创业教育课程时可以参考美国大学的经验,但考虑到国情不同,应当建立适合我国特点的课程设置和实践体系。高校创业教育课程的科学性应该以实用性为核心。科学性的严格要求以公理性为基础,使用已验证的知识内容,并建立自洽的体系结构。科学性保证了课程的可验证性,这种可验证性能够确保其实用性。因此,对创业教育课程体系的科学性进行深入研究和设计显得尤为重要。

创业学作为一个学科体系的构建,是基础性的学术研究领域,是创业教育的重要基础。在我国,由于其历史短暂和对其研究较浅,创业学仍处于"前科学"阶段。目前尚未形成统一的研究方法,也没有充分的研究成果可以归类整理,更没有形成主流的创业学派别或范式。因此,创业学只能在当前国内的 12 大学科门类中寻找自己的位置。由于目前国内外对创业学的理解主要集中在企业创办或企业升级转型等领域,因此,为合理起见,可以将创业学定位在"管理学"这一学科门类下的一级学科,与管理科学与工程、工商管理并列。

创业教育作为大学中一种重要的活动与新兴专业,可以在"教育学"学科门类中的一级学科"高等教育学"下,确立其二级学科或专业的地位。古人云"名不正,则言不顺",名实相符才能使事情顺利推进。对"创业学"和"创业教育"进行正名,有助于为大学开展创业教育提供公正的环境,使其更加名正言顺。

虽然我国许多高校都已开展了创业相关的讲座和选修课,但这些活动往往呈现出零散破碎的特征,有些学校甚至仅以创业第二课堂的形式来开展。创业实践活动由于其自身的实践性和综合性特点,在培养学生的创业综合素质方面有着不可替代的作用。然而,仅将其视为第二课堂实践活动的这种认知和实践,容易忽略创业能力的深层创新,使创业教育变成单纯的技巧和操作训练。实践证明,这种浅层次的教育无法构建起创业所需的知识结构,无法真正培养学生的创业综合素质。此外,我国高校开展的创业大赛往往具有较强的精英化倾向,关注的是少部分学生的优秀表现,大多数学生由于各种原因未能参与其中,而参与这些活动的学生中,最终真正走上创业之路的也寥寥无几。因此,创业教育并未在更大范围内普及。事实上,高校应当重视创业教育,尤其是通过第一课堂的课程教学,着力培养学生的创业心理素质以及未来创业所需的知识和能力。因此,应尽快在课堂中引入相关知识。国内外关于创业的教材大部分是商业基础课,如营销、商业机会、融资等,这些是必须学习的内容。同时,创业是一个复杂的过程,还应涉及管理学、心理学、社会学等一系列相关课程。基于上述分析,本书尝试提出创业教育课程设置与实践体系的构想,并根据学生的反馈进行调整。创业教育课程设置主要从课程结构、实施、评价等方面进行阐述。本书依据教育活动方式和教育效果实现路径的不同,将高校的创业教育方式分为以下几类:

第一,渗透性的创业教育。渗透性意味着在某种理念的引导下,各种舆论和行为方式在不同领域中贯彻其价值观和方法论,使其理念在潜移默化中植根于人的内心,转化为自觉行动。这种教育具有坚韧性和持久性,能够应对挫折并深刻影响人的一生。可以形象地比喻为"泡菜理论":在某种介质作为溶液的过程中,其溶质与介质渗透并化合为一体,使其特性永久存在。渗透性的创业教育,就是在大学文化的建设过程中,将创新、创造和创业的精神和方法融入各种教育和教学活动中。显然,大学校长的改革与创新理念,在教师中形成适应社会发展需求的课程教育观,在职能部门中形成以创新、创造、创业为核心的教育评价观尤为重要。事实上,这种"三创"教育资源并不匮乏,任何一种校园活动,任何一门课程,都与具体的学科知识相关联,这些学科的知识,都有一个从无到有、从简单到复杂、从概念到体系的历史演进。这些学科史,都是一个不断传承与超越的创新史。例如,化学从燃素说、炼丹术发展到氧化说,再到原子轨道理论和分子轨道理论;地质学从大陆漂移说到海底扩张说,再到板块构造说的变迁;天文学从地心说到日心说,再到宇宙大爆炸理论的假设等。在这些发展和转型的"拐点"上,站立着几位历史的巨人,如物理学史中的亚里士多德、牛顿和爱因斯坦;生物学史中的亚里士多德、林奈、施莱登、施旺、达尔文、孟德尔和摩尔根等。这些历史巨人都是创新者、创造者和创业者,他们的理念、人生观和方法论具有永恒的启发性、引领性和激励性。在各科课程教学和其他教育活动中,注重利用和主动开发这些资源,通过渗透性地介入课堂内外,使学生在其中"浸泡",内化为自身的一部分,培养出作为创业者应有的精神和心灵。

第二,普及性的创业教育。普及性的创业教育在高校中的普及是通过渗透性创业教育活动的广泛开展奠定基础的。这种教育不仅在精神层面上为学生们接受创业教育做好了准备,而且实际上已经蕴含了未形成正式"规制"的普及性创业教育。这种教育模式指的是将创业教育普遍纳入大学各个层次和各种专业的课程体系中,通过规范化的教学管理进行创业基础知识的教育。由于创立事业的动力主要来自于对人之存在意义的认可和对自我价值的定位与追求,因此"创业精神"应成为核心课程,而"创业知识"和"创业实务"则作为辅助性课程。

第三,重点性的创业教育。重点性的创业教育是在普及性创业教育的基础上,有选择地在一些专业中开设"创业学"的关键课程。通常选择的专业包括经济学、管理学、教育学、法学、工学和农学等,因为这些专业主要培养应用型人才,直接面对市场。毕业生在进入社会后,其工作与经济活动的关联性较为直接,因此他们在从事一段时间的专业工作后,有可能进入与市场活动相关的领域,从而获得机会,走上管理企业或创办企业的道路。

第四,专业性的创业教育。由于我国创业教育刚刚起步,大学普遍缺乏创业学和创业教育研究,因此有必要强力推动专业性的创业教育。这不仅能够迅速提供高质量的创业教育师资队伍,而且有助于扭转当前大学创业教育力不从心的尴尬局面,加快培养与我国市场经济发展相匹配的职业经理人队伍。为此,可以在师范院校开展创业教育专业,在综合性大学进行创业学学科体系研究,继而在各大学中开设创业学专业或创办创业学院。通过这些举措,使学生接受专业性创业训练,使他们成为我国大学进行创业教育、创业学研究或创业实践的主导力量,这尤为迫切和重要。普及性、重点性和专业性的创业教育相辅相成,共同构建了一个完整的创业教育体系。这一体系既关注广泛的基础教育,又兼顾特定专业的深入教育,并通过专门的研究和师资培训推动创业教育的深入发展,更好地培养具备创新精神和实际操作能力的学生,为我国市场经济发展提供强有力的人才支持。

第二节　高校创业教育课程设置

一、课程结构

(一)公共必修课

在创业教育课程中,公共必修课是所有专业学生必须修读的。这些课程旨在培养学生的创业意识、创业知识和创业心理素质,着重提升学生的综合能力。建议在大学二年级开设这些课程,分为上下两个学期。课程包括"创业哲学""创业伦理学""创业心理学""创业基础""公共关系学"和"企业家精神"。每门课程每周安排 2 课时,持续约 16 周。这些课程的学时和内容设计能够确保学生对创业有较全面的理解和认识。具体见表 7-1。

表7-1 公共必修课一览表

类 别	学 期	课程名称	学分/分
公共必修课	大二上学期	创业哲学	1.5
		创业伦理学	1.5
		创业心理学	1.5
	大二下学期	创业基础	1.5
		公共关系学	1.5
		企业家精神	1.5

创业哲学：该课程旨在培养创业者对人生的深刻认知、掌握社会发展规律以及辩证思维的能力，从而使他们具备宏伟的志向、追求真理的勇气和独立的精神品格，形成源源不断的创业动力。课程主要涵盖内容包括创业的社会存在与社会意识；生产方式中的矛盾运动与企业发展的辩证关系；创业思维的规律与方法；创业实践与认知的辩证互动以及人的主体性等。

创业伦理学：本课程的目标是培养创业者自觉遵循社会公德和职业道德，不断提升与创业相关的人格和品质。其主要内容涉及社会发展与道德的演变；创业的道德规范；对创业行为的道德评价；创业者的人生观与道德理想。

创业心理学：本课程旨在培养创业者的独立性、敢为性、坚韧性、自制力、适应性和合作性等心理品质，以克服创业过程中的依赖、自卑、畏缩等人格障碍以及急于求成、目标多变等行为障碍。课程主要内容包括创业者的个性特征与心理发展；心理素质与创业过程的心理分析；以及应对成功与挫折的心理学策略。

创业基础：该课程旨在为创业者提供必要的知识准备，并充当从理论到实践的过渡环节。通过对经济理论、创业管理、创业环境、创业人才与创业法规等知识的协调与整合，使创业者掌握创立企业、合法经营、规划企业文化以及应对社会环境和市场需求变化的基本知识。在掌握相关理论知识后，通过创业设计、案例教学以及企业运营的计算机仿真等手段，培养创业者解决具体问题的能力。

公共关系学：此课程旨在帮助创业者理解公共关系的社会现象和活动规律，了解项目管理在国内外的发展历程、现状和趋势，并熟练掌握社会调查方法和技能及社会统计方法。通过学习，创业者能够提升语言和文字表达、人际沟通以及分析和解决商务公关实际问题的基本能力。

企业家精神:该课程是创业实践的核心和支柱,通过整合创业哲学、创业伦理和创业心理学的知识,总结出创业者应具备的辩证思维方式,以及自信、自主、自立、自强的企业家精神和良好的道德品质。

(二)公共选修课

创业教育课程中的公共选修课分为限定选修课和自由选修课两类。这些课程主要面向理工科、商科以及有创业意向的学生,旨在为他们提供进一步学习创业知识的机会。该课程安排在大学三年级,学生完成这些课程后,在大四专业课程较少时,能更集中精力进行创业实践。这些选修课在公共必修课的基础上,进一步拓展和深化了相关内容,更加注重培养学生分析和解决问题的能力。学生可根据自身情况选择规定的科目,文科学生若有兴趣也可以选修,通过考核后同样可以获得学分。自由选修课则旨在发展学生的兴趣爱好、培养特长,并提供实践机会,是否选修完全由学生自主决定。具体课程设置见表7-2。

表7-2　公共选修课一览表

类型	限选(自选)	学期	课程名称	学分/分
公共选修课	限定选修课	大三上学期	创业经济学	—
			创业管理学	1.5
			创业环境学	1.5
	自由选修课	大三下学期	创业设计学	1.5
			创业实务	1
			创业法学	1

"创业经济学"根据创业阶段的特点,运用经济学知识帮助创业者实现小投入、快积累、高增长的目标。主要内容包括:微观经济运行与创业要素分析、制度背景及经济运行机制;中观经济运行与企业所属行业、地方政府和市场运行机制分析;宏观经济运行与国内外市场开拓与收缩;知识经济、高新技术与创业方向。

"创业管理学"旨在为创业者提供开拓市场和管理知识,帮助他们打造具有活力的创业型组织,充分发挥资源效能。主要涵盖:创业战略管理、计划与控制、组织管理、人本管理、市场营销以及财务管理等内容。

"创业环境学"致力于培养创业者认知、适应和改变环境的能力,并获取政策、资金等支持。主要内容包括:创业的政治、经济、市场、人文和地理环境分析。

"创业设计学"旨在让创业者根据设定的初始条件设计小型企业的开办与发展流程,并对企业理念、市场伦理、经济学和管理学等方面进行评估。主要包括:创业初始条件分析、创业流程设计、企业经营流程设计以及企业绩效评价等内容。

"创业实务"通过企业案例分析和虚拟公司的运作,旨在培养创业者提出具体对策的能力。主要包括:企业开创期的典型案例分析;企业成长期、稳定期和挫折期的案例分析;企业运营的计算机模拟。

"创业法学"旨在使创业者了解与创业相关的现行法律制度,掌握企业在运营过程中的法律与政策,熟悉各种创业法律规范,培养处理企业法律纠纷的能力。主要内容包括市场主体、市场运行、宏观调控、劳动保护等相关法律条文及法理解释。

需要强调的是,在公共选修课中虽然设置了诸如模拟创业等具有实际操作性的课程,但并不意味着我们鼓励学生弃学创业。我们的培养目标是使学生成为未来的开创人才,具备创业者的意识和素质。我们不主张学生在校期间将精力全放在创办公司或企业上,更不鼓励大多数学生中断学业去创业。学生在校期间的首要任务仍是学习,培养创业能力和精神,为日后就业、为国家和人民服务做好准备。当然,如果少数学生确实具备创业的能力,且有创业所需的资金和技术条件,我们将提供适当的指导和支持。

二、课程实施

(一)实施时间

课题组认为,创业教育的课程应该在大学二年级开始设置。

(二)教学方法与手段

教学方法和手段的选择及其适当应用对于实现教学目标和完成教学任务至关重要,是促进学生掌握知识和发展能力的关键。特别是在创业教育中,传统的单一讲授式教学方法已经不再适用。我们应当采用案例教学、问题教学、参与教学和情境教学等多样化的教学方法。通过案例教学,可以结合理论与实践,分析并讨论各行业创业过程中的特定情境和挑战。例如,可以深入剖析历史上成功人士的创业实例,通过学生的参与分析、研究和总结,提升他们发现、分析和解决问题的能力。

1.课堂讲授法

课堂讲授法是教师通过口头语言表达、讲解和演讲等形式,系统地向学生传授知识的方法。这种方法能有效完成教师向学生传递知识信息、控制学生掌握知识信息的过程，并在此基础上促进学生认知能力的发展。在创业教育中，如"创业伦理学""创业心理学""创业经济学"和"创业管理学"等课程通常采用课堂讲授法。

2. 问答讨论法

问答法是教师根据学生的知识和经验提出问题，引导学生通过思考对问题进行自主解答，从而获得或巩固知识的教育培训方法。在创业教育中，常采用头脑风暴法，在正式授课前或培训评估时，引出话题，短时间内了解学生对问题的认识和观点，快速收集信息。讨论法则通过教师或组织者的引导，以集体讨论的形式对相关课题或规定的题目进行讨论，交换意见，相互启发，加深对已学知识的理解，增长新知识。在创业教育培训中，可以尝试两种讨论方法：一是针对当前企业的实际创业问题进行研讨，形成详尽材料；二是观看详尽的创业过程录像，由学生小组进行交流，相互启发，形成各自的思路，并形成文字材料，得出各自的结论。

3. 示范交流法

示范是配合授课内容，通过展示实物、模型、标本等直接教具，或者进行示范性实验，培养学生操作技能的教育培训方法。在创业教育中，一般由创业企业家或孵化器的专业人士向学生展示企业创业的基本流程，并解释创业者在各个阶段需要注意的问题。参观交流则是根据教育培训目的，组织学生深入创业企业和企业孵化器进行观察和研究，以获取或巩固、验证创业知识结构，提高问题分析和解决能力，形成创业技能的一种方法。这种方法的优点在于学生在参观和考察过程中，能够对相关创业企业的经验进行正确评估，并找到适合自己企业的具体做法。

前三种培训方法的比较分析见表7-3。

表7-3　基本创业理论教育方法比较

项目	课堂讲授法	问答讨论法	示范交流法
教学设计	通过教师的讲述、讲解、演讲等形式系统地向学生传授知识	教师根据学生知识和经验提出问题，引导学生经过思考，或者就问题开展集体讲座，对问题得出自己的结论	教师将实物、模型、标本等直接教具展示给学生，或给学生做示范性实验，进行操作技能训练

续表 7-3

项目	课堂讲授法	问答讨论法	示范交流法
教师作用	主导	引导	引导
学生体验	少	有一些	较多
优点	易于实施,可同时面向较多的学生,易于发挥教师的主导作用,成本较低	师生间的双向信息交流,易于调动学生积极性,锻炼学生的语言表达能力	能够接触创业企业家、开阔视野、获得第一手资料和体验
缺点	缺乏学生与教师和学生与学生间的互动	控制不当则有可能造成课堂秩序混乱,学生缺乏发言和交流机会	愿意为学生介绍经验和示范的企业家很少,合适的孵化器或组织更少

4.案例分析法

案例是根据创业教育培训目的和要求,以真实事件和较为典型的实例编写分析性材料,将一系列思考题提供给学生,要求学生联系所学知识,进行思考和分析讨论,提出可行的解决措施。适用于巩固和强化培训中所学的知识和技能训练,开展学生的决策能力、分析和解决问题能力的培训。其局限性在于案例选择不好,学生会认为虚假,无实用性,案例分析需要较多的时间。常用的有两种做法:一是由学生独立分析,再以书面作业完成的分散方式,这种方式可以培养独立分析问题的能力;二是采用先分小组讨论,后在课堂上全班讨论的集中方式,这种方式有利于培养团队合作、集思广益的能力。之所以采用不同的方式是针对创业中既有个人创业,也有合伙创业等不同的形式。案例分析的重点是引导学生掌握正确的分析思路和对关键点的多视角观察。案例分析的要求是言之有理,析之有据,符合逻辑,没有常识性的错误。分析一定要依据相应的理论,有大量的实际,还要有客观收集的数据,要有事实,以事实为依据。

进行创业案例分析,不仅可以分析成功案例,也要分析失败案例,目的是让学生从经验中学习,将经验和教训上升到理性。同时,可以考虑让企业界人士参与教学。例如,邀请企业界人士跟学生们座谈,给学生们开讲座。通过他们的创业过程报告形成一种鲜活的案例分析,这样更能提高学生的兴趣,增强对创业的分析能力,而实际调查也证明这是最受学生欢迎的方式。

5. 多媒体互动法

多媒体互动法就是利用现代视听设备（如投影仪、录像机、电视、电影、幻灯、计算机等）和教材（动画、图表、展板、模型和影像）对学生进行培训的一种方法。由于视听法培训是利用人体的五种感觉（视觉、听觉、嗅觉、味觉、触觉）去体会的一种方法，要求播放前说明培训的目的，选择合适的视听教材，以播映内容来发表个人的感想来讨论，最好能边看边讨论，以增加理解，讨论后再由教师做重点总结。同时视听教材可反复使用，并且根据各个培训对象的区别，充分吸收学生反馈意见，调整、修改培训教材，从而更好地适应培训对象的不同层次需求。但易受视听设备和场地的限制，费用较高，在培训中常作为辅助手段。优点是直观性强、形象、生动、有利于记忆，但教育培训准备、教材开发时间长，费用较高。

6. 问题教学法

问题教学法以解决问题为核心，贯穿整个教学过程，符合认知规律。教学从问题的提出到类似问题的设定，旨在激发学生的积极思考。诸如"在现实创业中如何有效进行商业和公关交流？如何激发个人和团队的创新潜能？如何有效利用各种资源并制订商业计划？"等问题，不仅巩固基础知识，还突破了教材的难点和重点。这种教学方法突出了学生的主体作用，教师在引导学习过程中发挥重要作用，调动了学生的积极性。学生不仅可以独立思考，还可以分组讨论甚至辩论。问题教学法培养了学生分析和判断创业问题的能力，增强了他们的合作与竞争意识和能力。

7. 技能竞赛法

技能竞赛法通过参加全国大学生创业技能大赛和商业计划大赛等比赛，强化学生的创业基本理论、知识和技能。学生在竞赛中不仅提升了理论水平和技术操作水平，还可以结合课程进程，模拟企业的管理循环，涵盖从制订企业规范与计划、组织实施专题活动到控制与总结等多个环节。这种教学方法的优势在于帮助学生在实际、紧迫的情境中学习和应用创业所需的技巧和基本技能。通过完整的模拟过程，学生能够更深入地体验企业初创阶段的实际管理过程，培养其在创业中的实际操作能力和决策能力。

8. 岗位辅导法

岗位辅导法通过设立一个虚拟的创业企业，教师根据不同的岗位设置进行专门的辅导和职业引导。通过建立企业管理层级结构，由公司管理层向下级主管人员提供辅导，着重培养学生从管理学的基本原理出发，提升他们的问题认识、分析能力和解决问题的实际能力。此外,还培训学生在处理人员、财务、物资、时间和信息等方面的管理技能,特别注重在创业初期培养学生的自信心和独立工作能力。教师对上层管理人员的培训可以聘请成功创业的企业管理人员,采用传帮带的方式,有计划地安排学生轮流到虚拟企业中工作,观察创业者的行为,进一步了解成功创业所需的条件和成功创业者的特质,从而体会成功创业的要素。

9. 网络仿真法

网络仿真法是一种利用电子化学习(E-Learning)环境进行的新型学习方式,随着多媒体技术和网络技术的普及而兴起。该方法通过将培训材料如文字、图片、影音文件等放置在网络上,使学生能够在网络环境中随时接受培训,并自主控制学习进度。学习内容丰富多样,有利于批量培训和个性化学习方式的提供,同时确保了培训质量和课程标准。网络仿真法利用专门开发的创业仿真软件,教师参与指导,学生组成模拟企业或团队,在模拟中体验创业的各个环节。学生们借助现代管理学的知识和技术,参与团队分工、战略规划、市场研究、生产计划、研发投入、销售管理、市场拓展、报表分析等决策,模拟真实企业运营中的各种情境。通过对问题和运营结果的分析与评估,学生们深入体会和掌握企业管理中的各种知识与技能,从而提升他们的综合管理能力和问题分析解决能力。

10. 沙盘演习法

沙盘演习法通过立体、直观地模拟企业资金流、物流、信息流和事务流的运作过程,来展现企业全景图或创业过程的浓缩版。在这种教学方法中,师生共同选择案例中的关键环节,并编写脚本,组织学生进行排练与演出。演出过程通常分为两部分:一是展示管理关系和矛盾,即情景的再现;二是角色扮演者实时处理问题的现场演示。演出结束后,全班同学参与评议,分析每位扮演者的表现是否得当,并提出相关建议。沙盘演习法提供了一个有价值的仿真环境,具有极强的直观性和趣味性,显著增加了学生的主体参与度。通过这种方法,学生不仅加深了对理论知识的理解与掌握,还能够动态地分析不断变化和发展的管理问题。这种教学方法对于培养学生的创业意识和实际管理技能具有重要作用,有效地将理论知识与实践操作结合,为学生提供了一个贴近实际的学习体验。

第三节 创业实践教育

在推进创业知识教育的同时,高等教育阶段的创业实践教育也不能忽视,两者必须相辅相成。这可以通过以下几种方式来实现:高校可以自主或与公司合作设立创业基金,支持学生创业项目的启动和发展;建立创业基地,提供创业团队办公和资源支持的场所;举办创业计划大赛,通过项目招标方式选拔并支持优秀的创业项目;组建创业团队,让学生在实践中学习团队合作和项目管理;开办创业企业,让学生亲身体验创业过程和企业运营的实际情况。这些活动以创业企业的运营实践效果作为衡量标准,评选出优秀的创业者和创业团队,从而促进学生创业理念、创业知识与创业实践的有机结合。通过这种综合性的创业教育模式,学生不仅能够学习理论知识,还能在实践中锻炼解决问题的能力,培养创新思维和创业精神,为未来的创业道路奠定坚实基础。

创业实践教育的主要节点以及流程可见图7-1。

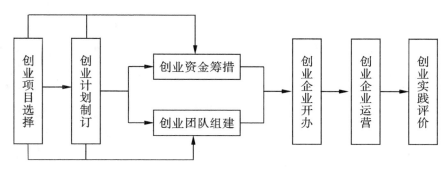

图7-1 创业实践教育流程

指导教师应全程参与上述流程,并在不同的节点给学生以关键指导。

一、创业项目选择

项目选择实际上是基于对项目进行评估的基础上进行的。指导教师必须向学生介绍评估的内容和方法。一般来说,评估的内容主要包括以下几个方面:①项目的必要性、实施性、可行性和市场前景;②项目建设条件,如原材料、动力和废物处理等;③技术路线与方案的先进性、可靠性和经济性;④经济效益和社会效益。

评估的方法通常包括：①多指标综合评价方法，如综合评分法、视图法、约束法、优先级法和两两比较法；②指数法和经济分析法，如指数法、成本效益分析、投入产出分析和价值工程；③运筹学方法，包括数学规划（如线性规划、动态规划）、数据包络分析（DEA方法）和排队论；④数理统计法，涵盖多元统计分析（如聚类分析、主成分分析）和回归分析；⑤模糊评价方法，如模糊综合评判、模糊聚类、模糊AHP和模糊距离模型；⑥基于计算机技术的评估方法，包括人工神经网络、专家系统、计算机仿真、系统动力学和决策支持系统；⑦基于规则的评估方法，这种方法正在科技评估实践中逐步建立，虽然尚不完备，但在具体科技评估项目中已显示出有效性和应用前景。

作为创业教育的主体实践，学生根据项目的类型和特点，经过教师的知识传授后，独立进行评估。在指导教师对学生的评估报告提出质疑、建议和认可后，学生自主地选择项目。

二、创业计划制订

创业计划大都以创业计划书的形式出现。它通常的文本形式和主要内容包括：①计划摘要，简要介绍创业项目、市场概貌、营销策略、生产管理计划、管理者及其组织、财务计划与资金需求状况等；②项目（产品或服务）介绍，主要有项目特性、功能和水平、市场竞争力、研发过程、品牌和专利情况、成本分析、市场前景预测等；③人员及组织结构，介绍主要研发和管理人员的经历、能力、角色和职责等；④市场预测，主要包括该产品的市场现状综述、竞争厂商概况、目标顾客和目标市场、本产品的市场地位、市场细分和各自特征等；⑤营销策略，包括市场机会和营销渠道的选择、营销队伍和管理、促销计划和广告策略、价格决策等；⑥生产制造计划，包括产品制造的主要流程和技术水平、设备装备状况及产能分析、新产品投产计划、技术提升规划、质量控制（检验测试验手段）和质量改进计划等；⑦财务规划，包括创业计划书的条件假设、预计的资产负债表、预计的损益表、现金支出分析、资金的来源和使用等；⑧风险分析，列出可能的风险因素，估计其严重性以及发生的概率，提出解决方法；⑨结论，指出整个创业计划的重点和优势所在，强调投资方案可预期的远大市场前景，以及对于投资者可能产生的显著回报。⑩证明资料，常见的有能够证实前述各项计划的资料、制造流程与技术方面的资料和各类佐证资料。

创业计划书主要有三种重要功能：吸引投资者注意、满足投资评估需求，以及展示企业定位与创新经营方案。这三种功能是逐步展开的过程。

（1）吸引投资者注意。创业计划书首先通过展示创业团队的优势背景、产品特性、预期市场规模和占有率、核心竞争优势以及创新经营模式等内容,吸引投资者的注意和兴趣。这种功能是向外界筹资沟通的关键步骤,因为投资者通常需要先被吸引,才会进一步进行投资评估。

(2)满足投资评估需求。一旦投资者对项目产生兴趣,创业计划书接着提供更详细的内容,如项目的竞争优势、目标市场和经营策略,以及对市场环境变化的假设和预测。此外,还包括详细的财务计划和投资回报分析,以便投资者进行全面的评估和决策。

(3)展示企业定位与创新经营方案。具体包括发展创新经营模式所需的核心资源,如人力、技术和财务能力,以及有效执行的制度和管理能力。规划能够创造利润的营运策略,包括产品组合、市场营销策略、生产计划、供应链管理和 IT 技术应用等方面的策略。对创业过程中可能遇到的各种风险情况进行分析,包括市场需求波动、竞争对手的行动、产业技术变化等,并提出应对策略和措施。

为避免三种功能相互遮蔽,可以将创业计划书分为三份,分别突出展示吸引投资者注意、满足投资评估需求以及展示企业定位与创新经营方案的内容。吸引投资者注意的部分需要简洁而鲜明,通常称为"电梯演讲"(Elevator Pitch)。重点是通过简短而有力的描述,引起投资者的兴趣和关注,突出创业项目的核心优势和市场潜力。满足投资评估需求的部分需要提供大量可验证的客观数据和信息,包括市场调研数据、竞争分析、财务预测、投资回报率等详细信息,以支持投资者对项目的深入评估和决策。展示企业定位与创新经营设计方案的部分需要具体展现企业的竞争优势,明确指出目标市场定位及其在市场中的位置。强调经营者对利润创造的愿景,并提供实际支持计划和策略,如产品组合策略、市场营销计划、供应链管理等。尽管创业计划书主要集中在利润增长方面,但投资者和合作伙伴更关注未在计划书中明确反映出的隐性风险,如道德风险和危机事件等。因此,指导教师在对学生的创业计划进行指导和评估时,需要特别关注风险预测与规避的能力。通过有效的风险管理策略,可以提高投资者对项目的信任和兴趣,确保创业计划的全面性和可持续性。

三、创业资金筹措与团队组建

这两个议题之间并无必然的逻辑关联,且在创业项目的选择和创业计划制订过程中,资金筹措已经发生,限制了创业项目的选择和创业计划的制订。它们被放在一起的原因是,创业项目选择和创业计划制订都是由创业团队决定的行为,预期可获得的资金也影响着这两者。

1. 创业资金筹措

创业融资是指创业者通过多种渠道和方式从学校或政府的创业基金、外部的其他组织(如银行、风险投资公司、企业等)、团队内部或借贷来筹集所需资金的活动。根据资金的归还性质,融资方式可分为债务性融资和权益性融资。债务性融资通过增加企业的负债,以偿还的方式获得外部资金,包括银行贷款、民间借贷和债券发行等方式。权益性融资则是通过出资者购买企业股份的方式提供资金,出资者与企业共同承担经营风险并分享经营收益。通过这种方式筹措的资金成为企业的自有资金,无须归还,但需要定期分红或派息。债务性融资的优势在于成本低廉,有助于扩展企业发展潜力,并且不会稀释现有股权,使创业者能保持对企业的控制权。然而,其缺点在于风险较高,必须在到期时偿还债务,若企业无法按时偿还,可能会面临债务危机甚至破产。权益性融资则避免了这一风险,因为其无须归还资金,但其筹资成本较高,且可能会导致股权稀释,从而失去对企业的控制权。指导教师旨在向学生介绍这两种融资方式的优缺点,并使他们认识到融资不仅是创业初期创业者面临的关键问题,而且贯穿企业各个发展阶段,每个阶段都有其特定的融资需求和形式。创业者的融资知识和能力将成为企业发展的关键因素,其融资能力的高低直接影响企业的发展空间。每一次成功的融资都推动企业迈向更高层次,而企业每一次飞跃式的发展都离不开成功的融资支持。

指导教师在教育学生关于融资的重要性时,确实需要引导他们接受融资能力是企业价值体现的观点。以下是关于融资的一些重要观点和建议,以及如何帮助学生克服与融资相关的心理障碍。

(1)理解融资与企业价值的关系。融资能力是企业发展和扩张的重要保障。通过适度的负债,企业可以利用外部资金来扩大规模、进行市场竞争、推动技术创新和产品开发,从而增强企业的市场地位和竞争力。高效的融资管理可以提升企业的价值,因为它展示了企业在资本市场上的信用和可持续性,增强了投资者和合作伙伴的信心。

(2)消除心理恐惧。创业者常常面对融资过程中的不确定性和风险,因此可能会有心理上的恐惧感。指导教师可以通过教育和案例分析,帮助学生理解融资的必要性和过程,减少他们对融资的恐惧感。强调融资的合理性和必要性,并让学生了解融资是企业发展的一部分,而不是简单的负担或风险。

(3)规避融资风险的原则。指导学生了解融资的基本原则,包括适度、合理的负债率、成本节约、时机选择和依法筹资。这些原则可以帮助学生在面对融资决策时更加理性和谨慎。强调风险管理的重要性,包括资金用途规划、资金来源的多样化、合理的财务结构和对不同融资方式的理解。

2. 创业团队组建

创业团队根据其原发性构成可分为两大类:一种是核心主导型的创业团队。这类团队的组成通常始于某人构思创业点子或发现商业机会,随后开始招募必要的团队成员。核心主导型团队由核心创始人筛选团队成员,需要考虑到项目所需的成员个性、能力、技术及未来的角色分配,这种方式在一定时期内保证了团队成员的匹配度,不会因公司成长和规模扩展而降低,从而保障了创业的有效性。另一种是群体型的创业团队。这类团队的形成更多源于成员之间的友谊和共同兴趣,彼此一起探讨创业创意和商业机会,达成共识后共同采取行动。然而,群体型团队由于成员间同质性较高,团队内部更强调多年积累的人际关系,通常无法适应从兴趣共同体向利益共同体的转变,也难以满足创业运营中对多样化人才的需求。

就中国创业团队类型而言,由于其特有的文化特征和长期形成的行为方式,群体型团队数量远远超过核心主导型团队。因此,在指导学生初次组建创业团队时,教师必须提醒他们并加以警示。

成功的创业团队通常由多种角色组合而成,包括主导者、合作者、执行者、想象者、批判者、协调者和监控者。

主导者扮演团队的领导角色,负责制订创业方向、提出项目构想、制订规划并组建团队。他们通常担任董事长一职。与主导者紧密配合的是塑造者,后者以实现前者的创业目标为己任,通过制订计划、设计流程和分配任务来建立团队的整体结构。在一些情况下,塑造者还会兼任协调者的角色,担任总经理一职。

合作者则是根据创业项目的需求,选择与团队合作的技术、资金、推广及经营伙伴。他们可能同时兼具其他角色,如部门经理或股东。

执行者通常与合作者的职能重叠,负责实施塑造者下达的任务,以达成创业目标的各个阶段。

想象者、批判者、协调者和监控者并非独立的职位角色,而是团队成员的特定性格特征。他们在团队中扮演多重角色,既可能兼任合作者或执行者的职能,同时又从理想主义、批判态度、冲突解决以及风险管理等方面对企业的运作和发展产生影响。尽管他们的作用力分散,但彼此之间是互补的,这种离散性倾向可以通过主导者和塑造者的个人魅力、果断决策和前瞻性分析等主导力量进行整合和协调,形成一个功能多样、互相补充、正面影响叠加的"团队集成"。

在指导大学生创业者时,教师通过案例分析和启示,帮助学生认识到,个人的英雄主义在创业中是短视的观念,而依靠友谊和情感作为纽带的集体是脆弱的。创业团队成员的匹配性是创业成功的基本前提。

此外,教师还需说明,创业是一个动态的过程,随着时间推移、规模扩展、项目变更和行业变革,创业团队会经历不断的变化和更新。无法适应这些变化的创始人或奠基者可能会被淘汰,这是创业发展的内在要求和正常现象。因此,与企业共同"前进"的根本途径是团队不断自我更新和超越,与时俱进。

四、创业企业开办

创业者在组成创业团队、撰写创业企业的创业计划书并筹集创业所必需资金的同时,就应该着手企业开办事宜,其流程见图7-2。

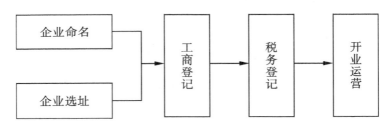

图7-2 创业企业的开办流程

指导教师应开办专题性讲座,启发学生思考命名创业企业的艺术、经营场所选择的成本因素与环境效应、装修的实用性与艺术性、工商和税务登记的法律规定等。

1.企业命名的基本原则或技巧

指导教师应深入引导学生认识到,企业命名不仅是战略选择,更是一项重要的品牌建设工作。一个好的企业名称应该具备六个特点:一是"简",简洁明快,容易让公众记住和传播,这有助于提升品牌的知名度和认知度。二是"准",名称要与企业的市场定位、主营商品或服务、经营理念和目标相一致。一个准确的企业名称可以帮助塑造企业的形象和信誉,增强消费者对品牌的信任感。三是"独",企业名称应具备独特性,避免与已有品牌雷同,这有助于区分竞争对手,形成自己独特的市场定位和竞争优势。四是"新",名称要具有新鲜感和创新性,能够吸引目标消费者的注意并传达出企业的创新精神和前瞻性。五是"高",名称应具备气魄和远见,考虑到企业未来的发展方向和战略目标,有助于企业在市场竞争中占据领先位置。六是"亮",名称要响亮易口,能够引起共鸣,增强品牌的影响力和号召力。

教师还需强调,企业名称不仅仅是一些字母或文字的组合,它是企业文化和品牌形象的象征,是随着企业发展而升值的重要无形资产。因此,选择一个合适的企业名称是一项需要慎重对待的战略决策,中途改名往往会导致重大的市场混淆和品牌形象损失,甚至可能影响企业的长远发展和市场地位。

2. 企业的选址

经营场所的选择是一种战略性决策和长期投资,直接影响未来的经济效益和发展前景。连锁经营中不同分店由于店址的不同而导致的绩效差异是显而易见的。然而,由于各个创业项目、行业进入、经营方式以及目标市场等因素的差异,选址并无固定法则,但最基本的原则是要综合考虑"实力""地理位置"的优势和"人员配合"的因素。

选址既是企业的战略选择,又是现实中的决策,具有复杂的特征。由于选址涉及直接和间接、显性和隐性等多种因素,因此经验、技术和技巧在选址决策中都非常重要。选址在很大程度上决定了企业开展业务的成功与否,因此指导教师应当直接参与学生对经营场所的选择过程。

3. 二商与税务登记

工商登记是指在创业企业具备开办必要条件后,向工商行政管理机关申请登记注册,取得合法经营资格,并接受工商行政管理机关的监督和保护。领取营业执照后,企业成为法定纳税人,必须按规定时间办理税务登记。这两个程序都具有强制性,其办理过程中涉及多个规范性文本。

为了帮助学生理解这些程序,指导教师可以提供相关样本文件,并在技术性讲解的基础上进行教育,强调企业必须依法开展经营活动和纳税义务。这种教育不仅有助于学生理解法律规定,还能培养他们遵守法律、规范经营的意识,为将来创业或参与企业管理提供基础性的法律素养和实践经验。

4. 开业运营

开业对大学生创业者而言,标志着他们走出校园进入市场的第一步,是从理论到实践的重要转折点,具有深远的人生转型和生活方式转变的意义和价值。创业者的内心充满了光荣与梦想、激动与挑战、成就与压力、自信与怀疑。针对学生这种心理和行为的转变,指导教师应主要从以下三个方面进行指导。

第一,要确立稳健型发展意识和正规管理模式。学生需要意识到,这种稳健型发展意识和正规化管理模式应贯穿于企业成长的始终。尽管初创的小型企业资源有限、经营相对简单,依靠个人的管理可能看似最方便和有效,但正规化的管理是确保任何企业健康发展的必要条件。

第二,需要在社会中寻求全方位的支持。对于初创企业来说,资源薄弱,很难抵抗同行的竞争和压力。因此,学生应积极寻求政府部门、行业非政府组织、金融机构以及亲友关系等方面的道德和行动支持。

第三,要采取灵活的市场应对策略,逐步建立核心优势。一个企业的核心优势是其竞争力的初步体现,也是其存在价值的重要体现。在初创企业的运营过程中,学生应通过逐步建立点状的核心优势来实施市场应对策略。

五、创业企业运营

企业,作为一个由人、财、物相互关联所组成的具有强烈有机性的社会组织,像其他的社会组织一样,都有一个从初创到兴盛再到衰败的生命周期。按照美国学者查伊可·艾迪斯的观点,企业生命周期一般可分为开创期、成熟期、稳定期和挫折期,对这些时期进行再次细分,又可分为孕育期、婴儿期、学步期、青春期、盛年期、稳定期、贵族期、官僚化早期、官僚期到死亡。其中的婴儿期、学步期、青春期属于危险期,因为都可能会因创业的不当而导致夭折。(见图7-3)

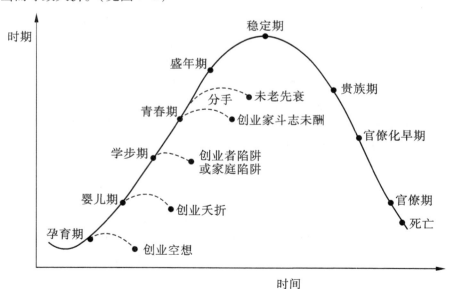

图7-3 创业企业的生命周期

(资料来源:[美]伊查克·爱迪思. 企业生命周期. 中国社会科学出版社,1997.)

在创业企业开办以后,教师对学生的指导着力点应在防范夭折方面。

1.婴儿期的夭折防范

婴儿期的企业表现出创业者的独断独行,决策高度集中,很少授权给其他人权力或责任。创业团队通常缺乏科学决策的程序,而是依靠创业者的直觉和经验。资金方面则主要依赖预算来确保资金流的稳定和安全性。在这一阶段,常见的误区包括:首先,设定过高的成功目标,同时低估了资金需求;其次,面对市场竞争、同行竞争或家庭压力,创业团队成员容易陷入推诿或放弃承诺的行为取向。指导教师应不断提醒学生,在严格监控应收账款周转率和存货周转率的同时,特别注意获得公众和家庭的理解与支持。这种支持可以在企业初期帮助稳定情绪和资源,有助于创业团队克服挑战,有效推动企业进入下一个发展阶段。

2.学步期的夭折防范

在这个阶段,企业已经基本解决了现金流不足的问题,展现出日益显著的成效,这使得创业团队备感自豪,并有机会做出迅速反应,呈现出“四面出击”的感性冲动。然而,创业者并非左右环境的主宰,而是受环境所制约;并非创造和掌控机会,而是受机会所驱使。他们在企业发展方面缺乏统一的规划和执行方案,决策和管理往往采取“一事一议”“非正规沟通”的方式,陷入直觉型的感性管理和家族式管理的困境。针对这一情况,指导教师应当引导他们制定以规划为引导的企业发展战略,建立以授权与分权为主线的科学管理模式。这包括将决策层与执行层分离,设计清晰的决策程序,规范会议规则,确保决策层“做正确的事”,执行层“正确地做事”。这样的指导将帮助创业团队避免感性管理和家族式管理的陷阱,提升企业的管理效率和决策质量,为持续健康的发展奠定基础。

3.青春期的夭折防范

处于青春期的企业经历迅速的业务扩展,超出了创业团队个人能力的范围,因此需要引入职业管理人员来改变原有的管理风格。这些管理人员将制定全面的激励、考评和薪酬制度,重新规定各种权责关系。这个过程通常会触及企业中已有的权力结构和既得利益,因而企业进入了矛盾和纷争的阶段。针对这一情况,教师应加强对企业文化设计的指导,让创业者认识到,企业的宗旨与使命至关重要,并应高于个人利益。企业健康的可持续发展是最重要的目标,而企业的价值观应内化为个人的价值观。企业在弱化创业者个人影响的过程中发展壮大,符合企业发展的一般规律,也标志着企业步入成熟阶段。至于企业的盛年期、稳定期、贵族期和官僚期,通常是由职业经理人来运作,这些阶段的企业运营特征相对稳定,本书不再进一步探讨和分析。

4. 面对夭折的退出

无论是个人创业者还是创业团队,他们退出企业或者企业退出市场,在竞争激烈的环境中都是正常现象,尤其集中在企业的婴儿期、学步期和青春期。对创业者而言,这种退出具有双重作用。首先,它证明了当前阶段的能力不足以应对企业持续发展的挑战。其次,退出也是一个新的机遇,让创业者能够摆脱不适合自己的领域或岗位,有机会投入更适合自己的新发展空间中。

在这个阶段,一方面指导教师的主要作用是在心理上给予学生指导,帮助他们以开放豁达的心态、辩证的视角和积极的态度面对人生的这一转折点,并协助他们选择新的目标以备启航。另一方面,教师还应协助学生选择合适的退出方式,以确保他们在退出过程中最大化地保全利益。常见的创业团队退出方式包括公开上市,这是最理想的退出方式,让创业者在继续持股获利的同时,可以开展新的事业;将控股权转让给新的投资者;企业清盘,以协议价格出售企业资产。此时,原先的创业方舟已经完成使命。学校、教师和社会都期待着创业者的下一个冒险和新的探索。

六、创业实践评价

创业实践评价是贯穿于整个创业过程的重要组成部分。评价的主体可以是创业者自身,也可以是指导教师或专家团队。创业者在每一个微观行为的步骤中已经本能地进行自我评价。而现在我们要讨论的是指导教师或专家团队在创业过程的关键节点上进行的评价。指导教师或专家团队的评价主要集中在创业过程的重要阶段,这些阶段包括但不限于企划阶段、市场验证阶段、产品开发阶段、运营启动阶段以及后续成长阶段。他们通过对企业计划的合理性、市场反馈的有效性、产品或服务的创新性和市场竞争力、运营执行的效率和效果等方面进行评估和反馈。这些评价不仅帮助创业者识别和解决问题,优化策略和行动计划,还能为创业者提供新的视角和思路。通过专业的评估,创业者可以更好地调整方向、提升能力,最终实现创业目标并持续发展。本着简明性表述的原则,先将评价的层次结构制成模型,如图7-4。现对层次结构评价模型六大板块中的13项评价进行简要的定性阐述。

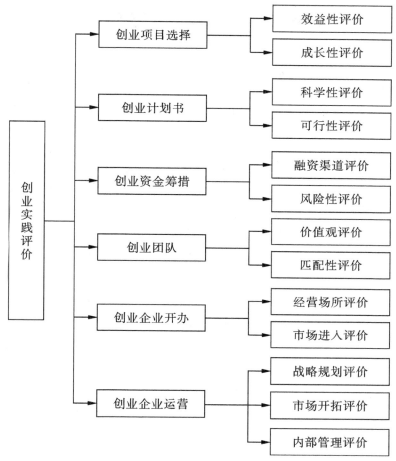

图 7-4　创业企业评价层次结构模型

1. 创业项目选择的评价

效益性评价涵盖了经济效益和社会效益两大方面。经济效益主要考虑技术成熟度、投入产出比和市场供需关系。社会效益则关注技术的领先性、推广潜力、创造的就业机会以及对环境的影响等。特别是在评估环境影响时,不仅要关注直接影响,还要考虑潜在的不可逆转的影响,必须坚决采取零容忍的态度。在成长性评价方面,重点评估项目的可升级性、可扩展性、在同行业的适用性以及跨行业的可迁移性。这些评估对未来项目实施产业化具有重要意义。综上所述,效益性评价和成长性评价是评估创新项目成功潜力和持续发展能力的关键工具。通过全面评估经济和社会效益,以及项目的技术性和市场性,可以为决策者提供科学依据,确保项目在实施过程中能够使效益最大化,并在长期内保持可持续发展。

2. 创业计划书的评价

科学性评价主要从计划书中所列出的技术路线、设备要求、原料要求、工艺流程的技术指标,以及产品的性能指标等方面进行。这些评价侧重于项目是否符合现有技术标准,技术路线是否清晰明确,所需设备和原料是否具备可获得性,工艺流程是否合理高效,产品是否能够达到预期的性能要求。可行性评价则主要从项目生产的技术力量、项目产业化的前景、市场推广的策略,以及产品的质量保障和售后服务的可实现性方面进行。这些评价考察项目的实施是否具备必要的技术实力和人才支持,项目的市场前景是否广阔,市场推广计划是否可行有效,以及产品生产过程中质量控制和售后服务是否能够保障客户满意度和长期稳定性。

3. 创业资金筹措的评价

对融资渠道进行评价时,主要可以从资金来源的便捷性、可靠性、稳定性和可替代性几个方面来考量。便捷性指的是获取资金的难易程度,可靠性则关注资金来源的信誉和承诺能力,稳定性考量资金来源是否长期可靠且不易受外部环境波动影响,而可替代性则关注是否存在其他替代的融资途径或策略。

在风险性评价方面,需要特别关注几个重要因素。①有形成本:包括融资的利率水平、是否需要提供资产抵押或股权比例,以及可能涉及的收益分成等。②无形成本:涉及融资过程中的时间成本、人际关系成本等,这些成本虽然难以量化但对实际操作具有重要影响。③偿还周期与偿还能力:评估偿还融资所需的时间周期和企业的偿还能力,这涉及企业未来收入的可预见性和持续性。

4. 创业团队的评价

价值观的评价主要考察团队领导者的人生观、义利观,以及其人格魅力对团队的影响力。评价过程中需要特别关注创业动机,是出于兴趣、才能发挥、事业追求和社会责任,还是为了个人财富增长和集聚。团队成员的价值观应该有一定程度的一致性,以确保团队在企业发展的重大决策和关键阶段能够保持团结。如果价值观存在显著分歧,团队可能在关键时刻解体。

匹配性评价不仅要考察团队成员的专业背景和生活经历是否满足创业项目开发和企业运营的基本需求,还要关注他们个性特征的互补性、生活兴趣的协调性以及年龄结构的差异性。这些非工作因素常常影响团队的工作关系,可能优化或恶化团队的合作效果。

5.创业企业开办的评价

经营场所的评价主要包括:①场地的初始成本与变动成本。评估租赁或购买场地的初始费用以及后续的运营成本,包括租金、维护费用、装修和设备投资等。②对顾客的便利性。考察场所是否便于顾客到达,交通是否便利,停车是否方便,以及场所的可访问性。③周边环境的适宜性。评估周边环境的安全性、卫生状况、社区氛围等,这些因素对顾客体验和企业形象有重要影响。④市场的集聚性与辐射性。分析场所周围是否有相关的商业集聚区域或竞争对手,以及场所对市场的辐射能力,即能否吸引更广泛的顾客群体。

市场进入评价主要包括:①开业策划水平与顾客反应。评估开业前的市场策划和宣传效果,以及顾客对开业活动和产品服务的反应。②开业后的市场反响。分析开业后市场的接受程度和消费者的反馈,以及市场销售数据和业绩指标的表现。③客户拓展的速度与客户满意度。考察企业在开业初期吸引新客户的速度,以及客户对产品和服务的整体满意度。

6.创业企业运营的评价

创业企业在起步阶段通常采用项目引导型的发展模式。由于受项目的短周期性、可选择性和可替代性等因素影响,企业必须适时将起步阶段的项目引导策略转变为规划引导型的发展战略。对战略规划的评价主要关注以下几个方面:规划的前瞻性、行业分析的科学性、产业发展的时代性、主导项目的选择与市场定位、辅助项目的选择与市场定位、人力资源规划、融资规划以及企业组织形式与激励机制的设计等。

对市场开拓的评价则主要从市场认可速度与程度、市场份额增长率、与同类产品的竞争优势(成本、价格、性能等)、企业形象与产品宣传的力度与协调性、营销策略与促销手段的创新性等方面进行。

内部管理的评价则侧重于企业的产权结构是否有利于现代企业制度建立、组织形式的简洁性、职能部门权力边界的明晰性、运行机制是否有利于员工主体性和创造性发挥、企业团队精神的积极性、以及学习型组织的形成等方面。

评价是一个复杂的系统工程,涉及多主体、多学科和多方法的综合运用。评价的价值在于引导与培养。评价过程实质上是指导学生进行自我优化和自我纠错的过程,促使他们不断进行自我创新与提升。指导教师需要清醒地认识到评价的重要性,不应过度强调因主体和方法的差异而导致的不完善性修补,而是应该关注其引导和教育作用。

本章小结

在本章中,我们详细探讨了高校创业教育课程设置和实践体系。通过借鉴美国大学的创业教育经验,如斯坦福大学和百森商学院,分析了其课程体系的结构、核心课程及其在创业教育中的作用。这些课程不仅涵盖了创业理论、企业创建和管理,还包括融资渠道和企业成长等关键环节,强调了实践操作的重要性。

我们进一步探讨了我国高校创业教育的现状和问题,指出了目前课程设置的零散性和实践活动的浅层次,强调了系统化、科学化课程体系建设的重要性。基于对中美高校创业教育的比较分析,我们提出了适合我国国情的创业教育课程设置方案,建议在公共必修课、选修课以及专业课程中系统地融入创业教育内容,培养学生的创业意识和综合能力。

最后,我们提出了渗透性、普及性、重点性和专业性的创业教育模式,旨在通过全面而有针对性的课程设计,为不同背景和需求的学生提供多样化的创业教育路径,推动我国高校创业教育的深入发展和实际效果的提升。

第八章 | 高校众创空间精准育人战略

第一节　众创空间

一、众创空间概述

(一) 众创空间提出的背景

2014 年 9 月,时任国务院总理李克强在夏季达沃斯论坛的开幕词中,提出了掀起"大众创业""草根创业"的新浪潮,旨在形成"人人创新""万众创新"的新局面。

2015 年 1 月 4 日,时任国务院总理李克强访问深圳柴火创客空间,赞扬年轻的创客们能够充分对接市场需求,发挥无限创意。政府对创客运动给予了支持和鼓励,使得"创客"和"创客空间"受到了极大的激励,成为"大众创业、万众创新"的重要力量。

2015 年 1 月 28 日,时任国务院总理李克强主持召开国务院常务会议,研究确定了支持发展众创空间、推进大众创新创业的政策措施。此次会议中,首次提及了"众创空间"。随后,科技部在同年 2 月发布文件指出,要以构建"众创空间"为核心载体,有效整合资源,落实政策,成为新常态下经济发展的新引擎。

2015 年 3 月,时任国务院总理李克强在两会的政府工作报告中多次强调"大众创业、万众创新"的重要性,并将其视为中国经济转型和保增长的"双引擎"之一。这显示出政府对创业创新的高度重视,以及创业创新对中国经济发展的关键意义。

2015 年 5 月,时任国务院总理李克强到北京中关村创业街考察调研,这让聚集在创业街上的各个"众创空间"兴奋不已。这次调研不仅鼓舞了众多创业人群,还显示了中国政府对"大众创业、万众创新"战略的重视。自 2015

年起,中国政府多次在两会政府工作报告中提及"创业",并明确表态将推动"大众创业、万众创新"成为经济发展的新常态。

具体到政策实施层面,国务院办公厅于 2015 年 3 月 11 日发布了《关于发展众创空间推进大众创新创业的指导意见》,标志着国家首次在全国范围内部署"众创空间"平台,以支持广大群众的创新创业活动。这一文件明确了到 2020 年的目标,即建立一批能有效满足大众创新创业需求、提供专业化服务、成本低廉、便捷开放的众创空间和其他新型创业服务平台。这些举措不仅为创业者提供了更多支持和资源,还促进了创新和经济发展的结合。这表明中国政府在积极推动创业创新政策方面取得了显著进展,将继续鼓励和支持更多人投身创新创业的行列。

（二）众创空间的定义

众创空间的发展是为了应对现代创新创业的新需求和挑战,它不仅提供了物理空间和基础设施,更重要的是构建了一个多元化、开放式的创业生态系统。在这些空间内,创业者可以借助先进的科技设施和专业的服务,开展创新实验、产品开发和市场推广等活动,从而加速创意的孵化和商业化进程。

除了基础设施外,众创空间还注重社交互动和资源共享。创业者可以在这里与来自不同行业背景的同行交流经验,互相启发,形成创新的思维碰撞。这种开放的环境不仅促进了创新的发生,还有助于解决创业过程中的各种问题,如市场定位、技术应用和商业模式设计等。

另外,众创空间还扮演着教育和培训的角色,为创业者提供系统化的创业课程和培训,帮助他们掌握创业的基本知识和技能。此外,通过与投资机构、大学研究院所和政府部门的合作,众创空间还能为创业者提供投融资对接服务、法律咨询、知识产权保护等专业支持,帮助他们在创业过程中更加稳健和有序地发展。

总之,众创空间不仅仅是一个创业者的工作场所,更是一个融合了创新、合作和支持的全方位生态系统,为大众创业、万众创新提供了重要的平台和支持。随着创新创业的持续推进,众创空间在促进经济发展和社会进步中的作用将愈加重要。

2016 年 4 月,科技部等九部门联合发布《关于加快建设众创空间服务实体经济转型升级的指导意见》,该文件提出要通过发展众创空间推动实体经济的转型升级,并明确了一系列支持措施,包括财政支持、税收优惠、融资支持等。这些指导意见是大众创业、万众创新增强发展新动能、促进社会就业、提高发展质量效益的重要途径,是实施创新驱动发展战略的重要支撑,国务院陆续出台了一系列重要支持政策和举措,为经济平稳较快发展发挥了关键作用。全国各地涌现出一批有亮点、有潜力、有特色的众创空间,已经成为大众创业万众创新的重要阵地和创新创业者的聚集地,呈现蓬勃发展的良好势头。为充分发挥各类创新主体的积极性和创造性,发挥科技创新的引领和驱动作用,紧密对接实体经济,有效支撑我国经济结构调整和产业转型升级,需要继续推动众创空间向纵深发展,在制造业、现代服务业等重点产业领域强化企业、科研机构和高校的协同创新,加快建设一批众创空间。

2017 年 12 月,国家发展改革委发布《关于促进开发区发展"创新创业特色小镇"的指导意见》,旨在推动开发区创新创业生态系统的建设,通过政策支持、资金投入等方式,打造创新创业的特色小镇。

（三）众创空间的特点

根据国务院《关于发展众创空间推进大众创新创业的指导意见》以及投中研究院的调研,众创空间应具备以下几个关键特点。

（1）开放与低成本。众创空间应对所有公众群体开放,采取部分服务免费或收费会员制度。这种开放和灵活的费用结构能够为创业者提供相对低成本的工作和成长环境。

（2）协同与互助。通过组织沙龙、训练营、培训和比赛等活动,促进创业者之间的交流和合作。共享的办公环境不仅促进了资源的共享,还能通过互帮互助和相互启发,实现协同进步的效果。

（3）结合。众创空间应将团队与人才结合、创新与创业结合,同时结合线上与线下的资源和服务。这种综合结合能够更好地支持创业者在不同阶段的需求和挑战。

（4）便利化。提供场地租赁、举办各类活动（如产品展示、路演等）,为创业者提供便利的平台和机会。此外,还可以支持初创企业在金融服务、工商注册、法律法务、政策申请等方面的需求,帮助其快速发展。

（5）全要素支持。提供创业活动所需的各类物质设备和基础设施,包括办公设备、实验室设施等,以支持创新创业项目的进行和发展。

这些特点不仅展示了众创空间作为创业生态系统中的关键角色,还凸显了其在促进创新创业、提升创业成功率和资源利用效率方面的重要作用。通过以上特点,众创空间能够有效地支持和推动大众创新创业的发展,成为创业者获取资源、实现理想和成长的重要平台。

（四）众创空间的作用和意义

众创空间的核心价值不仅仅在于提供办公场地，更在于其为创业者提供的多方面辅助创业创新的服务。这些空间通过各种形式和方式，为创业者提供各类基础服务，这些服务包括但不限于以下内容。

（1）培训辅导。提供针对创业者需求的专业培训课程和辅导，涵盖商业模式设计、市场营销策略、团队管理等方面，帮助创业者提升技能和知识水平。

（2）融资对接。协助创业者与投资者、风险投资机构对接，促进项目融资，包括天使投资、种子轮融资等多种形式。

（3）活动沙龙。组织各类创业活动、讲座、沙龙等社交性活动，提供交流合作的平台，促进创业者之间的互动和经验分享。

（4）财务法务顾问。提供财务管理、税务筹划、法律事务等专业咨询服务，帮助创业者解决法律合规和财务管理方面的问题。

一些创业服务机构还设立了天使投资或早期基金，为初创企业提供资金支持和投资机会。另外，他们也可能帮助创业者申请各类政策补贴，如科技创新补贴、税收优惠等，以及通过与第三方合作提供工商注册等基础服务。众创空间通过多样化的服务和资源整合，不仅为创业者提供了创业所需的物理和技术支持，更为他们的成长和发展提供了全面的支持和帮助，成为推动大众创业、万众创新的重要平台和生态系统。

二、众创空间在国外

在国外，没有直接对应中国"众创空间"这一术语的词，但有许多类似的概念和实体，其中最为知名的是创客空间（Maker Space）。创客空间是一个全新的组织形式和服务平台，旨在为创客提供开放的物理空间、原型加工设备以及组织相关的聚会和工作坊，从而促进知识分享、跨界协作以及创意的实现和产品化。

以下是一些常见的创客空间英文术语。

Maker Space：通用术语，指向创客们提供设施和资源来实现创意和项目的地方。

Hacker Space：指向社区中技术爱好者和创客聚集的场所，旨在通过共享技术和知识来推动创新。

Hack Space：是与 Hacker Space 类似的术语，用于描述提供类似服务的空间。

Hack lab：与 Hacker Space 类似，专注于技术和计算机科学的创客社区空间。

Creative Space：用于描述各种类型的创意和技术工作场所，与创客空间的概念有重叠。

全球著名的创客空间，如 c-base e. V.、Metalab、TechShop、FabLab 等，它们通过不同的形式和特点，为创客们提供支持和促进创新的平台。这些空间不仅仅提供了硬件设施和工具，还通过活动和社区建设来激发创意和合作。在中国，创客空间的概念和模式也得到了广泛的发展和应用，例如上海的新车间、北京创客空间、深圳柴火空间、杭州洋葱胶囊等，它们都在不同程度上采纳和发展了创客空间的理念和实践。

Regus 是一家全球领先的工作场所创新解决方案提供商，总部设在英国伦敦，成立于 1989 年，并在伦敦证券交易所上市。Regus 的服务宗旨是支持客户在任何工作场所需求上，以他们最有效的方式进行工作，并尽可能长久地享受工作。Regus 的产品主要包括商务办公室、商务会议室、商务贵宾室、虚拟办公室、视频通信、商务环球以及灾难恢复七大类。其客户群涵盖新创企业、居家办公企业、中小企业以及国际企业等各类企业。

WeWork 是一家总部位于美国的房地产公司，专注于办公场地租赁服务。该公司的盈利模式主要包括通过整批租赁写字楼获取差价，并以会员费及配套服务的形式收费，同时通过地价溢价和对初创公司的投资等隐性回报获取利润。WeWork 快速增长的会员数量及其整合线上线下资源的能力，显示出资本市场对其商业模式的充分认可和看好。这种成功也在中国引发了一波类似模式的效仿。

三、众创空间在中国

（一）众创空间在中国的发展现状

北京市依托丰富的科技创新创业资源，包括国家自主创新示范区、国家高新区、科技企业孵化器、高校和科研院所等，成为我国众创空间发展最为迅速的城市之一。2015 年 3 月 23 日，北京市科委首次对 11 家创业服务机构授予了"北京市众创空间"的称号，同时将中关村创业大街命名为"北京市众创空间集聚区"。这 11 家创业服务机构包括：北京创客空间、创客总部、东方嘉诚、科技寺、融创空间、极地国际创新中心、京西创业公社、DRC 创意梦工厂、北大创业孵化营、乐邦乐成、清华 x-lab。

随后，北京市科委于 2015 年 5 月 4 日再次授予了另外 14 家创业服务机构"北京市众创空间"的称号,包括 36 氪、亚杰汇、Binggo 咖啡、3W 咖啡、北京大学创业训练营、IC 咖啡、创业家、车库咖啡、天使汇、飞马旅、联想之星、硬创邦、虫洞之家、因果树。至此,北京市的"众创空间"数量达到了 25 家。为进一步促进北京地区创新创业生态系统的发展,北京众创空间联盟于 2015 年 5 月 7 日成立。该联盟在北京市科委的指导下,旨在建立众创空间资源共享平台和行业自律组织。首届成员大会汇集了来自近 60 家创业服务机构的成员,共同探讨推动北京地区创新创业模式发展的策略和理念。这些举措显示出北京市政府对支持和促进创新创业方面的重视,通过设立众创空间并建立联盟,为初创企业和创业者提供了丰富的资源和支持平台,推动了北京作为全国创新创业中心的发展。

在中国,除了北京,其他城市如上海、深圳、杭州、南京、武汉、苏州、成都等地也逐渐涌现出许多具有特色的众创空间。这些空间在促进创新创业方面发挥着重要作用,各自具备不同的特点和服务。上海的新车间是中国第一个创客空间,成立于 2010 年,致力于提供开放的创客环境和资源,推动各种创意的实现和产品化。柴火创客空间是深圳的一个创客社区,提供共享工作空间、设备和社区活动,以促进创新和技术交流。洋葱胶囊是杭州的一个创客空间,专注于提供开放的办公和创意空间,支持创业者和创客群体。南京也有多个创客空间,为当地创业者和创新者提供必要的物理设施和社区支持。

从孵化器和创客空间两种主要业态来看,在中国,科技企业孵化器发展较为成熟,各地设立了大量的孵化器机构,如中关村创业大街等。这些孵化器提供创业团队所需的办公空间、资源支持和融资机会,有助于新兴企业快速成长。相较之下,创客空间的数量和规模较小,但正逐步发展壮大。这些空间通过提供共享设施、技术支持和社区活动,促进了创新和技术交流,尤其受到技术爱好者和创客群体的青睐。

(二)众创空间在中国的模式

从业务模式和形态角度来看,目前我国的众创空间主要包括以下几种模式。

(1)活动聚合型。这类众创空间主要以举办创业活动和交流会议为主,促进创业者之间的互动和项目的展示。例如北京创客空间、上海新车间、深圳柴火空间和杭州洋葱胶囊等,它们通过不同形式的活动聚集创业者,推动创新和合作。

(2)培训辅导型。培训辅导型众创空间主要利用大学的教育资源和校友网络,为创业者提供理论与实践相结合的培训体系。典型例子包括清华x-lab、北大创业孵化营和亚杰会等,它们通过系统的培训课程和导师指导,帮助创业者提升创业技能和知识。

(3)媒体驱动型。这种类型的众创空间由媒体创办或得到媒体支持,通过强大的宣传和媒体资源,为创业者提供全方位的支持服务。例如36氪和创业家,它们不仅提供信息和宣传,还通过各类活动和资源整合帮助创业项目成长。

(4)投资驱动型。这类众创空间的核心在于资本的聚集和投资服务,吸引天使投资人和风险投资机构参与,为创业者提供融资支持和投资机会。例如车库咖啡、创新工场和天使汇,它们通过投资人的网络和资金渠道,帮助初创企业获得资金支持。

(5)地产思维型。由地产商开发的众创空间,类似于国际知名的WeWork模式,提供联合办公空间租赁服务。例如SOHO 3Q、优客工场(UrWork)和洪泰创新空间等,它们通过高效的办公空间管理和增值服务,满足创业者对灵活办公空间的需求。

(6)产业链服务型。这类众创空间主要侧重于整合产业链上下游资源,为创业者提供产品打磨、市场对接和资本合作等服务。例如创客总部,它们通过与产业链相关机构的合作,促进创业项目的发展和成长。

(7)综合创业生态体系型。综合型众创空间提供多方面的创业服务和支持,包括金融、法律、政策申请、招聘、运营管理等全方位的服务。例如创业公社,它们构建完整的创业生态系统,帮助创业者在各个阶段获取必要的支持和资源。

这些不同模式的众创空间,各有侧重,为不同类型和阶段的创业者提供了丰富的选择和支持,推动了中国创新创业生态系统的发展和壮大。随着时间的推移和市场的需求变化,这些模式可能会进一步演变和细分,以适应不断变化的创业环境和创业者的多样化需求。

第二节　高校创客空间现状和问题

众创空间作为经济新模式和新业态的产物,为全民创新创业提供了关键的平台和环境。它们不仅仅提供办公和会议空间,还承担起教育功能,这一点往往被人们忽视。国家层面的政策文件和指导意见明确要求众创空间要培育创新文化、强化创业辅导,并专注于培育各类青年创新人才和团队。

这些要求反映了众创空间在推动创新创业教育方面的重要角色。与传统的高校、政府职能部门或专业教育机构相比,众创空间提供的创新创业教育更为广义和多元化。它们不仅仅是课堂教育,还注重实践和项目导向的学习方式。在众创空间中,创业者可以通过参与项目孵化、与导师交流、与行业专家对接等方式,学习和提升创新创业所需的知识和技能。

此外,众创空间还能够提供创业者们所需的实际资源和支持,如技术转移、投资路演、合作机会等,这些都是创新创业教育中不可或缺的组成部分。通过这些活动和资源,创业者能够在实践中不断学习、探索和成长,从而更好地应对创业中的挑战和机遇。众创空间作为促进创新创业的重要平台,其教育功能不容忽视。它们不仅在理论上支持创业者的成长,更通过实际操作和资源支持,为创新创业者提供了丰富的学习和成长机会,有助于培育更多的创新人才和成功的创业团队。除了具有开放性、免费性、全民性等直观的特性以外,还有以下几方面功能。

一、精准创业引导功能

众创空间作为创新创业教育的重要平台,提供了广泛而深入的教育内容,涵盖了几乎所有经济社会发展的热门领域。通过对 25 个众创空间的调研,可以看到它们所提供的创新创业教育内容非常庞大和多样化。这些内容包括但不限于信息技术、金融、法律、设计、物流、传媒、生物、能源、电子和材料等多个领域。众创空间不仅服务于特定的行业或产业,而且在各自的领域内提供了全方位的教育支持。创客空间作为众创空间的一种类型,特别注重 STEAM 教育(科学、技术、工程、艺术和数学),并在此基础上发展出了成熟的创客教育体系。这种教育体系涵盖了从创意启发到研发、商业模式创新、路演、融资、注册到孵化等创新创业全过程的内容。因此,在中、大规模的众创空间中,创新创业者几乎可以找到他们所需的所有知识和支持。

此外,不同众创空间的教育内容与所服务的行业或产业深度融合。例如,以咖啡类众创空间为例,车库咖啡侧重于互联网领域的创新研发,工 C 咖啡则专注于电子芯片领域,而上海新车间、深圳柴火空间则提供针对"发烧友"的实际动手设计和制作的支持。众创空间通过其广泛的教育内容和行业深度融合,为创新创业者提供了理想的学习和成长环境,推动了创新创业在社会各个领域的发展和应用。

众创空间的创新创业教育确实是由需求驱动的,这意味着教育内容呈现出明显的碎片化特征。相对于能力驱动的教育模式,如高校的创业基础课程或政府和行业机构的创新创业培训,这些内容通常是基于预先分析受教育者需要具备的能力而设立的。这些能力模型经过反复修正和完善，最终形成了相对成熟的课程体系，以满足整体上受教育者对教育的需求。相比之下，众创空间的教育内容完全由创新创业者个体的需求决定。由于创业者们的教育背景、能力结构、创新领域和创业经历各不相同，他们对于教育内容的需求也是多样化的。因此，众创空间的教育内容被分割成最小的碎片，以供不同需求的创新创业者自由选择，组成自己的"教育拼盘"。

具体来说，调研组访问的 25 个众创空间没有一个开设成体系的创新创业课程。相反，它们通常以专题形式组织活动，关注于特定领域的热点、焦点和难点问题，或者普及创新创业所需的知识和技能。这种碎片化的教育内容不仅能够满足创新创业者的个性化需求和选择，还能节约时间成本，提高教育效率。此外，这种教育方式有助于避免教育内容因时效性问题而落后于行业和产业发展，从而更贴近实际需求和市场变化。众创空间的碎片化教育模式在满足个性化需求、提高效率和适应快速变化的市场环境等方面具有显著优势，为创新创业者提供了灵活且有效的学习平台。

二、协助创业实践功能

众创空间在创新创业教育中的创业导师团队构建和运作方式与传统高校和教育机构有所不同。根据调研组对 25 个众创空间的走访和访谈，可以看出创业导师在这些空间中的角色和功能呈现出特定的特征。

一方面，众创空间的创业导师多由成功创业者、投资人和专家学者组成。与传统的创新创业教师不同，这些导师并不是知识的传授者，而是学习的协助者。他们通过自己丰富的经验、敏锐的洞察力和创新创业的实际经历，帮助创新创业者进行知识的探索和思维的引导。调研组发现，一些众创空间中的创业导师包括了知名企业家和成功创业者，如马云、俞敏洪等，他们的主要作用是在精神上激励和启迪创新创业者，而不是直接传授具体的知识。这些"创业偶像"通过分享个人经历和成功故事，鼓舞创新创业者的创业精神。

另一方面，众创空间中还有被称为"嫡系创业榜样"的创业导师。他们通常是来自同一众创空间内部的成功创业者，对所在行业和产业具有更为具体的了解。这些导师能够提供实用的行业见解和关键性的指导，因为他们更了解创新创业者所面临的具体环境，并能分享个人的人脉资源和关系网络。此外，投资人作为创业导师也受到创新创业者的欢迎。他们的角色主要集中在投融资、商业模式和企业管理等方面的指导和教育，帮助创新创业者了解如何有效地进行资金筹集和管理。众创空间的创业导师团队以其多样性和专业性为创新创业者提供了丰富的学习资源和指导支持。这种导师团队的建设不仅强化了创新创业者的实践能力和行业理解，也促进了创新创业文化的培育和传承。

浙江大学 e-WORKS 创业实验室和杭州西湖创客汇、腾讯创业基地以及深圳柴火众创空间等众创空间在创业导师和创业辅导员的设置上展现了不同的特点和策略。e-WORKS 创业实验室的创业导师层级较高，包括上市公司董事长、大企业负责人等，涵盖医疗、互联网、制造业、资产管理等多个行业。这些导师不仅具有丰富的行业经验和资源，还能够提供高层次的战略指导和商业智慧，对创业者的指导具有重要影响力。

杭州西湖创客汇则组建了一个由董事长、高管组成的创客师友团，他们还兼任 1566 创客公益基金的大使，为创业者提供咨询和免费场地支持。这种模式不仅强调导师的实际指导作用，还注重社会责任和公益性质，通过建立创客社群促进创新创业生态的形成。腾讯创业基地的创业导师多来自其他企业成功孵化出来的 CEO，通过定期的活动促进导师与创客之间的互动和交流。这种安排能够通过实战经验和行业洞察力，为创业者提供实用的指导和建议，帮助他们在创业过程中解决问题和优化策略。相比之下，深圳柴火众创空间则更侧重对创新创业氛围的营造，导师和专家的角色并不严格定义，偶尔会有一些退休专家参与，更多的是由狂热爱好者们共同交流和分享经验。

不同类型的众创空间通过不同的导师安排和教育模式，为创新创业者提供了广泛的支持和指导。尽管创业导师不能直接传授尚未发现的新知识，但他们通过分享经验、提供行业洞察和战略建议，帮助创新创业者在竞争激烈的市场中取得成功。这种互动和共同学习的模式有助于促进创新创业生态系统的发展和壮大。

三、菜单式创业教育服务功能

众创空间在创新创业教育方面展现了丰富多样的形式和方法，以满足不同创业者的学习需求和学习风格。调研组走访的 25 个众创空间显示，它们通过课程、讲座、辅导、工作坊、讨论会、竞赛、体验和实践活动等多种形式进行创新创业教育。这些活动不仅覆盖了创业的各个方面，如商业模式、市场营销、创新管理等，还通过实地考察、实习、实践项目等方式提供了丰富的实践机会。教育内容的多样化和灵活性使得创新创业者可以根据自己的需求选择适合的学习路径和方式。此外，众创空间还采用了案例教学、体验教学、模拟教学等多种教学方法，注重学习的实效性和互动性。这些教育方式和方法不仅有助于提升创新创业者的实际操作能力，还促进了创新思维和团队协作能力的培养。综上所述，众创空间通过多元化和创新性的教育方式，有效地推动了创新创业教育的发展，为广大创业者提供了富有成效的学习和成长平台。

四、创业环境育人功能

所谓环境育人，指的是众创空间通过其独特的创业文化和创业环境，对创新创业者产生潜移默化的影响和塑造。根据《国务院办公厅关于深化高等学校创新创业教育改革的实施意见》要求，构建众创空间等创业服务平台，旨在培育创新文化，加速大众创业、万众创新的发展，并营造积极的创新创业文化氛围，倡导敢为人先、宽容失败的创新文化。相对于整个社会的宏观环境，众创空间更容易营造小环境和小氛围。调研发现，每个众创空间在环境营造上都有独特的特色。北京创客空间专注于电子硬件行业，其地板、墙面和天花板设计成电路板的纹理；工C咖啡则以环形围墙展示工C芯片的发展历史；上海新车间则模拟传统车间的布局，装修简陋但充满创造工具和仪器。此外，众创空间的环境和文化还包括组织文化的塑造和凝聚。成熟的众创空间往往孕育出具有鲜明特色的组织文化，通过这种文化，悄然地影响着创新创业者的活动和心态。例如，北京中关村创业大街的媒体专员指出，创业者通常面对孤独和挑战，众创空间提供了一个互相鼓励、共同成长的平台。

众创空间通过其独特的环境设计和文化氛围，不仅提供了创新创业所需的实际支持和资源，还潜移默化地影响创业者的创业精神、承受能力和交流互动能力等方面。这种环境和文化的营造，是众创空间创新创业教育的重要特色之一，也是其在促进创新创业生态系统发展中的关键作用。

第三节　高校推进众创空间建设的策略

一、紧密结合办学定位策略

随着我国高等教育的大众化趋势，不同类型的高校，如研究型大学、研究教学型大学、教学研究型大学、教学型大学和高等职业院校，其办学定位和人才培养方向有着显著的差异。课题组调研发现，针对这些不同类型的高校，创建众创空间的目标和服务内容也应有所侧重和区别。

对于研究型大学和研究教学型大学而言,众创空间的建设应当重视以下几点。①研究型创客培育:利用各类研究实验室和科研平台,培养具备科研背景和技术能力的创新创业人才。②科研成果转化与应用:强化科学研究成果的转化与商业化应用能力,促进科技成果的社会化和产业化进程。

而对于教学研究型大学和应用型大学,众创空间的创建则应更加注重以下方面。①应用型人才培养:强调学生的实践能力和动手能力,通过实际项目和社会实践,培养学生的市场洞察力和商业项目的识别能力。②社会实践与市场敏感度:培养学生对市场需求的敏感度和解决问题的能力,使其能够在实际工作中快速适应和应用所学知识。

众创空间在不同类型高校的建设和运营应根据学校的办学特色和人才培养目标进行定位,以提升学生创新创业能力和实践技能,促进科技成果的转化和社会价值的创造。这种差异化的服务和支持有助于高校更有效地响应不同类型学生的需求,推动创新创业教育在全国范围内的普及和深化。

二、组织运行策略

创客空间在组织运行方式上具有多样化和灵活性,主要体现在以下几个方面。

(1)线上平台与实体空间结合。创客空间可以利用校园现有的交互平台,如多媒体讨论组、微信圈和云平台,促进创客之间的交流和分享。同时,实体空间在创客活动中起着更为重要的作用,提供具体的工作环境和设备支持。创客空间的组织方式多样,可以由单个部门独立组建,也可以由学校某一部门牵头,与校内其他相关部门共同创建。此外,还有联合当地科技部门、地方政府等共同建设的大型创客空间模式。创客空间的活动方式包括独立的项目空间和嵌入式空间。嵌入式空间例如设计、动画、陶艺、印刷等工作室,共享部分工具和设备,提供更专业化的支持和资源。

(2)主体与客体的不同构建方式。创客空间可以根据个体兴趣或教育目标进行构建,以满足不同创客群体的需求。例如,一些空间专注于特定专业领域的制造,而另一些则侧重于开展研究项目或提供综合开放的创新环境。创客空间具有很强的可塑性和创新性,能够根据学校的自身特点、资源以及对创新创业支持的需求,灵活地设计和运营不同类型的空间,为学生和社区创客提供有针对性的支持和服务。这种多样化的组织方式和活动模式,有助于促进创新创业文化的深入发展和创客精神的培养。

三、空间设备整合策略

在高校创建众创空间时,空间准备与设备选择应当充分考虑到高校的实际情况、兴趣团体的需求以及创客团队的发展趋势。众创空间的空间类型通常根据规模和功能需求进行分类,包括小型、中型、大型和超大型等不同规模的空间。这些空间通常包括会客室、专用教室或会议室、加工车间、存储空间、作品展示和销售区等区域。

设备的选择则应根据创客活动的具体需要而定,包括但不限于无线网络、电脑设备、3D 打印机、激光切割机、数控机床、Arduino 等。这些设备和工具的配备不仅支持创新创业的技术需求,还能促进创客团队的实际项目开发和成果展示。此外,校企合作在众创空间的建设中扮演重要角色。不仅可以通过合作获取企业的技术资源和市场信息,还可以吸引企业高级管理人员、工程师和企业家作为创业导师,为学生提供实践指导和行业洞察。这种合作不仅满足了政策要求,更能够从战略层面推动高校众创空间的长期发展和创新创业教育的深化。高校在创建众创空间时,应综合考虑空间设计、设备配置和校企合作等多个因素,以支持学生的创新创业活动,培养他们的创新精神和实践能力,促进高等教育与行业实践的紧密结合。

四、资源整合策略

当前国外高校创客空间的资金来源非常多样化和灵活。主要的资金来源包括预算内支出、各类基金资助、捐款、预算外专款支出、其他机构和个人投资等。这些资金来源不仅限于高校自身的经费支持,还涉及政府、企业和个人的广泛参与。具体来说,一些富裕的高校可以通过预算内支出来增加对创客空间的资金支持,包括设备购置、管理费用等。同时,通过申请各类基金(如科研项目资助、私人基金会捐助等)来获得额外的资金支持。此外,捐款也是一个重要的资金来源,可以来自个人、企业或校友的捐助。一些项目可能还会获得特定的预算外专项拨款或非常规预算支持。此外,吸引其他机构和个人的投资参与,通过合作、赞助等方式为创客空间提供支持也是常见的做法。

校友作为高校的独特资源,在创客空间的创建和发展中具有重要作用。他们不仅可以提供资金支持,还可以通过技术咨询、企业合作等方式参与到创客空间的运营管理中,推动创新创业教育和学生创业能力的培养。因此,高校在创客空间建设过程中,应充分利用和整合校友资源,以确保创客空间的可持续发展和服务效果的提升。

五、人力资源管理和服务保障模式策略

在结合高校自身资源与发展模式的背景下,建设和发展创客空间需要从多个方面进行完善,包括政策体系、运行机制、管理方案等。首先,关于人员对象的吸引和参与,创客空间应面向在校师生,包括本科生、研究生、专科生以及自考生等,同时也欢迎部分校友、校外有需求的人士和专家参与。这种开放性有助于吸引多样化的创新人才和资源,促进创客空间的活跃和成长。其次,创客空间应制定相关的制度和管理规范,确保运行的有序性和效率。例如,可以设立民主产生或由创建者指定的具体负责人,以确保管理的透明和责任的明确性。管理人员应具备较高的综合素质,能够有效组织和引导创客活动,支持团队的创新创业实践。

在华中师范大学的案例中,学工部联合学校图书馆和相关院系,通过组织硕士、博士、专家团队的方式管理创客空间,为自发组织的创客群体提供政策、空间、资金等方面的支持。这种模式有助于更好地促进创新创业团队的形成和发展,提升创客空间的服务水平和影响力。高校在发展创客空间时,需要注重整合资源、建立规范、提升管理水平,并通过开放性的政策和运行机制,吸引更多具有创新意识和实践能力的成员参与,从而为创新创业教育和实践提供坚实的支持和保障。

六、高校创客空间文化与创客教育

高校创客空间文化的发展受多方面因素的影响,包括创客个人的兴趣爱好、高校的校园文化、学科研究发展平台以及高校自身的资源平台等。创客文化的魅力在于其强调创新和开源。开源指的是开放和分享资源的理念,即在提供的空间中,爱好创新的人们通过交流、修改和补充彼此的设计思想和产品制作方式,最终将完善的成果传播出去。这种开源的方式促进了创新模式的螺旋式上升和知识传播的牵引式发展。高校具备丰富的各类信息资源和科研力量,同时拥有文化艺术的深厚积淀,这为创客文化的发展提供了有利条件。

为了有效培育和管理创客文化,高校可以采取以下措施。

(1)搭建活动平台。定期或不定期组织创客的创新沙龙、头脑风暴会、创意比赛等活动,提供交流和碰撞的机会。

(2)开展教育培训。组织科技竞赛项目、挑战性课程、创新创业课程等,形成系统化的创新教育体系,覆盖不同形式、层面和角度。

(3)聘请专家支持。积极聘请校内外相关专家或退休专家,为创客提供

讲座、现场指导等支持,传授专业知识和经验。

(4)培植创客文化方向。结合高校自身实际,有意识地培植可行的创客文化方向。例如,师范大学可以发展文化创新基地和现代服务类项目,理工科院校可以重视产品发明与制造、信息技术等,艺术院校则可以专注于产品设计、动画制作、文化创意等领域。高校能够积极推动创客文化的形成与发展,为广大师生提供更多的创新创业机会和平台,促进高校创新能力和创业精神的培养。

七、高校创客空间评估指标体系的建立

对创客空间的成效评估是确保其有效运行和持续改进的关键。以下是一些常用的评估方法和建议的评估指标。

(1)问卷调查和满意度测评。通过定期的问卷调查或满意度测评,了解创客空间用户(包括学生、教职员工、校友等)对空间设施、服务质量、活动效果等方面的满意度。统计创客空间的日均访问量、活动参与率、设备利用率等,评估空间的活跃度和使用情况。

(2)访谈和焦点小组。与创客空间的用户、管理者、导师、合作伙伴等进行深入访谈,了解他们的体验、意见和建议,收集关键反馈。组织小组讨论,探讨创客空间对创新创业能力培养的实际影响和感知效果。

(3)运行成果和科技产出评估。跟踪和评估在创客空间中孵化出的创业项目数量、成功率、市场表现等。评估创客空间对科技成果的推广和转化效果,如专利申请、技术转让、合作研究项目等。

(4)社会影响和可持续性评估。评估创客空间对社会创新和经济发展的贡献,如创业就业率、产业链扩展、社区服务等。分析创客空间的财务健康、管理效率和长期发展策略,评估其可持续发展能力。

(5)评估指标建立。制定涵盖用户满意度、活动效果、成果产出、社会影响等多维度的评估指标体系。建立定期评估的机制,收集和分析评估数据,及时调整和优化创客空间的运营管理策略。

本章小结

本章讨论了众创空间的特点及其在创业生态系统中的作用和意义。根据《国务院办公厅关于发展众创空间推进大众创新创业的指导意见》(国发办〔2015〕9号)和投中研究院的调研,众创空间应具备开放与低成本、协同与互助、综合结合、便利化和全要素支持等关键特点。这些特点不仅展示了

众创空间在促进创新创业、提升创业成功率和资源利用效率方面的重要作用,还为创业者提供了多方面的辅助服务,包括培训辅导、融资对接、活动沙龙和财务法务顾问等。

在国外,类似的概念和实体如创客空间也扮演了重要角色,它们为创业者提供开放的物理空间、原型加工设备及组织相关活动,促进知识分享和跨界协作。全球知名的创客空间和在中国发展起来的创客空间都在不同程度上推动了创新和合作。

本章还介绍了 Regus 作为全球领先的工作场所创新解决方案提供商,通过多样化的产品和服务支持全球各地的企业发展,展示了现代化工作空间在支持创业和创新中的重要性。

第九章 | 高校创业教育支撑体系

大学生创业教育支撑体系是由多种社会资源和外部政策环境组成的一个系统,整个支撑体系以创业大学生为中心和对象而形成,力求在全社会营造支持大学生创业、鼓励大学生创业、保护大学生创业的服务环境。

第一节 积极打造校园创业文化氛围

在创业氛围浓厚的环境中,个体的自我效能感往往会显著提高,这有助于激发更强的创业意向和行动。研究显示,文化背景对创业行为有着重要影响,因此高校可以通过多种方式来促进学生的创业意愿和能力。

首先,定期举办各类创业比赛是非常有效的方法之一。例如,"挑战杯"大学生创业计划竞赛以及商业计划书或营销策划比赛,这些比赛不仅能够锻炼学生的创业思维和能力,还能提升他们对创业活动的认识和了解。通过比赛,学生可以在实际操作中学习如何构思和实施商业计划,同时感受到创业过程中的挑战和成就感,从而激发他们的创业潜力。

其次,邀请成功的企业家来校进行讲座和交流活动也是一种有效的方法。企业家可以分享他们的创业经历、成功故事以及面对的挑战,这种亲身经历的讲解不仅能够为学生提供实用的创业启示,还能帮助他们更深入地理解创业的本质和要素。通过与企业家的互动,学生能够从他人的成功经验中获取启发,增强自信心和自我效能感,进而更有动力地追求自己的创业梦想。

第二节 建立创业教育和创业实践平台

近年来,国家对大学生创新创业能力的培养高度重视,各高校也将创业教育作为人才培养的重要途径之一。通过多种形式加强创业教育,并根据社会需求积极安排就业指导工作,鼓励支持大学毕业生自主创业。高校的创业基地作为学校与社会联系的桥梁,结合自身优势积极开展创业教育和实践,对大学生创新创业能力的提升发挥了重要作用。

调查显示,在校大学生对创业实践非常热衷,希望学校能完善创业实践平台的建设。为此,学校应当提供创业平台,通过建立大学生创新创业平台,促进大学生的创新创业实践活动,推动专利的创造、管理和转化,培养大学生的创新精神和科技创业技能,为有志创业的学生提供良好的创业条件与环境。创业平台作为重要的创业学习和实践基地,在培养和聚集创新创业人才方面发挥着关键作用。通过有针对性地布局和建设学生实习、实践、研发、创业基地,鼓励并支持大学生创业,可以将就业压力转化为创新创业的动力。同时,与企业协商,为学生创造实习和参观学习的机会,既锻炼了创业实践能力,又丰富了创业理论知识,从而增强大学生对创业的客观认识。大学生创新创业能力的培养需要全社会的支持与协作,学校作为关键的培养场所,应当积极构建和完善创业平台,为学生提供广阔的创业空间和资源,激发他们的创新潜力,推动创新创业教育的深入发展。

高校在开展创业教育时,需要紧密结合所在地区的经济发展现实,以及地方特色,以此为基础来培养具备人文精神、创新精神、实践应用能力和社会适应能力的创新型人才。以下是高校与地方互动的五个层面:

(1)基础层面。紧密结合地方经济发展特色,设置符合实际需求的人才培养方向和课程设置。增加综合课程的比重,跨学科、跨专业、跨院系的课程开设,有助于拓宽学生的知识面,培养跨界思维能力。

(2)实践层面。充分利用社会资源,与区域社会各界建立紧密联系,开展开放式教学。通过实施现场教学、模拟实践教学等方法,让学生深入企业实际操作中,增强他们的实践能力和创业意识。邀请地方成功企业家担任兼职教授,提供实用的创业指导,也是非常有效的方式。

(3)学术科研层面。鼓励学校与地方企业开展合作研究或产品开发项目。这不仅调动了企业的创新积极性,也为学校带来了科研资金和实践机会,促进师生在实际项目中的锻炼和学习,同时扩展了学校与企业之间的合作关系网。

(4)提高层面。积极推动大学生创业尝试,总结推广自主创业的成功案例,形成浓厚的创业文化氛围。通过这种方式,可以激发更多学生的创业潜力和创新意识,帮助他们在实践中成长和发展。

(5)保障层面。地方政府、社会各界和地方高校应共同努力,为大学生创业营造良好环境。设立创业基金、颁布优惠政策、营造良好的舆论氛围,有利于引导学生树立正确的创业观念和积极的创新态度。将创业教育理念融入全员、全过程、全方位的育人体系之中,充分发挥地方政治、经济和文化的支持作用,推动高校创业教育的全面发展。

高校可以有效地促进创业教育与地方经济发展的互动,为学生提供更广阔的创业平台和发展空间,培养出更多具备实际应用能力和创新精神的高素质人才。

第三节　建立创业服务中心

当大学设立就业创业服务中心时,需要确保学校、企业和政府之间的紧密合作,共同为学生创造良好的创业氛围和提供全方位的支持。这种中心的设立不仅仅是提供基础设施,还需要注重以下几个方面的建设和推进。

首先,学校应该完善创业机制,确立创业服务中心的运作模式和职能。这包括制定详细的管理制度和服务流程,确保教师和学生可以轻松获取创业信息、政策咨询和实践指导。创业指导教师要积极开展宣传教育、组织创业培训和项目论证等活动,帮助学生全面了解创业的实际操作和风险管理。

其次,学校可以引进创新创业人才,充实创业教育的师资队伍,同时整合校内各类资源,如科研实验室、图书馆、创客空间等,为学生提供创新创业的理论和实践支持。

再次,学校可以设立创业创新奖励基金,以奖励在创业领域取得显著成就的教师和学生,激励更多人投身创新创业。这种基金可以用于资助创业项目、奖励创业导师、支持创新成果转化等。然后,学校还应当为有创业意愿的大学生提供针对性的创业培训和项目指导,提高他们的创业能力和成功率。这可以通过课程设置、实习项目、校企合作等形式来实现,使大学生在学校期间就能够获取创业所需的知识和技能。

最后,学校的创业教育和服务中心需要与地方政府、社会各界密切合作,共同为大学生创业提供良好的环境和政策支持。这种合作可以涵盖创业基地的建设、政策优惠的推广、创业项目的联动等多个方面,推动地方经济发展和高校创业教育的有机结合。学校可以有效地促进大学生创业意识的培养,提升他们的创业能力,为他们创造更多实现梦想的机会。这种创业服务中心不仅仅是提供资源和支持,更是为学生提供一个全面、系统的创业教育平台。

第四节　创业实践社团化

　　建立大学生创业社团,既可整合创业资源,又可以营造良好的创业氛围。如果大学生在创业方面已经形成了较好的集聚效应,不仅培养了大学生的创新精神,又可以促使大学生自主创业之路发展得更好,有力促进了创业的发展。

一、大学生社团的特征

　　大学生社团作为由学生自愿组成的学生组织,具有多方面的重要特征和功能,对学生的全面发展和校园文化建设起着不可或缺的作用。

　　第一,学生社团具有目标趋同性和组织动态性。这意味着社团成员因共同的兴趣、爱好和特长聚集在一起,他们在社团活动中展现出高涨的参与热情和活跃度。每年新生和老生的交替加入保持了社团的活力,新成员带来新的想法和能量,推动社团活动的不断创新和发展。社团通过整合和调整成员的目标和活动方向,使得个体成员的能力和素质得以提高,同时也为学校的整体文化氛围注入新的活力。

　　第二,学生社团具有内容广泛性和活动开放性。社团涵盖了多个领域,包括科技、管理、文学、艺术等,以广泛的文化知识为基础,通过各类实践活动如制作、创造、发明等,培养学生的思维能力和实践技能。社团活动不仅仅局限于校园内部,还积极联系社会,开展包括学术研讨、科技发明、文化娱乐、社会服务和实地考察等多样化的活动。这些活动不仅丰富了学生的课外生活,还推动了高校教学改革和创新意识的培养,为学生的综合素质提升提供了重要平台。

　　第三,学生社团的形式多样性和自我调节性对促进学生的身心健康和行为管理确实具有重要作用。首先,大学生处于心理发展的关键阶段,他们的心理承受能力相对较弱,如果缺乏有效的人际交流和自我认同,可能会导致心理障碍。在这一点上,学生社团提供了一个宽松和谐的社交环境,成员之间能够进行融洽的交流和互动,这有助于他们更快地建立起积极健康的人际关系。通过参与社团活动,学生有机会展现自我、发挥个性,从而增强自信心和社交能力。其次,与课堂教育和班级管理相比,社团的管理方式更为灵活和有效。在大学中,课堂教育虽然提供了学术知识和基本技能的培养,但其管理功能有限;班级管理的效果则相对较弱,难以满足学生多样化的需求和兴趣。相比之下,学生社团通过内部的管理制度和活动章程,可以有效地约束社团成员的行为,实现"无为而治"的管理理念。社团活动不仅仅是学生自我发展和服务的平台,也是学校教育的重要延伸,能够在不同的学生群体中推广自我教育、自我管理和自我服务的理念。学生社团的形式多样性和自我调节性不仅有利于促进学生的身心健康,也能够有效地补充和完善大学教育中的管理空白,为学生全面发展和社会适应能力的提升提供重要支持。通过社团活动,学生不仅能够在学术上获得进步,更能够在人际关系和行为管理方面得到积极的锻炼和塑造。

第四,学生社团的活动具有活动渗透性和效果辐射性的特征,对推动校园文化建设有着重要作用。首先,社团活动不仅是学生学习活动的延续,更是他们自身知识积累的升华和学校教育的延伸。通过参与各种社团活动,学生有机会将课堂学到的理论知识应用到实践中,培养和展示自己的创新能力。这种参与不仅仅是对个人能力的锻炼,还是对学生自我认知和发展的重要推动。其次,社团活动具有强大的辐射力,能够影响整个高校的文化体系,乃至社会不同的文化体系。学生在社团中形成的健康、积极的文化氛围,会扩散到更广泛的学校群体和社会环境中。这种影响不仅局限于校园内部,还能对社会产生积极的文化影响,推动社会的进步和发展。最后,丰富多样、健康向上的学生社团活动有助于促进校园文化向着深层次、高质量的方向发展。这些活动不仅仅是为了丰富学生的校园生活,更是为了培养学术氛围、社会服务体系和文化气息。通过这些活动,学校可以为培养大学生的综合素质提供良好的条件和平台,促进学生成为全面发展的人才。学生社团的活动不仅是一种课外的社交和娱乐方式,更是学校文化建设的重要组成部分。通过支持和引导社团活动,学校可以有效地推动校园文化的提升,为学生成长成才提供更加丰富和有意义的经验和机会。

二、创新社团制度建设

根据地方高校人才培养的目标和模式要求,结合素质教育的基本观点,以及推进制度创新和以实施素质教育为主线,特别突出创业教育的特色,可以构建"三线四点"创业教育模式。这一模式的核心思想是通过建立多层次的学校、院系和个体之间的互动结构,以及通过校园文化的内核、活动基地的提供、社团活动的组织作为载体,以能力培养为根本,从而有效推动大学生社团建设的新模式。

学校制定具有指导性的政策和管理规章,为社团活动提供系统化的指导和支持。形成全面的社团活动规划,确保各级社团在目标和方向上与学校整体发展战略一致。建设示范性的校级社团,这些社团不仅仅是活动的组织者,更是培养学生综合素质、勇于实践、创新和创业的重要平台。各院系根据自身的实际情况和特色,组建具有特色的社团组织。这些社团将在特定的专业领域或文化特点下开展活动,夯实学生的专业基础,强化他们的专业优势。通过社团活动,拓宽学生的综合素质,提升他们的创新能力和实践能力,使他们能在未来的职业生涯中更具竞争力和适应力。学生在兴趣爱好相同或相近的社团中相互影响和交流,进行自我教育和自我管理。学校在此过程中起到引导和指导的作用,帮助学生提升创新意识、创新思维、专业知识和能力,培养科学精神和实践能力。

在"四点运作"模式中,以素质教育为主线,充分发挥大学生社团的特征效应,强化创新创业教育特色,具体包括以下几个方面。

(1)校园文化为内核。校园文化作为学校整体师生员工共同创造和拥有的成果,是塑造学校精神风貌和价值观的重要因素。在创业教育中,校园文化扮演着内核角色,为学生提供了共同的认同感和归属感,同时也是学生创新创业精神的源泉和支持。

(2)活动基地为舞台。利用现有的活动基地,为学生提供创业教育的实践平台和舞台。这些活动基地不仅包括物理场所,还涵盖技术设施、资源支持和管理机制。通过这些基地,学生可以展示创意、实践创新,锻炼实际操作能力,是他们发展创业想法和项目的重要场所。

(3)社团活动为载体。社团活动作为促进学生创业认知和实践的重要载体,扮演着连接学生与创业实践之间的桥梁角色。定期组织大学生创业者交流经验,共同研究创业计划,有助于培养学生的团队合作精神和创新能力。通过轻松的交流平台,学生能够更好地理解国情市情和创业环境,重新审视自己的创业期望,形成理性和可行的创业策略。

(4)能力培养为根本。以培养学生的创新能力、实践能力和综合素质为根本目标。通过支持学生参加创业大赛、成立创业社团、开展创业培训等活动,激发学生的创业兴趣,鼓励他们积极投身到创业实践中去。创业大赛的举办不仅可以提升学校的创业氛围,还能为学生提供展示和竞争的平台,促进创意的孵化和实现。

"四点运作"模式,有助于地方高校在素质教育的框架下,有效推动创新创业教育的深入开展,培养具备创新精神和实践能力的优秀人才,为地方经济和社会发展注入新动力。

第五节　建立大学生信用评价管理信息系统

建立大学生信用评价管理信息系统,形成个人信用档案,确实可以对大学生的个人行为产生约束作用,并促进其诚信意识和守法经营理念的培养。以下是关于这一系统建立的几点思考和影响。

(1)个人信用档案的形成。通过这一信息系统,可以收集和记录大学生的个人行为数据,包括学术诚信、社会活动参与、组织管理能力等方面的表现。这些信息形成个人信用档案,有助于综合评估每位大学生的综合素质和信用水平。

(2)约束个人行为。大学生在系统的约束下,会意识到个人行为的记录将影响未来的发展和信用评价,就会更加谨慎和自律。这种约束作用有助于遏制一些不良行为的发生,提高整体社会责任感和道德水平。

(3)培养诚信守法理念。通过建立信用评价体系,大学生在学习和生活中学会了诚信守法的重要性。他们在接受教育的同时,也在实践中逐步形成了遵纪守法、诚实守信的行为习惯,这对未来的职业发展和创业起到了基础性的支持作用。

(4)降低创业信用风险。对于自主创业的大学生而言,信用评价体系能够降低因信用问题而面临的风险。有良好的信用记录可以增加创业融资的机会,获得更多的支持和合作机会,从而提升创业成功的概率。

(5)提供创业保障。对于日后选择创业的大学生来说,有完善的信用评价系统可以提供可靠的背景验证和信任基础。投资人、合作伙伴和客户可以通过这一系统了解到创业者的信用状况,从而决定是否与其合作。

大学生信用评价管理信息系统的建立不仅有助于学生个人行为的约束和诚信意识的培养,还能为其未来的创业和职业发展提供可靠的保障和支持。然而,建立和运营这样的系统需要综合考虑隐私保护、信息安全和公平评价等多方面的因素,确保其合法性和公正性,才能真正发挥其应有的作用。

第六节　构建创业教育管理模式

创业教育的实施需要建立推动机制,其中包括三种主要的管理模式。

(1)以教学部门为主体的创业教育管理模式。这种模式以教务处等教学管理部门为主体,重点是通过课堂教育和学科课程,培养大学生的创业精神和意识,丰富他们的创业知识。教学部门可以通过调整课程设置,增加与创业相关的选修课程或专业课程,提供创新创业实践机会,如开设创业案例分析课程、创业项目设计与管理课程等,从而在教学过程中深化学生对创业的理解和实践能力。

(2)以学生管理部门为主体的创业教育管理模式。这种模式以学生发展与服务处或团委等学生管理部门为主体,负责承担创业教育的组织与管理任务。主要实现形式包括开设创业教育讲座、组织创业计划大赛、管理学生创业社团等第二课堂活动。学生管理部门通过举办各类创业讲座和工作坊,引导学生了解创业环境和市场需求,同时组织创业竞赛和社团活动,激发学生的创新创业意识,帮助他们在实践中培养创业技能和团队合作精神。

(3)高校各部门综合协调式的创业教育管理模式。这种模式是指学校设立专门的创业管理学院、大学生创业园区或创业基地来统筹管理和推进创业教育工作。这些机构不仅负责创业教育的课程设置和实施,还包括对创业项目的指导和支持,进行创业理论和实践研究,开展创业政策的研究与制定。此外,这些机构还可以负责创业教育的评估与考核,确保创业教育的规范化、系统化和深入化发展。

这三种管理模式各有其特点和适用场景,可以根据具体的学校情况和资源配置,选择或结合使用,以推动创业教育的有效实施和持续发展。

在高校推行创业教育时,采取综合协调模式是关键。这种模式包括建立一个完整的组织架构和有效的运作机制,以确保创业教育能够全面覆盖、持续发展并取得良好效果。

(1)学校可以成立一个由校领导担任组长,教务处、学生处、团委、学院等部门参与的创业教育领导小组。这个小组负责制定创业教育的战略规划和政策,统筹各部门的资源,推动创业教育的各项工作。

(2)建立创业教育相关的机构和部门,如创业教育研究所、创业设计方案评审委员会、学生创业基金会、学生创业活动中心等。这些机构分工明确,分别负责研究、评审、资助和组织创业活动,为学生提供全方位的支持服务。

(3)设立校级创业教育委员会,具体统筹、规划和落实全校的创业教育工作。委员会通过决策和协调,推动创业教育政策的实施,确保各项措施落地生根。同时,推行弹性学制和学分制度,为学生提供灵活的学习和创业安排,帮助他们在学业和创业实践之间进行有效平衡与转换。

(4)建立学生创业公司的评估体系,对创业公司的财务、经营情况等进行审核,通过绩效评估和奖励机制激励学生创业的积极性。

(5)设立学生创业基金,资助优秀的创业设计方案和运作良好的学生创业公司,鼓励学生自主创业,提供经济上的支持和奖励。

这些措施和机制共同构成了一个完整的创业教育生态系统,有助于高校培养更多具备创新精神和实践能力的优秀人才,促进学生创业教育的全面发展和实际成效。

第七节　加强创业研究

为了切实提升高校的创业教育水平,加强创业研究显得尤为重要。创业研究在教学的基础上起到关键作用,它不仅可以促进创业教育的发展,还能够从理论层面探索和解析创业活动的规律,生成有价值的理论成果。早在 20 世纪 70 年代,美国就开始举办创业学术会议,并吸引了众多学者关注和讨论。这些学术活动推动了创业研究作为管理研究的一个重要领域,持续发展。

在中国,创业研究的发展同样经历了快速增长的阶段。各大学依托商学院成立了创业研究和教育中心,开展了诸如创业与创新、创业与企业成长等方面的深入研究,取得了不少成果。例如,清华大学、南开大学等学术机构积极开展了相关研究,为创业教育和研究提供了有力支持。尽管取得了一定成就,中国的创业学术研究仍然面临一些挑战。当前,大部分研究还停留在引述和评述西方研究成果的阶段,缺乏自主深入的原创性研究。此外,中国尚未拥有专门的创业研究学术期刊或杂志,这对于学者们发表学术观点和进行深入交流构成了一定的限制。

要提升中国创业研究的水平,可以从以下几个方面入手:其一,建设更多面向创业研究的学术会议和期刊,促进学术成果的交流和分享;其二,加强创业研究的理论与实践结合,推动原创性研究的开展;其三,培养更多具备创业研究能力的学者,鼓励他们深入创业现场进行实地调研与案例分析。通过建设健全的创业研究体系,中国可以进一步提升创业教育的质量和水平,促进创新创业的全面发展,为经济社会发展注入新的动力和活力。

第八节　优化创业支持体系

一、优化创业融资体系,提高大学生创业融资水平

大学生创业中面临的资金短缺问题是普遍存在的,这直接影响到他们的创业成功率和持续发展能力。政府、社会和学校可以通过多方面的措施来帮助缓解大学生创业的资金压力,提高其创业的成功率。

首先,政府可以通过改善创业融资环境,加强对大学生创业资金支持的政策制定和宣传。这包括加大创业贷款的宣传力度,让更多大学生了解创业贷款机制,以及科学选择适合自身发展阶段和融资需求的融资方式。政府可以研究制定针对大学生创业的政策性贷款政策,扩大对大学生创业发放小额贷款的范围,并支持中小企业信用担保机构开展大学生创业贷款担保业务,从而降低大学生创业的融资难度和成本。

其次,政府可以优化和简化创业贷款的申请流程,提高服务质量和效率,为大学生创业者提供更便捷的筹资和融资服务。这可以通过建立专门的服务窗口或在线平台来实现,使得大学生创业者能够更加方便地获取贷款支持。

最后,政府可以考虑实施税费减免政策,为高校学生自主创业者减轻财务负担,同时落实创业补贴政策,直接向创业者提供资金支持。这种政策措施可以有效地促进大学生创业的活跃度和成功率,培养更多创新型和创业型人才。通过改善创业融资环境、加大政策支持力度以及优化服务体系,政府可以有效地帮助大学生创业者解决资金短缺问题,从而提高他们的创业成功率,推动创业活动的持续发展。这不仅有利于个体创业者的成长,也为整个社会经济发展注入新的活力和动力。

二、加强创业基地、科技孵化器等创业集群建设

创业孵化基地在大学生创业中扮演着至关重要的角色,它不仅仅是物质基础,更是提供创业生态环境和有效载体的重要平台。政府在这方面的作用尤为关键,可以通过多种措施和平台来支持和促进学生的自主创业活动。政府可以以国家大学科技园为主要依托,全面建设高校学生科技创业实习基地。这些基地不仅提供实物资源支持,如办公场所、设备设施,还应该通过创业导师、专业培训和市场对接等服务,帮助学生更好地实践和推广

创新科技成果。政府还可以实施"创业引领计划",加强创业培训和服务工作。这包括提供创业导师指导、行业专家咨询、法律服务支持等,帮助学生厘清创业思路、规避风险、提升管理能力,从而增加创业成功的机会。

同时,政府还应集聚社会资本,形成创业集群效应,以降低创业风险。通过政府引导和支持的创业基地和科技创业孵化器,吸引企业参与大学生创新研发,推动科技成果转化为市场产品,从而激发创业者的创新潜力和市场竞争力。在建设创业集群时,政府可以加强科技创业集群之间的网络交流,促进资源共享、优势互补和互惠发展。这种整体效能能够有效降低创业风险,提高大学生创业的成功率。此外,政府、高校和企业可以联合创建大学生创业园,充分发挥高校的人才技术资源优势。这些创业园不仅仅是提供场地和设施,还应结合咨询、指导、培训和成果转化等多种功能,成为省级、国家级甚至专业性的公益性创业孵化基地和示范平台,为大学生提供更多实践机会和创业锻炼的机会。

三、加强政府引导,增强大学生的创业信心

政府在推广大学生创业文化和创业信息时,可以采取多种措施来建立和弘扬创业文化。其一,政府可以通过各类媒体和官方渠道广泛宣传成功的大学生创业案例和创业政策支持信息,以激励更多学生参与创业。其二,政府应通过评选表彰活动,树立成功的创业典型,通过这些典型的事迹来激发更多学生的创业激情。其三,政府还应组织和支持各类创业文化活动,如创业文化节、讲座和论坛等,以传播创业精神和价值观;建立创业相关活动的奖励机制,如奖金、荣誉称号等,来激励大学生参与创新创业。同时,政府还应减少创业过程中的制度障碍,简化相关制度和流程,使创业环境更加友好和包容。其四,通过教育和舆论引导,营造尊重创新创业人才、支持创新、宽容失败的社会氛围,使创业成为社会的一种习惯和常态。这些措施共同作用,可以有效推动大学生创业文化的建设,为大学生创业提供良好的环境和支持,从而促进创新创业活动的发展和社会经济的进步。

四、加快创业服务体系的建设

政府在加快建设大学生创业服务体系方面扮演着关键角色。这一体系旨在为毕业生提供全面的创业支持,从前期策划到后期运营都覆盖在内。通过优化创业环境、提供法律咨询、市场调研和资金支持等服务,政府能够有效降低创业门槛,并激发大学生的创新潜能。此举不仅有助于减轻金融压力,还能引导学生树立正确的创业观念,推动更多创意项目向现实转化。

1. 完善大学生创业服务体系

为提高大学生创业能力和成功率,开设创业政策引导性培训是非常关键的一步。这种培训应该涵盖多个方面,包括创业政策解析、创业项目选择、实践操作等内容,旨在为学生提供实用的创业指导和支持。培训课程可以提供创业政策的深入解析,帮助学生了解国家和地方对于创业的支持政策,如创业补贴、税收优惠等,让学生在创业时能够充分利用政策优势。课程可以通过实际案例和经验分享,让成功创业者现身说法,回答学生的疑问,分享创业过程中的挑战和应对策略,帮助学生形成正确的创业观念。

同时,提供项目论证、业务咨询和决策参考等服务,帮助学生进行创业项目的评估和策划,确保创业计划的可行性和市场适应性。在培训过程中,还应邀请具有丰富创业实践经验和专业知识的导师和顾问,包括管理、咨询、财税、法律等领域的专业人士,为学生提供全方位的创业支持和指导。针对已经创业的毕业生,可以实施创业导师制度,由经验丰富的创业导师进行一对一指导,帮助项目顺利实施并持续跟踪辅导,解决创业过程中的各种问题,确保创业者能够在竞争激烈的市场中立足。这些创业培训和支持措施,可以有效提升大学生的创业能力和成功率,培养更多具备创新精神和实践能力的创业人才,为他们的自主创业之路提供必要的理论、政策和实用技能的支持。

2. 建立失败救助体系

当前大学生创业面临的重要挑战之一是资金短缺和创业风险高,因此,建立创业失败后的救助体系尤为重要。政府可以通过设立创业失败人员救助基金和纳入社会保障体系的方式,保障创业者在失败后的基本生活。此外,保险机构可以开发针对创业风险的特殊保险产品,为创业者提供经济损失的补偿和赔偿,从而降低创业投资的风险。

在实施创业挫折关怀行动方面,长沙市民政系统的做法是一个良好的示范。他们优先救助遇到严重创业挫折的低收入群体和大学生创业失败者,有效减轻了创业压力,为大学生创业提供了更多的支持和保障。

未来,随着社会的进一步发展,大学生创业将成为毕业生积极适应社会的主要方式之一。政府应当继续优化创业环境,制定更多鼓励创业的政策措施,构建多层次、全方位、网络化的大学生创业支持体系,为大学生创业提供良好的成长环境和发展契机,推动大学生创业持续健康发展。

本章小结

本章探讨了高校创业教育支撑体系的构建,强调了多种社会资源和外部政策环境的重要性。

首先,校园创业文化的营造对学生创业意向和行动有显著影响,定期举办创业比赛和邀请成功企业家进行讲座是有效的方式。

其次,建立创业教育和实践平台,通过创业基地和创新创业平台,增强学生的创新创业能力,推动高校与地方经济发展的互动。

再次,我们还讨论了建立创业服务中心的重要性,通过完善创业机制、引进创新人才和设立创业奖励基金,为学生提供全面的创业支持。同时,创业实践社团化也是推动创业教育的重要手段,大学生社团通过丰富多样的活动,培养学生的创新精神和实践能力。

最后,建立大学生信用评价管理信息系统,有助于约束个人行为,培养诚信守法理念,并为创业提供可靠保障。

本章全面阐述了构建高效、系统的创业教育支撑体系的方法,为高校创新创业教育的进一步发展提供了理论基础和实践指导。

第十章 | 高校创业教育评价体系

　　创业教育的评价体系应当以培养学生创业素质为核心。与传统的应试教育模式不同,创业教育的评估需要考虑多个方面的综合影响和长期效果。国际上的一些成功做法为我们提供了有益的启示。例如,美国的一些创业教育评价模型涵盖了课程内容的创新性和实用性、教师团队的学术影响力和教学质量、毕业生在创业领域的成就以及他们创立的企业状况等多个维度。这种多元化的评估方式有助于全面理解和评估创业教育的实际效果和影响力。

　　创业教育在中国的实施过程中,建立一个包括学校、教师团队和学生在内的评价主体体系至关重要。评估创业教育的有效性不仅需要关注课程设置的适应性和创新性,还应考量教学过程中学生创新能力的培养情况、教师在创业指导方面的专业水平和实践经验,以及毕业生在创业实践中的成长和成就。此外,评价还应该关注创业教育对学校文化的影响力、与社会经济发展的契合度,以及创业精神在学校整体教育体系中的地位和作用。

　　综合评估体系不仅有助于发现和解决创业教育中的问题,还能够推动创业教育向更深入、更有效的方向发展。通过这样的评估,可以明确创业教育的目标与成效,为各个评价主体提供反馈和改进的机会,从而更好地服务于学生的创新能力和创业素质的培养,促进高校创业教育在国内外的持续发展和影响力提升。本章以此为评价体系建立的基本原则,提出了包含三大主体九个方面的评价体系(见图10-1)。

　　评价是一个多因子、多路径、多方法的系统工程,上述各有侧重的三大主体中,均可形成独立的研究方向与领域,其所属的每一个方面均可建立独立的评价模型。对这些模型的建构与运用,可以在后续研究中作为专题探讨,本章谨在主要因素与价值导向方面予以原则性的探讨。

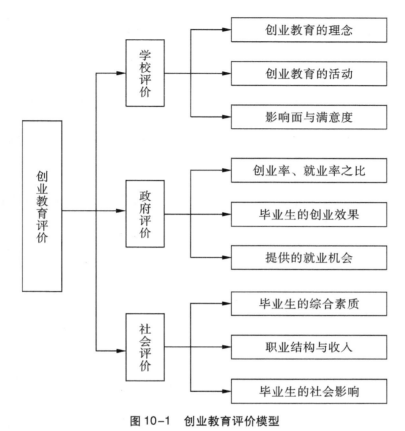

图 10-1 创业教育评价模型

第一节 学校评价

学校评价是一种自我评价,其中对创业教育理念的评价最为关键。它作为创业教育思想体系中最稳定、最具深远影响力的"内核",对创业教育的行为方式、运作方法以及教育效果起着决定性的作用。

（一）创业教育理念评价

上述三个层次的创业教育评价体系反映了从感性到理性逐步深化的教育目标和方法。这种评价体系的设计旨在确保对创业教育各个方面的全面考量,从而有效地促进学生创业能力的提升和实践能力的培养。

第一层次,即感性发动的创业教育,主要关注如何通过各种创业宣传活动和讲座激发学生的创业热情和兴趣。评价主要集中在活动的参与度、影响力和效果上,考查是否成功地引起了学生们对创业的关注和积极参与。第二层次的知性创业教育则更加注重通过课程设置和项目培育来传授创业理论知识和实践技能。评价侧重于课程的专业性和实用性,检验学生是否能够在课堂上获得符合市场需求的创业知识,并能够应用这些知识进行创新和实践。第三层次的理性创业教育,重点在于将创业教育与社会价值观结合,通过全面的创业教育渗透到校园和社会各个角落。这种评价体系不仅考查教育项目的广泛普及性和深入程度,还关注其对学生创新能力、团队协作能力以及实际创业过程中的支持和指导效果。

这三个层次相辅相成,构成了一个多维度、多路径的创业教育评价体系。这种体系的建立有助于全面了解和评估学校创业教育的效果和影响,为进一步优化和完善创业教育提供了理论和实践的指导。通过这样的评价体系,学校可以更有效地培养具有创新精神和实践能力的优秀创业人才,为社会和经济发展注入源源不断的活力和创新力量。

(二)创业教育活动评价

创业教育的评价可以分为三个层次,分别是目的性评价、过程性评价和效果性评价,这些评价层次有助于全面衡量和提升创业教育的效果和影响。

(1)在目的性评价方面,即对创业教育活动的目标和效果进行评估。感性发动的创业教育活动通常被归类为功利型的创业教育,其主要目的是激发学生的创业热情和兴趣。知性的创业教育活动则属于素质型的创业教育,旨在传授创业理论知识和实践技能。而理性的创业教育活动则被归类为使命型的创业教育,强调将创业教育与社会价值观结合,培养学生的社会责任感和创新精神。

(2)在过程性评价方面,主要关注创业教育课程体系的设置是否科学合理。这包括评估课程知识的连贯性和互补性,教学方式的创新性,以及创业实践指导的全程性和针对性。

(3)在效果性评价方面,重点在于评估创业教育在校园中的文化氛围建设,学生创业者和团队的素质养成,以及创业项目的经济和社会效益。这种评价关注创业教育活动的长期影响和成果,检验学校创业教育是否有效地促进了学生创业能力的提升和实际成果的取得。

这三个层次的评价相互关联,共同构成了一个多维度、多路径的创业教育评价体系。通过这样的评价体系,学校可以更好地优化和调整创业教育的策略和实施,确保创业教育能够有效地满足学生和社会的需求,培养出具有创新精神和实践能力的优秀创业人才。

（三）影响面与满意度评价

对影响面的观测点主要包括以下几个方面：首先是创业宣传的覆盖面和影响力，衡量创业活动和项目在校园内外的传播程度和对学生的吸引力；其次是接受创业课程教育的学生比例和专业分布，评估学生对创业课程的接受程度以及不同专业中创业意识和能力的培养情况；最后是参加创业计划和"挑战杯"大赛的人次和比例，反映学生参与创业实践和比赛的积极程度及成果。

满意度评价主要集中在学生和教师对创业教育的期望值与实现值之间的比较。学生和教师作为创业教育的主要参与者和推动者，在评价过程中既是评价的主体，也是评价的客体。评价可以分为内部性自我评价和外部性客观评价两种方式。内部性自我评价具有主观性，主要反映学校内部对创业教育质量和效果的自我反思、自律和自我改进。而外部性客观评价则更注重于外部机构或专家对创业教育的规范性评估、认可和激励作用。

评价的方式可以灵活选择，可以是定期的、随机的或者基于特定事件的评估方法，根据评价的主体、客体和目的的不同来选择合适的评估方式和方法。这些评价手段和过程的多样性和综合性，有助于全面地了解和提升创业教育在高校的影响力和效果。

第二节　政府评价

我国的大学在市场经济的压力下自主选择发展路径，政府作为主要投资者和行政领导，在大学教育质量评价中具有至关重要的权威性。自 2002年开始的教育部本科教学质量评估，已成为指导和规范高等教育发展的重要工具。然而，当前的评价指标体系并未充分彰显创业教育的重要性，很少有大学将创业教育作为其特色项目接受评估。创业教育作为大学改革的重要方向之一，应该得到政府更多关注并给予适当的评价。政府在评价创业教育时可以采取以下不同的方式。

政府可以建立专门的评价指标和体系，考量包括创业活动的数量和质量、学生参与的程度和成效、创新成果及社会影响等方面。通过设立专门的评估机构或委员会，监督和评估各大学的创业教育项目，确保其符合教育质量和市场需求的要求。同时，政府可以设立奖励制度，鼓励大学开展创新实践和创业活动,以及在创业教育方面取得突出成效的院校和个人。此外,政府还可以通过与行业和社会各界的合作,评估创业教育项目的实际效果和对社会经济发展的贡献,进一步推动创业教育与市场需求的紧密结合。评价的内容应包括以下几点。

1. 每届大学毕业生的创业率与就业率之比

这项评价通常在学生毕业后的 3 年内进行。这段时间内,学生逐渐适应工作环境,评估创业的适宜性和可能性。大学创业教育的影响需要时间来体现,毕业生在此期间能够通过实际工作经验验证创业理念和技能。

2. 毕业生的创业效果

这项评价通常在学生毕业后的 5 年内进行。这段时间足以展示创业项目的成长和影响力,包括领先性、经济效益、行业分布等方面。评估的重点在于毕业生的综合创新能力、技术迁移能力以及跨行业适应能力的表现。

3. 提供的就业机会

这一评价与创业效果的评估同时进行。评估创业者在社会中所创造的就业机会,这对于社会的发展、政府的执政能力以及社会的和谐稳定具有重要意义。创业者创造的效益不仅体现在经济效益上,还包括对社会福利、慈善事业等方面的支持。

第三节　社会评价

在当前社会评价体系中,大学教育的地位和影响力是由多方面因素共同决定的。传统的政府评价体系由教育部门主导,通过各种指标和评估标准来衡量大学的教学质量和科研水平,这些评价体系在大学的发展规划和政策支持中起到了重要作用。然而,随着信息技术的发展和社会互联互通的深化,非政府组织和社会舆论的评价也愈发重要。非政府组织如独立的教育评估机构、媒体和学术界人士通过发布大学排名、教育质量评估报告等,对大学的声誉和社会认可度产生深远影响。这些评价体系通常关注大学的显性成果,如毕业生的就业率、薪资水平、学术声誉和科研成果,这些指标直接反映了大学教育的实际效果和社会影响力。

然而,目前的社会评价还未完全突显创业教育的地位。创业教育的评价相对于传统的学术和科研评价体系来说,显得较为薄弱和不足。创业教育的成效难以简单通过传统的排名和评估体系来量化和评估,因为其影响和效果更多地体现在长期的社会创新、经济发展和人才培养方面。因此,未来的社会评价体系可以更加综合和多元化,不仅要考虑传统的学术和科研成果,还应该增加对创新教育、创业能力培养和社会影响力的评估。这样的评价体系可以更全面地反映大学的综合实力和承担的社会责任,为大学的发展方向和政策制定提供更精准的参考和指导。基于这种现实与需求,社会的评价不仅仅就创业成效来进行,还以毕业生的总体评价为样本,从以下三方面来进行。

1. 综合素质

评价综合素质的方法可以从多个角度进行。首先,收集、分析和处理信息的能力是评价综合素质的重要方面之一。能够有效地获取和处理信息,有助于学生在学术和职业生涯中做出明智的决策。其次,表达和交流能力也至关重要,这包括书面和口头表达,以及在团队中有效沟通的能力。最后,规划和组织能力显示了学生在管理时间、设定目标和预算方面的能力,这对于学术研究和实际工作同样重要。在团队中,协作的能力体现了学生在集体工作和团队项目中的角色扮演能力。此外,数学思维和技能的应用、解决复杂问题的能力以及技术应用能力也是评价综合素质的关键因素。

2. 职业结构与收入

对于职业结构和收入的评价,可以依据不同的标准和分类来进行。职业结构的分类标准可以基于职业声望、社会地位以及从业人数等因素。通常,职业声望较高的职业,如科学家、教授、高级管理人员等被归类为第一层级,而企业家、医生、律师等属于第二层级,第三层级可能包括企业中的中层管理人员,第四层级可能是技术工人或事业单位的职员,第五层级则是体力劳动者和熟练工人。

社会可以通过分析毕业生在这些职业中的就业比例,来评估大学的教育质量和毕业生的综合素质。这种评价方法不仅可以客观地反映出学校毕业生在社会职业结构中的定位和受欢迎程度,还能为学校提供重要的改进和发展方向。

3. 社会影响

毕业生社会影响力的评价可以从多个方面来考量。第一,企业在其所处行业内的认同度是一个重要的指标。这包括企业的品牌形象和文化在行业中的认可程度,产品和价格的市场引领能力,以及企业在行业协会中的地位和解决行业内部冲突的能力。第二,评价市场份额是另一个重要的方面。这涉及评估企业产品在市场中所占的绝对比例和相对优势,以及市场份额的变动趋势。这反映了企业在市场竞争中的地位和影响力。第三,领袖人物的公众形象对社会影响力也有重要影响。领袖人物的人格魅力、决策的果断性、言行举止的风度、思维的敏捷性、为人处事的信用度和亲和力,都能影响企业和组织在公众心目中的形象和声誉。

综合上述三大主体九个方面的评价体系,基本的价值与行为导向在于,引导高校评价从单纯的就业率向更加综合的就业结构、就业质量和创业尝试转变;将评价的焦点从学生毕业时的就业率转向毕业后对社会的实际贡献;从家长期望的评价转向学生自我评价;同时,由政府主导的评价向社会主导的评价过渡,这些转变将更好地反映出高校教育对社会发展和人才培养的全面贡献。

本章小结

本章探讨了高校创业教育评价体系的建立,重点在于如何全面、科学地评估创业教育的实际效果。我们借鉴了国际上的一些成功经验,提出了一个多维度、多路径的综合评估模型。这个模型不仅考虑了课程内容的创新性和实用性,还包括教师团队的学术影响力和教学质量、毕业生在创业领域的成就以及他们创立企业的状况。

我们进一步提出了在中国实施该评价体系的建议,建立一个包括学校、教师团队和学生在内的评价主体体系。这一体系需要综合考虑课程设置的适应性和创新性、学生创新能力的培养情况、教师在创业指导方面的专业水平和实践经验,以及毕业生在创业实践中的成长和成就。同时,还应关注创业教育对学校文化的影响力、与社会经济发展的契合度,以及创业精神在学校整体教育体系中的地位和作用。

通过这样的评估,可以明确创业教育的目标与成效,为各个评价主体提供反馈和改进的机会,从而更好地服务于学生的创新能力和创业素质的培养,促进高校创业教育在国内外的持续发展和影响力提升。

参考文献

[1]刘铸,张纪洪.大学生创业教育的基本功能与重要意义[J].中国高等教育,2010(18):45-46.

[2]姚裕群,童汝根,李晓刚.我国大学生创业教育实践、问题与对策[J].井冈山大学学报(社会科学版),2010(6):75-81.

[3]丁三青.中国需要真正的创业教育:基于"挑战杯"全国大学生创业计划竞赛的分析[J].高等教育研究,2007(8).

[4]施永川,黄兆信,李远熙.大学生创业教育面临的困境与对策[J].教育发展研究,2010(21).

[5]余霞,何莹.大学生创业的现状及发展对策[J].出国与就业(就业版),2010(3):59-60.

[6]高中玲.大学生创业教育探析[J].中国成人教育,2010(20).

[7]柏连阳.大学生创业问题及其发展对策研究[J].中国大学生就业,2010(20).

[8]孔伟.理工科高校创业教育教学体系建设研究[D].大连:大连理工大学,2010.

[9]肖建忠.大学生创业教育的基本属性和对策[J].企业导报,2010(12).

[10]朱广娇.高校大学生自主创业能力培养对策探析:以中国地质大学为样本[D].北京:中国地质大学,2010.

[11]陈晨.基于我国创业教育的大学生成功创业问题研究[D].北京:中国地质大学,2010.

[12]熊飞,邱菀华.美国创业学发展及其对中国的借鉴[J].科学学研究,2006(A1):132-137.

[13]王长宇.美国大学创业教育课程设置探析[J].中国民族教育,2006(C1):72-75..

[14]陈浩凯,徐平磊.印度和美国的创业教育模式对比与中国的创业教育对策[J].中国高教研究,2006(9):45-48.

[15] 房欲飞. 大学创业教育在英国[J]. 上海教育,2006(12):40-41.

[16] 席升阳. 我国大学创业教育的理论与实践研究[D]. 武汉:华中科技大学,2007.

[17] 黄晓晓. 大学生创业教育研究概述[J]. 出国与就业(就业版),2010(10):106-107.

[18] 蒋其琴. 构建"校企联合"的大学生创业教育体系[J]. 改革与开放,2010(11):29.

[19] 林瑞青. 珠三角区域大学生创业教育支持体系之建构[J]. 新疆职业大学学报. 2010(5):53-56.

[20] 张海燕. 海外高校的创业教育[J]. 中国职业技术教育,2006(18):45.

[21] 张帏,高建. 斯坦福大学创业教育体系和特点的研究[J]. 科学学与科学技术管理,2006(9):143-148.

[22] 王弢. 从客体引导到主体参与:大学生创业教育与培训方法研究[J]. 北京农业职业学院学报,2009(6):58-62.

[23] 申应涛,闵巍巍. 加强高校大学生创业教育初探[J]. 出国与就业(就业版),2010(11).

[24] 杨邦勇. 大学生创业支持系统的构建研究[J]. 福建工程学院学报,2010(5):544-549,579.

[25] 景琳. 基于创业自我效能的大学生创业教育研究[J]. 经济论坛,2010(10):54-56.

[26] 彭秀卿. 我国地方高校创业教育的课程设置研究:以南昌大学为例[D]. 南昌:南昌大学,2008.

[27] 涂德虎. 试论大学生创业教育课程体系[J]. 黑龙江高教研究,2009(10):178-180.

[28] 吕佳,魏巍. "中国特色企业家精神"培育视角下高职院校创新创业教育改革研究[J]. 江苏商论,2024(11):123-126.

[29] 李伸荣. 以职业生涯规划为导向的大学生创新创业教育模式探究[J]. 学周刊,2024(31):155-158.

[30] 黄莉霞. 新时代"大学生就业创业教育"探索与实践[J]. 品位·经典,2024(19):108-111.

[31] 朱金福. 大学生创业服务机构管理机制研究[J]. 湖北开放职业学院学报,2023,36(24):11-13.

[32] 陈芳. 基于高校协同创新模式下学生创新创业能力培养[J]. 湖北开放职业学院学报,2023,36(24):6-8.

[33]孙瑾.创业就业形势下大学生人才培养的思路探索[J].人生与伴侣，2023(47):12-14.

[34]吕睿.浅谈高校大学生创新创业教育改革[J].大学,2021(S1):20-22.

[35]张程.加强我国高职大学生创业教育的思考[J].大视野,2021(06):64-67,76.

[36]朱清清,沈红雷,王妮妮.推进创新创业教育共建四维一体双创体系[J].成才与就业,2022(S1):158-161.

[37]陈小波,邓炼.从管理到治理:地方高校大学生创新创业孵化平台运行的转型探析[J].创新与创业教育,2022,13(06):84-91.

[38]陈国凤.协同创新视野下的大学生创业教育模式构建[J].中国成人教育,2018(23):45-48.

[39]戴永辉,冯彦杰,徐波.双创背景下大学生创新创业项目指导实践[J].中国商论,2019(24):239-241.

[40]王丽卿,赵凌飞.大学生创业现状、问题及对策探究[J].人才资源开发,2019(24):42-43.

[41]陈雪莲.大学生就业问题研究[J].品牌,2014(09):118-119.

教育部办公厅关于印发《普通本科学校创业教育教学基本要求(试行)》的通知

(教高厅〔2012〕4号)

各省、自治区、直辖市教育厅(教委),新疆生产建设兵团教育局,有关部门(单位)教育司(局),部属各高等学校:

为深入贯彻落实《国家中长期教育改革和发展规划纲要(2010—2020年)》以及《教育部关于全面提高高等教育质量的若干意见》(教高〔2012〕4号)精神,推动高等学校创业教育科学化、制度化、规范化建设,切实加强普通高等学校创业教育工作,我部制定了《普通本科学校创业教育教学基本要求(试行)》(见附件),现印发给你们,请遵照执行。在执行中若有意见建议,请报我部高等教育司。

教育部办公厅

2012年8月1日

附件:

普通本科学校创业教育教学基本要求(试行)

在普通高等学校开展创业教育,是服务国家加快转变经济发展方式、建设创新型国家和人力资源强国的战略举措,是深化高等教育教学改革、提高人才培养质量、促进大学生全面发展的重要途径,是落实以创业带动就业、促进高校毕业生充分就业的重要措施。为贯彻落实《国家中长期教育改革和发展规划纲要(2010—2020年)》以及《教育部关于全面提高高等教育质量的若干意见》(教高〔2012〕4 号)精神,特制定本要求。各地各高校要按照要求,结合本地本校实际,精心组织开展创业教育教学活动,增强创业教育的针对性和实效性。

一、教学目标

通过创业教育教学,使学生掌握创业的基础知识和基本理论,熟悉创业的基本流程和基本方法,了解创业的法律法规和相关政策,激发学生的创业意识,提高学生的社会责任感、创新精神和创业能力,促进学生创业就业和全面发展。

二、教学原则

(一)面向全体

把创业教育融入人才培养体系,贯穿人才培养全过程,面向全体学生广泛、系统开展。

(二)注重引导

着力引导学生正确理解创业与国家经济社会发展的关系,着力引导学生正确理解创业与职业生涯发展的关系,提高学生的社会责任感、创新精神和创业能力。

(三)分类施教

结合学校办学定位、人才培养规模和办学特色,适应学生发展特别是学生创业需求,分类开展创业教育教学。

(四)结合专业

建立健全创业教育与专业教育紧密结合的多样化教学体系,在专业教学中更加自觉培养学生勇于创新,善于发现创业机会、敢于进行创业实践的能力。

(五)强化实践

加大实践教学比重,丰富实践教学内容,改进实践教学方法,激励学生创业实践,增强创业教育教学的开放性、互动性和实效性。

三、教学内容

普通高等学校创业教育教学内容以教授创业知识为基础,以锻炼创业能力为关键,以培养创业精神为核心。

(一)教授创业知识

通过创业教育教学,使学生掌握开展创业活动所需要的基本知识,包括创业的基本概念、基本原理、基本方法和相关理论,涉及创业者、创业团队、创业机会、创业资源、创业计划、政策法规、新企业开办与管理,以及社会创业的理论和方法。

（二）锻炼创业能力

通过创业教育教学,系统培养学生整合创业资源、设计创业计划以及创办和管理企业的综合素质,重点培养学生识别创业机会、防范创业风险、适时采取行动的创业能力。

（三）培养创业精神

通过创业教育教学,培养学生善于思考、敏于发现、敢为人先的创新意识,挑战自我、承受挫折、坚持不懈的意志品质,遵纪守法、诚实守信、善于合作的职业操守,以及创造价值、服务国家、服务人民的社会责任感。

四、教学方法

遵循教育教学规律和人才成长规律,以课堂教学为主渠道,以课外活动、社会实践为重要途径,充分利用现代信息技术,创新教育教学方法,努力提高创业教育教学质量和水平。

（一）课堂教学

倡导模块化、项目化和参与式教学,强化案例分析、小组讨论、角色扮演、头脑风暴等环节,实现从以知识传授为主向以能力培养为主的转变、从以教师为主向以学生为主的转变、从以讲授灌输为主向以体验参与为主的转变,调动学生学习的积极性、主动性和创造性。

（二）课外活动

充分整合校内教育资源,组织开展灵活多样的创业讲座、创业训练、创业模拟、创业大赛等活动。积极创造条件,支持学生创办并参加创业协会、创业俱乐部等社团活动。

（三）社会实践

充分利用校内外资源,依托校企联盟、科技园区、创业园区、创业项目孵化器、大学生校外实践基地和创业基地等,开展学习参观、市场调查、项目设计、成果转化、企业创办等创业实践活动。

五、教学组织

高等学校要把创业教育教学纳入学校改革发展规划,纳入学校人才培养体系,纳入学校教育教学评估指标,建立健全领导体制和工作机制,制订专门教学计划,提供有力教学保障,确保取得实效。

(一)创业课程设置

高等学校应创造条件,面向全体学生单独开设"创业基础"必修课[《"创业基础"教学大纲(试行)》附后,供参考]。支持有条件的高等学校根据办学定位、人才培养规格和学科专业特点,开发、开设创业教育类选修课程(含实践课程)。把创业教育有机融入专业教育,加强相关专业课程建设。把创业教育与大学生思想政治教育、就业教育和就业指导服务有机衔接。

(二)教学条件保障

高等学校应明确职能部门,负责研究制定创业教育教学工作的规划和相关制度,统筹协调和组织学校创业教育教学工作。加大创业教育教学工作经费投入,并纳入学校预算,确保开展创业教育教学工作需要。加强创业教育教学实验室、校内外创业实习基地、课程教材等基本建设。

(三)教师队伍建设

高等学校要根据专任为主、专兼结合的原则,按照学生人数以及实际教学任务,合理核定专任教师编制,配备足够数量和较高质量的专任教师。鼓励支持各专业课教师在专业教育中有机融入创业教育内容。积极聘请企业家、创业人士和专家学者担任兼职教师承担一定的创业教育教学任务。加强培训,提高教师业务水平和教学能力。

(四)教学效果评价

高等学校要结合学校实际,把创业教育教学效果作为学校本科教学评估的重要内容,作为本科人才培养质量的重要指标,加强自我评估和检查,并体现在学校本科教学质量年度报告中,主动接受社会监督。

附:

"创业基础"教学大纲(试行)

课程是对高校学生进行创业教育的主渠道。根据《普通本科学校创业教育教学基本要求(试行)》,现制定"创业基础"教学大纲,供参考使用。

一、课程性质与教学目标

(一)课程性质

"创业基础"是面向全体高校学生开展创业教育的核心课程,要纳入学校教学计划,不少于 32 学时、不低于 2 学分。

（二）教学目标

通过"创业基础"课程教学,应该在教授创业知识、锻炼创业能力和培养创业精神等方面达到以下目标。

——使学生掌握开展创业活动所需要的基本知识。认知创业的基本内涵和创业活动的特殊性,辨证地认识和分析创业者、创业机会、创业资源、创业计划和创业项目。

——使学生具备必要的创业能力。掌握创业资源整合与创业计划撰写的方法,熟悉新企业的开办流程与管理,提高创办和管理企业的综合素质和能力。

——使学生树立科学的创业观。主动适应国家经济社会发展和人的全面发展需求,正确理解创业与职业生涯发展的关系,自觉遵循创业规律,积极投身创业实践。

二、课程要求与教学方法

"创业基础"是一门理论性、政策性、科学性和实践性很强的课程。要遵循教育教学规律,坚持理论讲授与案例分析相结合、小组讨论与角色体验相结合、经验传授与创业实践相结合,把知识传授、思想碰撞和实践体验有机统一起来,调动学生学习的积极性、主动性和创造性,不断提高教学质量和水平。

——设计真实的学习情境。通过运用模拟软件、现场教学等方式,努力将相关教学过程情境化,使学生更真实地学习知识、了解原理、掌握规律。

——提供完备的支持条件。根据课程教学需要提供基本的教学条件,重点提供创业模拟实验室、模拟教学软件、创业信息资源等。

——拓展有效的实践途径。通过在校内组织开展创业项目设计、创业计划大赛以及创业社团活动,通过在校外组织开展创业者访谈、创业项目考察、企业创办等活动,将课堂知识与创业实践紧密结合起来,培养学生在实践中运用所学知识发现问题和解决实际问题的创业能力。

三、课程内容与教学要点

（一）创业、创业精神与人生发展

通过本部分教学,使学生了解创业的概念、创业与创业精神的关系、创业与人生发展的关系,以及创业和创业精神在当今时代背景下的意义和价值,正确认识并理性对待创业。

1.创业与创业精神

使学生了解创业的概念、要素和类型,认识创业过程的特征,掌握创业与创业精神之间的辩证关系,强化学生对创业精神需要培育并可培育的理性认识。

(1)课程内容

创业的定义与功能。

创业的要素与类型。

创业过程与阶段划分。

创业精神的本质、来源、作用与培育。

(2)教学要点

创业是不拘泥于当前资源约束、寻求机会、进行价值创造的行为过程。

创业的关键要素包括机会、团队和资源。

创业过程包括创业者从产生创业想法到创建新企业或开创新事业并获取回报,涉及识别机会、组建团队、寻求融资等活动。可大致划分为机会识别、资源整合、创办新企业、新企业生存和成长四个主要阶段。

创业精神是创业者在创业过程中的重要行为特征的高度凝练,主要表现为勇于创新、敢当风险、团结合作、坚持不懈等。

创业精神将在新时期发挥更大的作用,有利于加快转变经济发展方式,促进经济社会又好又快发展。

2.知识经济发展与创业

通过对知识经济发展的分析,使学生了解创业热潮形成的深层次原因,认识经济转型与创业热潮的内在联系,明确创业活动对于经济社会发展的贡献。

(1)课程内容

经济转型与创业热潮的关系。

创业活动的功能属性。

知识经济时代赋予创业的重要意义。

(2)教学要点

经济转型是创业热潮兴起的深层次原因。

经济社会发展不同阶段创业活动的特征。

创业具有增加就业、促进创新、创造价值等功能,同时也是解决社会问题的有效途径之一。

3.创业与职业生涯发展

使学生了解创业与职业生涯发展的关系,认识创业能力提升对个人职业生涯发展的积极作用。

（1）课程内容

广义和狭义的创业概念。

创新型人才的素质要求。

创业能力对个人职业生涯发展的意义和作用。

（2）教学要点

创业并不只是开办一家企业。

创业能力具有普遍性与时代适应性。

创业能力对个人职业生涯发展起着积极作用。

（二）创业者与创业团队

通过本部分教学，使学生形成对创业者的理性认识，纠正神化创业者的片面认识，了解创业者应具备的基本素质，认识创业团队的重要性，掌握组建和管理创业团队的基本方法。

1. 创业者

使学生认识创业者的基本素质，了解创业者动机及其对创业的影响，注重识别创业活动的理性因素。

（1）课程内容

创业者。

创业者素质与能力。

创业动机的含义与分类。

产生创业动机的驱动因素。

（2）教学要点

创业者并不是特殊人群。具备一些独特技能和素质有助于成功创业。

大多数创业能力可以通过后天培养而习得。

创业者选择创业的动机受诸多直接和间接因素的影响。

创业者可以通过创业教育培养和提高创业素质和能力。

2. 创业团队

使学生认识创业团队对创业成功的重要性，学习组建创业团队的思维方式及其对创业活动的影响，掌握管理创业团队的技巧和策略，认识创业团队领袖的角色与作用。

（1）课程内容

创业团队及其对创业的重要性。

创业团队的优劣势分析。

组建创业团队的策略及其后续影响。

创业团队的管理技巧和策略。

领导创业者的角色与行为策略。

创业团队的社会责任。

（2）教学要点

创业团队是团队而不是群体。团队中成员所做的贡献是互补的，而群体中成员之间的工作在很大程度上是互换的。

创业团队是由两个以上具有一定利益关系、共同承担创建新企业责任的人组建形成的工作团队。

与个体创业相比较，团队创业具有多方面的优势，对创业成功起着举足轻重的作用。

依据不同逻辑组建创业团队既可能带来优势，也可能带来障碍，对后续创业活动会带来潜在影响。

创业团队管理的重点是维持团队稳定的前提下发挥团队多样性优势。

创业团队领袖是创业团队的灵魂，是团队力量的协调者和整合者。

（三）创业机会与创业风险

通过本部分教学，使学生了解创业机会及其识别要素，了解创业风险类型以及如何防范风险，了解由创业机会开发商业模式的过程，掌握商业模式设计策略和技巧。

1.创业机会识别

使学生认识创业机会的概念、来源和类型，了解创意与机会之间的联系和区别，了解识别创业机会的一般步骤与影响因素，习得有助于识别创业机会的行为方式。

（1）课程内容

创意与机会。

创业机会与商业机会。

创业机会的特征与类型。

创业机会的来源。

影响机会识别的关键因素。

识别创业机会的一般过程。

识别创业机会的行为技巧。

（2）教学要点

创意是具有一定创造性的想法或概念，其是否具有商业价值存在不确定性。

创业机会是具有商业价值的创意,表现为特定的组合关系。

创业机会来自于一定的市场需求和变化。

识别创业机会受到历史经验等多种因素的影响。

识别创业机会是思考和探索互动反复,并将创意进行转变的过程。

2. 创业机会评价

使学生认识有商业潜力和适合自己的创业机会,了解创业机会的评价,掌握创业机会评价的方法。

(1)课程内容

有价值创业机会的基本特征。

个人与创业机会的匹配。

创业机会评价的特殊性。

创业机会评价的技巧和策略。

(2)教学要点

有价值的创业机会具有价值性、时效性等基本特征。

判断创业机会是否适合自己的主要依据在于机会特征与个人特质的匹配度。

机会评价有利于应对并化解环境不确定性。

常规的市场研究方法不一定完全适用于创业机会评价,尤其是原创性创业机会的评价。

3. 创业风险识别

使学生认识到创业有风险,但也有规避和防范的方法。增强学生对机会风险的理性认识,提高防范风险的能力。

(1)课程内容

机会风险的构成与分类。

系统风险防范的可能途径。

非系统风险防范的可能途径。

创业者风险承担能力的估计。

基于风险估计的创业收益预测。

(2)教学要点

有价值的创业机会也是有风险的。

机会风险分为系统风险与非系统风险。系统风险主要是创业环境中的风险,诸如商品市场风险、资本市场风险等;非系统风险是指创业者自身的风险,诸如技术风险、财务风险等。

机会风险中,一些是可以预测的,一些是不可预测的。

创业者需要结合对机会风险的估计,努力防范和降低风险。

4.商业模式开发

使学生认识商业模式的本质,了解战略与商业模式之间的关系,掌握商业模式设计和开发的思路,明确开发商业模式的关键影响因素。

(1)课程内容

商业模式的定义和本质。

商业模式和商业战略的关系。

商业模式因果关系链条的分解。

设计商业模式的思路和方法。

商业模式创新的逻辑与方法。

(2)教学要点

商业模式本质上是若干因素构成的一组赢利逻辑关系的链条。

商业模式是商业战略生成的基础,商业战略是在商业模式基础上的行为选择。

商业模式的价值主张、价值网络和价值实现等要素之间的不同组合方式形成了不同的商业模式。

商业模式设计是创业机会开发环节的一个不断试错、修正和反复的过程。

商业模式设计是分解企业价值链条和价值要素的过程,涉及要素的新组合关系或新要素的增加。

(四)创业资源

通过本部分教学,使学生了解创业过程中的资源需求和资源获取方法,特别是创造性整合资源的途径,认识创业资金筹募渠道和风险,掌握创业资源管理的技巧和策略。

1.创业资源

使学生了解创业资源的类型,重点认识不同类型创业活动的资源需求差异,掌握创业资源获取的一般途径和方法,明确创业资源获取的技巧和策略。

(1)课程内容

创业资源的内涵与种类。

创业资源与一般商业资源的异同。

社会资本、资金、技术及专业人才在创业中的作用。

影响创业资源获取的因素。

创业资源获取的途径与技能。

（2）教学要点

不同的创业活动具有不同的创业资源需求。

创业资源包括有形资源和无形资源,无形资源往往是撬动有形资源的重要杠杆。

创业资源获取途径包括市场途径和非市场途径。

创业资源获取的关键往往取决于软实力。

2. 创业融资

使学生了解创业融资难的相关理论,掌握创业所需资金的测算、创业融资的主要渠道及差异,了解创业融资的一般过程。

（1）课程内容

创业融资分析。

创业所需资金的测算。

创业融资渠道。

创业融资的选择策略。

（2）教学要点

创业融资是创业管理的关键内容,在企业成长的不同阶段具有不同的侧重点和要求。

不确定性和信息不对称是创业融资难的影响因素。

正确测算创业所需资金有利于确定筹资数额,降低资金成本。

创业融资的主要渠道包括自我融资、亲朋好友融资、天使投资、商业银行贷款、担保机构融资和政府创业扶持基金融资等。

创业融资不只是一个技术问题,还是一个社会问题,应从建立个人信用、积累社会资本、写作创业计划、测算不同阶段的资金需求量等方面作好准备。

3. 创业资源管理

使学生了解创业资源整合和有效使用的方法,认识创业资源开发的技巧和策略。

（1）课程内容

不同类型资源的开发。

有限资源的创造性利用。

创业资源开发的推进方法。

（2）教学要点

大多数创业者难以整合到充足的创业所需的资源。

开发创业资源是有效利用创业资源的重要途径。

开发创业资源表现为一些独特的创业行为。

（五）创业计划

通过本部分教学,使学生认识创业计划的作用,了解创业计划的基本结构、编写过程和所需信息等,掌握创业计划书的撰写方法。

1.创业计划

使学生了解创业计划的基本内容及其重要性,认识创业者在创业过程中准备创业计划的原因,了解做好商业计划所需要开展的准备工作。

（1）课程内容

创业计划的作用。

创业计划的内容。

创业计划的基本结构。

创业计划中的信息搜集。

市场调查的内容和方法。

（2）教学要点

创业计划是创业的行动导向和路线图,既为创业者行动提供指导和规划,也为创业者与外界沟通提供基本依据。

创业计划需要阐明新企业在未来要达成的目标,以及如何达成这些目标。创业计划要随着执行的情况而进行调整。

创业计划包括产品(服务)创意、创意价值合理性、顾客与市场、创意开发方案、竞争者分析、资金和资源需求、融资方式和规划以及如何收获回报等内容。

准备创业计划的过程实质上是信息的搜集过程,是分析并预测环境进而化解未来不确定性的过程。

2.撰写与展示创业计划

使学生了解撰写创业计划的方法,创业计划展示过程中需要注意的问题,以及创业计划各构成部分的相对重要性。

（1）课程内容

分析创业可能遇到的问题和困难。

凝练创业计划的执行概要。

把创业构想变成文字方案。

创业计划书的撰写和展示技巧。

（2）教学要点

创业计划包括封面、目录、执行概要、主体内容和附件等。

撰写商业计划是创业者（团队）反复思考、推理并讨论的过程。

展示创业计划的基本方法。

激情在创业计划展示中发挥重要作用。

（六）新企业的开办

通过本部分教学，使学生对企业本质、建立企业流程、新企业成立相关的法律问题和新企业风险管理等有所了解，进而认识到创办企业所必须关注的问题。

1. 成立新企业

使学生了解注册成立新企业的原因，新企业注册的程序与步骤和新企业选址的影响因素等。认识新企业获得社会认同的必要性和基本方式。

（1）课程内容

企业组织形式选择。

企业注册流程。

企业注册相关文件的编写。

注册企业必须考虑的法律与伦理问题。

新企业选址策略和技巧。

新企业的社会认同。

（2）教学要点

一家新创企业可以选择的组织形式有多种，主要有：个人独资企业、合伙企业、有限责任公司（包括一人有限责任公司）和股份有限公司。

创业者在创建和经营企业的过程中，必须了解和遵守有关法律法规，以确保自身和他人的利益没有受到非法侵害。与创业有关的法律主要包括专利法、商标法、著作权法、反不正当竞争法、合同法、产品质量法、劳动法等。

创建新企业时应注意伦理问题，包括创业者与原雇主之间、创业团队成员之间、创业者和其他利益相关者之间的伦理问题等。

新企业选址需要综合考虑政治、经济、技术、社会和自然等影响因素。其中经济因素和技术因素对选址决策起基础作用。

企业注册成立后，除遵纪守法外，还需要主动承担社会责任，才能获得社会认同。

2. 新企业生存管理

使学生了解创办新企业后可能遇到的风险类型及其应对策略,掌握新企业管理的独特性,了解针对新企业的管理重点与行为策略。

(1)课程内容

新企业管理的特殊性。

新企业成长的驱动因素。

新企业成长管理的技巧和策略。

新企业的风险控制和化解。

(2)教学要点

新企业成立初期应以生存为首要目标,其特征是主要依靠自有资金创造自由现金流,实行充分调动"所有的人做所有的事"的群体管理,以及"创业者亲自深入运作细节"。

新企业成立初期易遭遇资金不足、制度不完善、因人设岗等问题。

企业成长的推动力量包括创业者(团队)、市场和组织资源等。

新企业成长的管理需要注重整合外部资源追求外部成长;管理好保持企业持续成长的人力资本;及时实现从创造资源到管好用好资源的转变;形成比较固定的企业价值观和文化氛围;注重用成长的方式解决成长过程中出现的问题;从过分追求速度转到突出企业的价值增加。

国务院办公厅关于发展众创空间推进大众创新创业的指导意见

(国办发〔2015〕9号)

各省、自治区、直辖市人民政府,国务院各部委、各直属机构:

为加快实施创新驱动发展战略,适应和引领经济发展新常态,顺应网络时代大众创业、万众创新的新趋势,加快发展众创空间等新型创业服务平台,营造良好的创新创业生态环境,激发亿万群众创造活力,打造经济发展新引擎,经国务院同意,现提出以下意见。

一、总体要求

(一)指导思想

全面落实党的十八大和十八届二中、三中、四中全会精神,按照党中央、国务院决策部署,以营造良好创新创业生态环境为目标,以激发全社会创新创业活力为主线,以构建众创空间等创业服务平台为载体,有效整合资源,集成落实政策,完善服务模式,培育创新文化,加快形成大众创业、万众创新的生动局面。

(二)基本原则

坚持市场导向。充分发挥市场配置资源的决定性作用,以社会力量为主构建市场化的众创空间,以满足个性化多样化消费需求和用户体验为出发点,促进创新创意与市场需求和社会资本有效对接。

加强政策集成。进一步加大简政放权力度,优化市场竞争环境。完善创新创业政策体系,加大政策落实力度,降低创新创业成本,壮大创新创业群体。完善股权激励和利益分配机制,保障创新创业者的合法权益。

强化开放共享。充分运用互联网和开源技术,构建开放创新创业平台,促进更多创业者加入和集聚。加强跨区域、跨国技术转移,整合利用全球创新资源。推动产学研协同创新,促进科技资源开放共享。

创新服务模式。通过市场化机制、专业化服务和资本化途径,有效集成创业服务资源,提供全链条增值服务。强化创业辅导,培育企业家精神,发挥资本推力作用,提高创新创业效率。

(三)发展目标

到 2020 年,形成一批有效满足大众创新创业需求、具有较强专业化服务能力的众创空间等新型创业服务平台;培育一批天使投资人和创业投资机构,投融资渠道更加畅通;孵化培育一大批创新型小微企业,并从中成长出能够引领未来经济发展的骨干企业,形成新的产业业态和经济增长点;创业群体高度活跃,以创业促进就业,提供更多高质量就业岗位;创新创业政策体系更加健全,服务体系更加完善,全社会创新创业文化氛围更加浓厚。

二、重点任务

(一)加快构建众创空间

总结推广创客空间、创业咖啡、创新工场等新型孵化模式,充分利用国家自主创新示范区、国家高新技术产业开发区、科技企业孵化器、小企业创业基地、大学科技园和高校、科研院所的有利条件,发挥行业领军企业、创业投资机构、社会组织等社会力量的主力军作用,构建一批低成本、便利化、全要素、开放式的众创空间。发挥政策集成和协同效应,实现创新与创业相结合、线上与线下相结合、孵化与投资相结合,为广大创新创业者提供良好的工作空间、网络空间、社交空间和资源共享空间。

（二）降低创新创业门槛

深化商事制度改革，针对众创空间等新型孵化机构集中办公等特点，鼓励各地结合实际，简化住所登记手续，采取一站式窗口、网上申报、多证联办等措施为创业企业工商注册提供便利。有条件的地方政府可对众创空间等新型孵化机构的房租、宽带接入费用和用于创业服务的公共软件、开发工具给予适当财政补贴，鼓励众创空间为创业者提供免费高带宽互联网接入服务。

（三）鼓励科技人员和大学生创业

加快推进中央级事业单位科技成果使用、处置和收益管理改革试点，完善科技人员创业股权激励机制。推进实施大学生创业引领计划，鼓励高校开发开设创新创业教育课程，建立健全大学生创业指导服务专门机构，加强大学生创业培训，整合发展国家和省级高校毕业生就业创业基金，为大学生创业提供场所、公共服务和资金支持，以创业带动就业。

（四）支持创新创业公共服务

综合运用政府购买服务、无偿资助、业务奖励等方式，支持中小企业公共服务平台和服务机构建设，为中小企业提供全方位专业化优质服务，支持服务机构为初创企业提供法律、知识产权、财务、咨询、检验检测认证和技术转移等服务，促进科技基础条件平台开放共享。加强电子商务基础建设，为创新创业搭建高效便利的服务平台，提高小微企业市场竞争力。完善专利审查快速通道，对小微企业亟需获得授权的核心专利申请予以优先审查。

（五）加强财政资金引导

通过中小企业发展专项资金，运用阶段参股、风险补助和投资保障等方式，引导创业投资机构投资于初创期科技型中小企业。发挥国家新兴产业创业投资引导基金对社会资本的带动作用，重点支持战略性新兴产业和高技术产业早中期、初创期创新型企业发展。发挥国家科技成果转化引导基金作用，综合运用设立创业投资子基金、贷款风险补偿、绩效奖励等方式，促进科技成果转移转化。发挥财政资金杠杆作用，通过市场机制引导社会资金和金融资本支持创业活动。发挥财税政策作用支持天使投资、创业投资发展，培育发展天使投资群体，推动大众创新创业。

（六）完善创业投融资机制

发挥多层次资本市场作用，为创新型企业提供综合金融服务。开展互联网股权众筹融资试点,增强众筹对大众创新创业的服务能力。规范和发展服务小微企业的区域性股权市场,促进科技初创企业融资,完善创业投资、天使投资退出和流转机制。鼓励银行业金融机构新设或改造部分分(支)行,作为从事科技型中小企业金融服务的专业或特色分(支)行,提供科技融资担保、知识产权质押、股权质押等方式的金融服务。

(七)丰富创新创业活动

鼓励社会力量围绕大众创业、万众创新组织开展各类公益活动。继续办好中国创新创业大赛、中国农业科技创新创业大赛等赛事活动,积极支持参与国际创新创业大赛,为投资机构与创新创业者提供对接平台。建立健全创业辅导制度,培育一批专业创业辅导师,鼓励拥有丰富经验和创业资源的企业家、天使投资人和专家学者担任创业导师或组成辅导团队。鼓励大企业建立服务大众创业的开放创新平台,支持社会力量举办创业沙龙、创业大讲堂、创业训练营等创业培训活动。

(八)营造创新创业文化氛围

积极倡导敢为人先、宽容失败的创新文化,树立崇尚创新、创业致富的价值导向,大力培育企业家精神和创客文化,将奇思妙想、创新创意转化为实实在在的创业活动。加强各类媒体对大众创新创业的新闻宣传和舆论引导,报道一批创新创业先进事迹,树立一批创新创业典型人物,让大众创业、万众创新在全社会蔚然成风。

三、组织实施

(一)加强组织领导

各地区、各部门要高度重视推进大众创新创业工作,切实抓紧抓好。各有关部门要按照职能分工,积极落实促进创新创业的各项政策措施。各地要加强对创新创业工作的组织领导,结合地方实际制定具体实施方案,明确工作部署,切实加大资金投入、政策支持和条件保障力度。

(二)加强示范引导

在国家自主创新示范区、国家高新技术产业开发区、小企业创业基地、大学科技园和其他有条件的地区开展创业示范工程。鼓励各地积极探索推进大众创新创业的新机制、新政策,不断完善创新创业服务体系,营造良好的创新创业环境。

(三)加强协调推进

科技部要加强与相关部门的工作协调,研究完善推进大众创新创业的政策措施,加强对发展众创空间的指导和支持。各地要做好大众创新创业政策落实情况调研、发展情况统计汇总等工作,及时报告有关进展情况。

国务院办公厅

2015 年 3 月 2 日

国务院关于大力推进大众创业万众创新若干政策措施的意见

(国发〔2015〕32 号)

各省、自治区、直辖市人民政府,国务院各部委、各直属机构:

推进大众创业、万众创新,是发展的动力之源,也是富民之道、公平之计、强国之策,对于推动经济结构调整、打造发展新引擎、增强发展新动力、走创新驱动发展道路具有重要意义,是稳增长、扩就业、激发亿万群众智慧和创造力,促进社会纵向流动、公平正义的重大举措。根据 2015 年《政府工作报告》部署,为改革完善相关体制机制,构建普惠性政策扶持体系,推动资金链引导创业创新链、创业创新链支持产业链、产业链带动就业链,现提出以下意见。

一、充分认识推进大众创业、万众创新的重要意义

——推进大众创业、万众创新,是培育和催生经济社会发展新动力的必然选择。随着我国资源环境约束日益强化,要素的规模驱动力逐步减弱,传统的高投入、高消耗、粗放式发展方式难以为继,经济发展进入新常态,需要从要素驱动、投资驱动转向创新驱动。推进大众创业、万众创新,就是要通过结构性改革、体制机制创新,消除不利于创业创新发展的各种制度束缚和桎梏,支持各类市场主体不断开办新企业、开发新产品、开拓新市场,培育新兴产业,形成小企业"铺天盖地"、大企业"顶天立地"的发展格局,实现创新驱动发展,打造新引擎、形成新动力。

——推进大众创业、万众创新,是扩大就业、实现富民之道的根本举措。我国有 13 亿多人口、9 亿多劳动力,每年高校毕业生、农村转移劳动力、城镇困难人员、退役军人数量较大,人力资源转化为人力资本的潜力巨大,但就业总量压力较大,结构性矛盾凸显。推进大众创业、万众创新,就是要通过转变政府职能、建设服务型政府,营造公平竞争的创业环境,使有梦想、有意

愿、有能力的科技人员、高校毕业生、农民工、退役军人、失业人员等各类市场创业主体"如鱼得水",通过创业增加收入,让更多的人富起来,促进收入分配结构调整,实现创新支持创业、创业带动就业的良性互动发展。

——推进大众创业、万众创新,是激发全社会创新潜能和创业活力的有效途径。目前,我国创业创新理念还没有深入人心,创业教育培训体系还不健全,善于创造、勇于创业的能力不足,鼓励创新、宽容失败的良好环境尚未形成。推进大众创业、万众创新,就是要通过加强全社会以创新为核心的创业教育,弘扬"敢为人先、追求创新、百折不挠"的创业精神,厚植创新文化,不断增强创业创新意识,使创业创新成为全社会共同的价值追求和行为习惯。

二、总体思路

按照"四个全面"战略布局,坚持改革推动,加快实施创新驱动发展战略,充分发挥市场在资源配置中的决定性作用和更好发挥政府作用,加大简政放权力度,放宽政策、放开市场、放活主体,形成有利于创业创新的良好氛围,让千千万万创业者活跃起来,汇聚成经济社会发展的巨大动能。不断完善体制机制、健全普惠性政策措施,加强统筹协调,构建有利于大众创业、万众创新蓬勃发展的政策环境、制度环境和公共服务体系,以创业带动就业、创新促进发展。

——坚持深化改革,营造创业环境。通过结构性改革和创新,进一步简政放权、放管结合、优化服务,增强创业创新制度供给,完善相关法律法规、扶持政策和激励措施,营造均等普惠环境,推动社会纵向流动。

——坚持需求导向,释放创业活力。尊重创业创新规律,坚持以人为本,切实解决创业者面临的资金需求、市场信息、政策扶持、技术支撑、公共服务等瓶颈问题,最大限度释放各类市场主体创业创新活力,开辟就业新空间,拓展发展新天地,解放和发展生产力。

——坚持政策协同,实现落地生根。加强创业、创新、就业等各类政策统筹,部门与地方政策联动,确保创业扶持政策可操作、能落地。鼓励有条件的地区先行先试,探索形成可复制、可推广的创业创新经验。

——坚持开放共享,推动模式创新。加强创业创新公共服务资源开放共享,整合利用全球创业创新资源,实现人才等创业创新要素跨地区、跨行业自由流动。依托"互联网+"、大数据等,推动各行业创新商业模式,建立和完善线上与线下、境内与境外、政府与市场开放合作等创业创新机制。

三、创新体制机制,实现创业便利化

(一)完善公平竞争市场环境

进一步转变政府职能,增加公共产品和服务供给,为创业者提供更多机会。逐步清理并废除妨碍创业发展的制度和规定,打破地方保护主义。加快出台公平竞争审查制度,建立统一透明、有序规范的市场环境。依法反垄断和反不正当竞争,消除不利于创业创新发展的垄断协议和滥用市场支配地位以及其他不正当竞争行为。清理规范涉企收费项目,完善收费目录管理制度,制定事中事后监管办法。建立和规范企业信用信息发布制度,制定严重违法企业名单管理办法,把创业主体信用与市场准入、享受优惠政策挂钩,完善以信用管理为基础的创业创新监管模式。

(二)深化商事制度改革

加快实施工商营业执照、组织机构代码证、税务登记证"三证合一""一照一码",落实"先照后证"改革,推进全程电子化登记和电子营业执照应用。支持各地结合实际放宽新注册企业场所登记条件限制,推动"一址多照"、集群注册等住所登记改革,为创业创新提供便利的工商登记服务。建立市场准入等负面清单,破除不合理的行业准入限制。开展企业简易注销试点,建立便捷的市场退出机制。依托企业信用信息公示系统建立小微企业名录,增强创业企业信息透明度。

(三)加强创业知识产权保护

研究商业模式等新形态创新成果的知识产权保护办法。积极推进知识产权交易,加快建立全国知识产权运营公共服务平台。完善知识产权快速维权与维权援助机制,缩短确权审查、侵权处理周期。集中查处一批侵犯知识产权的大案要案,加大对反复侵权、恶意侵权等行为的处罚力度,探索实施惩罚性赔偿制度。完善权利人维权机制,合理划分权利人举证责任,完善行政调解等非诉讼纠纷解决途径。

(四)健全创业人才培养与流动机制

把创业精神培育和创业素质教育纳入国民教育体系,实现全社会创业教育和培训制度化、体系化。加快完善创业课程设置,加强创业实训体系建设。加强创业创新知识普及教育,使大众创业、万众创新深入人心。加强创业导师队伍建设,提高创业服务水平。加快推进社会保障制度改革,破除人才自由流动制度障碍,实现党政机关、企事业单位、社会各方面人才顺畅流

动。加快建立创业创新绩效评价机制,让一批富有创业精神、勇于承担风险的人才脱颖而出。

四、优化财税政策,强化创业扶持

(五)加大财政资金支持和统筹力度

各级财政要根据创业创新需要,统筹安排各类支持小微企业和创业创新的资金,加大对创业创新支持力度,强化资金预算执行和监管,加强资金使用绩效评价。支持有条件的地方政府设立创业基金,扶持创业创新发展。在确保公平竞争前提下,鼓励对众创空间等孵化机构的办公用房、用水、用能、网络等软硬件设施给予适当优惠,减轻创业者负担。

(六)完善普惠性税收措施

落实扶持小微企业发展的各项税收优惠政策。落实科技企业孵化器、大学科技园、研发费用加计扣除、固定资产加速折旧等税收优惠政策。对符合条件的众创空间等新型孵化机构适用科技企业孵化器税收优惠政策。按照税制改革方向和要求,对包括天使投资在内的投向种子期、初创期等创新活动的投资,统筹研究相关税收支持政策。修订完善高新技术企业认定办法,完善创业投资企业享受70%应纳税所得额税收抵免政策。抓紧推广中关村国家自主创新示范区税收试点政策,将企业转增股本分期缴纳个人所得税试点政策、股权奖励分期缴纳个人所得税试点政策推广至全国范围。落实促进高校毕业生、残疾人、退役军人、登记失业人员等创业就业税收政策。

(七)发挥政府采购支持作用

完善促进中小企业发展的政府采购政策,加强对采购单位的政策指导和监督检查,督促采购单位改进采购计划编制和项目预留管理,增强政策对小微企业发展的支持效果。加大创新产品和服务的采购力度,把政府采购与支持创业发展紧密结合起来。

五、搞活金融市场,实现便捷融资

(八)优化资本市场

支持符合条件的创业企业上市或发行票据融资,并鼓励创业企业通过债券市场筹集资金。积极研究尚未盈利的互联网和高新技术企业到创业板发行上市制度,推动在上海证券交易所建立战略新兴产业板。加快推进全国中小企业股份转让系统向创业板转板试点。研究解决特殊股权结构类创业企业在境内上市的制度性障碍,完善资本市场规则。规范发展服务于中小微企业的区域性股权市场,推动建立工商登记部门与区域性股权市场的股权登记对接机制,支持股权质押融资。支持符合条件的发行主体发行小微企业增信集合债等企业债券创新品种。

（九）创新银行支持方式

鼓励银行提高针对创业创新企业的金融服务专业化水平,不断创新组织架构、管理方式和金融产品。推动银行与其他金融机构加强合作,对创业创新活动给予有针对性的股权和债权融资支持。鼓励银行业金融机构向创业企业提供结算、融资、理财、咨询等一站式系统化的金融服务。

（十）丰富创业融资新模式

支持互联网金融发展,引导和鼓励众筹融资平台规范发展,开展公开、小额股权众筹融资试点,加强风险控制和规范管理。丰富完善创业担保贷款政策。支持保险资金参与创业创新,发展相互保险等新业务。完善知识产权估值、质押和流转体系,依法合规推动知识产权质押融资、专利许可费收益权证券化、专利保险等服务常态化、规模化发展,支持知识产权金融发展。

六、扩大创业投资,支持创业起步成长

（十一）建立和完善创业投资引导机制

不断扩大社会资本参与新兴产业创投计划参股基金规模,做大直接融资平台,引导创业投资更多向创业企业起步成长的前端延伸。不断完善新兴产业创业投资政策体系、制度体系、融资体系、监管和预警体系,加快建立考核评价体系。加快设立国家新兴产业创业投资引导基金和国家中小企业发展基金,逐步建立支持创业创新和新兴产业发展的市场化长效运行机制。发展联合投资等新模式,探索建立风险补偿机制。鼓励各地方政府建立和完善创业投资引导基金。加强创业投资立法,完善促进天使投资的政策法规。促进国家新兴产业创业投资引导基金、科技型中小企业创业投资引导基金、国家科技成果转化引导基金、国家中小企业发展基金等协同联动。推进创业投资行业协会建设,加强行业自律。

（十二）拓宽创业投资资金供给渠道

加快实施新兴产业"双创"三年行动计划,建立一批新兴产业"双创"示

范基地,引导社会资金支持大众创业。推动商业银行在依法合规、风险隔离的前提下,与创业投资机构建立市场化长期性合作。进一步降低商业保险资金进入创业投资的门槛。推动发展投贷联动、投保联动、投债联动等新模式,不断加大对创业创新企业的融资支持。

(十三)发展国有资本创业投资

研究制定鼓励国有资本参与创业投资的系统性政策措施,完善国有创业投资机构激励约束机制、监督管理机制。引导和鼓励中央企业和其他国有企业参与新兴产业创业投资基金、设立国有资本创业投资基金等,充分发挥国有资本在创业创新中的作用。研究完善国有创业投资机构国有股转持豁免政策。

(十四)推动创业投资"引进来"与"走出去"

抓紧修订外商投资创业投资企业相关管理规定,按照内外资一致的管理原则,放宽外商投资准入,完善外资创业投资机构管理制度,简化管理流程,鼓励外资开展创业投资业务。放宽对外资创业投资基金投资限制,鼓励中外合资创业投资机构发展。引导和鼓励创业投资机构加大对境外高端研发项目的投资,积极分享境外高端技术成果。按投资领域、用途、募集资金规模,完善创业投资境外投资管理。

七、发展创业服务,构建创业生态

(十五)加快发展创业孵化服务

大力发展创新工场、车库咖啡等新型孵化器,做大做强众创空间,完善创业孵化服务。引导和鼓励各类创业孵化器与天使投资、创业投资相结合,完善投融资模式。引导和推动创业孵化与高校、科研院所等技术成果转移相结合,完善技术支撑服务。引导和鼓励国内资本与境外合作设立新型创业孵化平台,引进境外先进创业孵化模式,提升孵化能力。

(十六)大力发展第三方专业服务

加快发展企业管理、财务咨询、市场营销、人力资源、法律顾问、知识产权、检验检测、现代物流等第三方专业化服务,不断丰富和完善创业服务。

(十七)发展"互联网+"创业服务

加快发展"互联网+"创业网络体系,建设一批小微企业创业创新基地,促进创业与创新、创业与就业、线上与线下相结合,降低全社会创业门槛和成本。加强政府数据开放共享,推动大型互联网企业和基础电信企业向创业者开放计算、存储和数据资源。积极推广众包、用户参与设计、云设计等新型研发组织模式和创业创新模式。

（十八）研究探索创业券、创新券等公共服务新模式

有条件的地方继续探索通过创业券、创新券等方式对创业者和创新企业提供社会培训、管理咨询、检验检测、软件开发、研发设计等服务,建立和规范相关管理制度和运行机制,逐步形成可复制、可推广的经验。

八、建设创业创新平台,增强支撑作用

（十九）打造创业创新公共平台

加强创业创新信息资源整合,建立创业政策集中发布平台,完善专业化、网络化服务体系,增强创业创新信息透明度。鼓励开展各类公益讲坛、创业论坛、创业培训等活动,丰富创业平台形式和内容。支持各类创业创新大赛,定期办好中国创新创业大赛、中国农业科技创新创业大赛和创新挑战大赛等赛事。加强和完善中小企业公共服务平台网络建设。充分发挥企业的创新主体作用,鼓励和支持有条件的大型企业发展创业平台、投资并购小微企业等,支持企业内外部创业者创业,增强企业创业创新活力。为创业失败者再创业建立必要的指导和援助机制,不断增强创业信心和创业能力。加快建立创业企业、天使投资、创业投资统计指标体系,规范统计口径和调查方法,加强监测和分析。

（二十）用好创业创新技术平台

建立科技基础设施、大型科研仪器和专利信息资源向全社会开放的长效机制。完善国家重点实验室等国家级科研平台(基地)向社会开放机制,为大众创业、万众创新提供有力支撑。鼓励企业建立一批专业化、市场化的技术转移平台。鼓励依托三维(3D)打印、网络制造等先进技术和发展模式,开展面向创业者的社会化服务。引导和支持有条件的领军企业创建特色服务平台,面向企业内部和外部创业者提供资金、技术和服务支撑。加快建立军民两用技术项目实施、信息交互和标准化协调机制,促进军民创新资源融合。

（二十一）发展创业创新区域平台

支持开展全面创新改革试验的省(区、市)、国家综合配套改革试验区等,依托改革试验平台在创业创新体制机制改革方面积极探索,发挥示范和带动作用,为创业创新制度体系建设提供可复制、可推广的经验。依托自由

贸易试验区、国家自主创新示范区、战略性新兴产业集聚区等创业创新资源密集区域,打造若干具有全球影响力的创业创新中心。引导和鼓励创业创新型城市完善环境,推动区域集聚发展。推动实施小微企业创业基地城市示范。鼓励有条件的地方出台各具特色的支持政策,积极盘活闲置的商业用房、工业厂房、企业库房、物流设施和家庭住所、租赁房等资源,为创业者提供低成本办公场所和居住条件。

九、激发创造活力,发展创新型创业

(二十二)支持科研人员创业

加快落实高校、科研院所等专业技术人员离岗创业政策,对经同意离岗的可在 3 年内保留人事关系,建立健全科研人员双向流动机制。进一步完善创新型中小企业上市股权激励和员工持股计划制度规则。鼓励符合条件的企业按照有关规定,通过股权、期权、分红等激励方式,调动科研人员创业积极性。支持鼓励学会、协会、研究会等科技社团为科技人员和创业企业提供咨询服务。

(二十三)支持大学生创业

深入实施大学生创业引领计划,整合发展高校毕业生就业创业基金。引导和鼓励高校统筹资源,抓紧落实大学生创业指导服务机构、人员、场地、经费等。引导和鼓励成功创业者、知名企业家、天使和创业投资人、专家学者等担任兼职创业导师,提供包括创业方案、创业渠道等创业辅导。建立健全弹性学制管理办法,支持大学生保留学籍休学创业。

(二十四)支持境外人才来华创业

发挥留学回国人才特别是领军人才、高端人才的创业引领带动作用。继续推进人力资源市场对外开放,建立和完善境外高端创业创新人才引进机制。进一步放宽外籍高端人才来华创业办理签证、永久居留证等条件,简化开办企业审批流程,探索由事前审批调整为事后备案。引导和鼓励地方对回国创业高端人才和境外高端人才来华创办高科技企业给予一次性创业启动资金,在配偶就业、子女入学、医疗、住房、社会保障等方面完善相关措施。加强海外科技人才离岸创业基地建设,把更多的国外创业创新资源引入国内。

十、拓展城乡创业渠道,实现创业带动就业

(二十五)支持电子商务向基层延伸

引导和鼓励集办公服务、投融资支持、创业辅导、渠道开拓于一体的市场化网商创业平台发展。鼓励龙头企业结合乡村特点建立电子商务交易服务平台、商品集散平台和物流中心,推动农村依托互联网创业。鼓励电子商务第三方交易平台渠道下沉,带动城乡基层创业人员依托其平台和经营网络开展创业。完善有利于中小网商发展的相关措施,在风险可控、商业可持续的前提下支持发展面向中小网商的融资贷款业务。

(二十六)支持返乡创业集聚发展

结合城乡区域特点,建立有市场竞争力的协作创业模式,形成各具特色的返乡人员创业联盟。引导返乡创业人员融入特色专业市场,打造具有区域特点的创业集群和优势产业集群。深入实施农村青年创业富民行动,支持返乡创业人员因地制宜围绕休闲农业、农产品深加工、乡村旅游、农村服务业等开展创业,完善家庭农场等新型农业经营主体发展环境。

(二十七)完善基层创业支撑服务

加强城乡基层创业人员社保、住房、教育、医疗等公共服务体系建设,完善跨区域创业转移接续制度。健全职业技能培训体系,加强远程公益创业培训,提升基层创业人员创业能力。引导和鼓励中小金融机构开展面向基层创业创新的金融产品创新,发挥社区地理和软环境优势,支持社区创业者创业。引导和鼓励行业龙头企业、大型物流企业发挥优势,拓展乡村信息资源、物流仓储等技术和服务网络,为基层创业提供支撑。

十一、加强统筹协调,完善协同机制

(二十八)加强组织领导

建立由发展改革委牵头的推进大众创业万众创新部际联席会议制度,加强顶层设计和统筹协调。各地区、各部门要立足改革创新,坚持需求导向,从根本上解决创业创新中面临的各种体制机制问题,共同推进大众创业、万众创新蓬勃发展。重大事项要及时向国务院报告。

(二十九)加强政策协调联动

建立部门之间、部门与地方之间政策协调联动机制,形成强大合力。各地区、各部门要系统梳理已发布的有关支持创业创新发展的各项政策措施,

抓紧推进"立、改、废"工作,将对初创企业的扶持方式从选拔式、分配式向普惠式、引领式转变。建立健全创业创新政策协调审查制度,增强政策普惠性、连贯性和协同性。

（三十）加强政策落实情况督查

加快建立推进大众创业、万众创新有关普惠性政策措施落实情况督查督导机制,建立和完善政策执行评估体系和通报制度,全力打通决策部署的"最先一公里"和政策落实的"最后一公里",确保各项政策措施落地生根。

各地区、各部门要进一步统一思想认识,高度重视、认真落实本意见的各项要求,结合本地区、本部门实际明确任务分工、落实工作责任,主动作为、敢于担当,积极研究解决新问题,及时总结推广经验做法,加大宣传力度,加强舆论引导,推动本意见确定的各项政策措施落实到位,不断拓展大众创业、万众创新的空间,汇聚经济社会发展新动能,促进我国经济保持中高速增长、迈向中高端水平。

国务院

2015 年 6 月 11 日

国务院办公厅关于建设
大众创业万众创新示范基地的实施意见

（国办发〔2016〕35 号）

各省、自治区、直辖市人民政府,国务院各部委、各直属机构:

根据 2016 年《政府工作报告》部署和《国务院关于大力推进大众创业万众创新若干政策措施的意见》（国发〔2015〕32 号）等文件精神,为在更大范围、更高层次、更深程度上推进大众创业万众创新,加快发展新经济、培育发展新动能、打造发展新引擎,建设一批双创示范基地、扶持一批双创支撑平台、突破一批阻碍双创发展的政策障碍、形成一批可复制可推广的双创模式和典型经验,重点围绕创业创新重点改革领域开展试点示范,经国务院同意,现提出以下实施意见。

一、总体思路

(一)指导思想

牢固树立并贯彻落实创新、协调、绿色、开放、共享的新发展理念,加快实施创新驱动发展战略,全面落实推动双创的各项政策措施。加强顶层设计和统筹谋划,通过试点示范完善双创政策环境,推动双创政策落地,扶持双创支撑平台,构建双创发展生态,调动双创主体积极性,发挥双创和"互联网+"集众智汇众力的乘数效应,发展新技术、新产品、新业态、新模式,总结双创成功经验并向全国推广,进一步促进社会就业,推动形成双创蓬勃发展的新局面,实现发展动力转换、结构优化,促进经济提质增效升级。

(二)基本原则

——坚持政府引导,加强政策协同。通过试点示范加强各类政策统筹,实现地方与部门政策联动,确保已出台扶持政策具体化、可操作、能落地,切实解决政策落实"最后一公里"问题。结合现有工作基础,更加注重政策前瞻性、引领性,不断完善体制机制,营造有利于双创的政策环境。

——坚持市场主导,搞活双创主体。充分发挥市场配置资源的决定性作用,结合科技、教育和国有企业等改革,放开市场、放活主体,通过环境营造、制度设计、平台搭建等方式,聚焦新兴产业和创新型初创企业,扩大社会就业,培育全社会双创的内生动力。

——坚持问题导向,鼓励先行先试。系统梳理不同领域推动双创的特点和难点,从解决制约双创发展的核心问题入手,明确试点方向,充分调动地方、部门和企业的积极性,大胆探索,勇于尝试,突破制度障碍,切实解决创业者面临的资金、信息、政策、技术、服务等瓶颈问题。

——坚持创新模式,完善双创平台。以构建双创良好生态为目标,系统谋划、统筹考虑,结合各类双创支撑平台的特点,支持建立多种类型的双创示范基地。探索创新平台发展模式,不断丰富平台服务功能,引导社会资源支持双创。

(三)主要目标

力争通过三年时间,围绕打造双创新引擎,统筹产业链、创新链、资金链和政策链,推动双创组织模式和服务模式创新,加强双创文化建设,到2018年底前建设一批高水平的双创示范基地,培育一批具有市场活力的双创支撑平台,突破一批阻碍双创发展的政策障碍,推广一批适应不同区域特点、组织形式和发展阶段的双创模式和典型经验,加快推动创新型企业成长壮大,努力营造鼓励创新、宽容失败的社会氛围,带动高质量的就业,促进新技术、新产品、新业态、新模式发展,为培育发展新动能提供支撑。

二、示范布局

(一)统筹示范类型

强化顶层设计,注重分类指导,充分考虑各类主体特点和区域发展情况,有机衔接现有工作基础,有序推进双创示范基地建设。

依托双创资源集聚的区域、高校和科研院所、创新型企业等不同载体,支持多种形式的双创示范基地建设。引导双创要素投入,有效集成高校、科研院所、企业和金融、知识产权服务以及社会组织等力量,实施一批双创政策措施,支持建设一批双创支撑平台,探索形成不同类型的示范模式。

(二)统筹区域布局

充分考虑东、中、西部和东北地区双创发展情况和特点,结合全面创新改革试验区域、国家综合配套改革试验区、国家自主创新示范区等布局,统筹部署双创示范基地建设,依托各自优势和资源,探索形成各具特色的区域双创形态。

(三)统筹现有基础

有机衔接各地方、各部门已有工作基础,在双创示范基地遴选、政策扶持、平台建设等方面充分发挥现有机制作用,依托众创空间、小微企业创业基地和城市等各类双创平台和示范区域,各有区别,各有侧重,协同完善双创政策体系。

(四)统筹有序推进

分批次、分阶段推进实施。首批双创示范基地选择在部分创新资源丰富、体制机制基础好、示范带动能力强的区域和单位先期开展示范布局,建立健全工作机制。在此基础上,逐步完善制度设计,有序扩大示范范围,探索统筹各方资源共同支持建设双创示范基地的新模式。

三、改革举措

积极推进结构性改革尤其是供给侧结构性改革,支持示范基地探索创新、先行先试,在双创发展的若干关键环节和重点领域,率先突破一批瓶颈制约,激发体制活力和内生动力,营造良好的创业创新生态和政策环境,促进新旧动能顺畅转换。

（一）拓宽市场主体发展空间

持续增强简政放权、放管结合、优化服务改革的累积效应,支持示范基地纵深推进审批制度改革和商事制度改革,先行试验一批重大行政审批改革措施。取消和下放一批行政审批事项,深化网上并联审批和纵横协同监管改革,推行政务服务事项的"一号申请、一窗受理、一网通办"。最大限度减少政府对企业创业创新活动的干预,逐步建立符合创新规律的政府管理制度。

（二）强化知识产权保护

在示范基地内探索落实商业模式等新形态创新成果的知识产权保护办法,推行知识产权管理规范的国家标准。开展知识产权综合执法,建立知识产权维权援助网点和快速维权通道,加强关键环节、重点领域的知识产权保护。将侵犯知识产权行为情况纳入信用记录,归集到全国信用信息共享平台,构建失信联合惩戒机制。

（三）加速科技成果转化

全面落实《中华人民共和国促进科技成果转化法》,落实完善科研项目资金管理等改革措施,赋予高校和科研院所更大自主权,并督促指导高校和科研院所切实用好。支持示范基地完善新兴产业和现代服务业发展政策,打通科技和经济结合的通道。落实新修订的高新技术企业认定管理办法,充分考虑互联网企业特点,支持互联网企业申请高新技术企业认定并享受相关政策。

（四）加大财税支持力度

加大中央预算内投资、专项建设基金对示范基地支持力度。在示范基地内探索鼓励创业创新的税收支持政策。抓紧制定科技型中小企业认定办法,对高新技术企业和科技型中小企业转化科技成果给予个人的股权奖励,递延至取得股权分红或转让股权时纳税。有限合伙制创业投资企业采取股权投资方式投资于未上市中小高新技术企业满 2 年的,该有限合伙制创业投资企业的法人合伙人可享受企业所得税优惠。居民企业转让 5 年以上非独占许可使用权取得的技术转让所得,可享受企业所得税优惠。

（五）促进创业创新人才流动

鼓励示范基地实行更具竞争力的人才吸引制度。加快社会保障制度改革,完善社保关系转移接续办法,建立健全科研人员双向流动机制,落实事业单位专业技术人员离岗创业有关政策,促进科研人员在事业单位和企业间合理流动。开展外国人才永久居留及出入境便利服务试点,建设海外人才离岸创业基地。

(六)加强协同创新和开放共享

加大示范基地内的科研基础设施、大型科研仪器向社会开放力度。鼓励大型互联网企业、行业领军企业通过网络平台向各类创业创新主体开放技术、开发、营销、推广等资源,加强创业创新资源共享与合作,构建开放式创业创新体系。

四、建设任务

以促进创新型初创企业发展为抓手,以构建双创支撑平台为载体,明确示范基地建设目标和建设重点,积极探索改革,推进政策落地,形成一批可复制可推广的双创模式和典型经验。

(一)区域示范基地

建设目标:

结合全面创新改革试验区域、国家综合配套改革试验区、国家自主创新示范区等,以创业创新资源集聚区域为重点和抓手,集聚资本、人才、技术、政策等优势资源,探索形成区域性的创业创新扶持制度体系和经验。

建设重点:

1. 推进服务型政府建设。进一步转变政府职能,简政放权、放管结合、优化服务,在完善市场环境、深化审批制度改革和商事制度改革等方面采取切实有效措施,降低创业创新成本。加强创业创新信息资源整合,面向创业者和小微企业需求,建立创业政策集中发布平台,完善专业化、网络化服务体系,增强创业创新信息透明度。

2. 完善双创政策措施。加强政府部门的协调联动,多管齐下抓好已出台政策落实,打通政策落地的"最后一公里"。结合区域发展特点,面向经济社会发展需求,加大财税支持力度,强化知识产权保护,在科技成果转化、促进人才流动、加强协同创新和开放共享等方面,探索突破一批制约创业创新的制度瓶颈。

3. 扩大创业投资来源。落实鼓励创业投资发展的税收优惠政策,营造创业投资、天使投资发展的良好环境。规范设立和发展政府引导基金,支持创业投资、创新型中小企业发展。丰富双创投资和资本平台,进一步拓宽投融资渠道。

4. 构建创业创新生态。加强创业培训、技术服务、信息和中介服务、知识产权交易、国际合作等支撑平台建设,深入实施"互联网+"行动,加快发展物联网、大数据、云计算等平台,促进各类孵化器等创业培育孵化机构转型升级,打通政产学研用协同创新通道。

5.加强双创文化建设。加大双创宣传力度,培育创业创新精神,强化创业创新素质教育,树立创业创新榜样,通过公益讲坛、创业论坛、创业培训等形式多样的活动,努力营造鼓励创新、宽容失败的社会氛围。

(二)高校和科研院所示范基地

建设目标:

以高校和科研院所为载体,深化教育、科技体制改革,完善知识产权和技术创新激励制度,充分挖掘人力和技术资源,把人才优势和科技优势转化为产业优势和经济优势,促进科技成果转化,探索形成中国特色高校和科研院所双创制度体系和经验。

建设重点:

1.完善创业人才培养和流动机制。深化创业创新教育改革,建立创业理论研究平台,完善相关课程设置,实现创业创新教育和培训制度化、体系化。落实高校、科研院所等专业技术人员离岗创业政策,建立健全科研人员双向流动机制。加大吸引海外高水平创业创新人才力度。

2.加速科技成果转化。全面落实改进科研项目资金管理,下放科技成果使用、处置和收益权等改革措施,提高科研人员成果转化收益比例,加大股权激励力度,鼓励科研人员创业创新。开放各类创业创新资源和基础设施,构建开放式创业创新体系。

3.构建大学生创业支持体系。实施大学生创业引领计划,落实大学生创业指导服务机构、人员、场地、经费等。建立健全弹性学制管理办法,允许学生保留学籍休学创业。构建创业创新教育和实训体系。加强创业导师队伍建设,完善兼职创业导师制度。

4.建立健全双创支撑服务体系。引导和推动创业投资、创业孵化与高校、科研院所等技术成果转移相结合。完善知识产权运营、技术交流、通用技术合作研发等平台。

(三)企业示范基地

建设目标:

充分发挥创新能力突出、创业氛围浓厚、资源整合能力强的领军企业核心作用,引导企业转型发展与双创相结合,大力推动科技创新和体制机制创新,探索形成大中小型企业联合实施双创的制度体系和经验。

建设重点:

1. 构建适合创业创新的企业管理体系。健全激励机制和容错纠错机制，激发和保护企业家精神。结合国有企业改革，强化组织管理制度创新，鼓励企业按照有关规定，通过股权、期权、分红等激励方式，支持员工自主创业、企业内部再创业，增强企业创新发展能力。

2. 激发企业员工创造力。加快技术和服务等双创支撑平台建设，开放创业创新资源，为员工创业创新提供支持。积极培育创客文化，激发员工创造力，提升企业市场适应能力。

3. 拓展创业创新投融资渠道。建立面向员工创业和小微企业发展的创业创新投资平台，整合企业内外部资金资源，完善投融资服务体系，为创业项目和团队提供全方位的投融资支持。

4. 开放企业创业创新资源。依托物联网、大数据、云计算等技术和服务平台，探索服务于产业和区域发展的新模式，利用互联网手段，向社会开放供应链，提供财务、市场、融资、技术、管理等服务，促进大中型企业和小微企业协同创新、共同发展。

五、步骤安排

2016 年上半年，首批双创示范基地结合自身特点，研究制定具体工作方案，明确各自建设目标、建设重点、时间表和路线图。国家发展改革委会同教育部、科技部、工业和信息化部、财政部、人力资源社会保障部、国务院国资委、中国科协等部门和单位论证、完善工作方案，建立执行评估体系和通报制度。示范基地工作方案应向社会公布，接受社会监督。

2016 年下半年，首批双创示范基地按照工作方案，完善制度体系，加快推进示范基地建设。

2017 年上半年，国家发展改革委会同相关部门组织对示范基地建设开展督促检查和第三方评估。对于成熟的可复制可推广的双创模式和典型经验，在全国范围内推广。

2017 年下半年，总结首批双创示范基地建设经验，完善制度设计，丰富示范基地内涵，逐步扩大示范基地范围，组织后续示范基地建设。

双创示范基地所在地人民政府要高度重视，加强领导，完善组织体系，把双创示范基地建设作为重要抓手和载体，认真抓好落实；要出台有针对性的政策措施，保证政策真正落地生根，进一步释放全社会创新活力。各相关部门要加强指导，建立地方政府、部门政策协调联动机制，为高校、科研院所、各类企业等提供政策支持、科技支撑、人才引进、公共服务等保障条件，形成强大政策合力；要细化评估考核机制，建立良性竞争机制，实现对示范基地的动态调整,推动形成大众创业万众创新的新局面。

附件:首批双创示范基地名单(28 个)

国务院办公厅

2016 年 5 月 8 日

(此件公开发布)

附件:

首批双创示范基地名单(28 个)

一、区域示范基地(17 个)

北京市海淀区、天津市滨海新区中心商务区、辽宁省沈阳市浑南区、上海市杨浦区、江苏省常州市武进区、浙江省杭州市余杭区浙江杭州未来科技城、安徽省合肥高新技术产业开发区、福建福州新区、河南省郑州航空港经济综合实验区、湖北省武汉东湖新技术开发区、湖南湘江新区、广东省广州高新技术产业开发区科学城园区、广东省深圳市南山区、重庆两江新区、四川省成都市郫县、贵州贵安新区、陕西西咸新区。

二、高校和科研院所示范基地(4 个)

清华大学、上海交通大学、南京大学、四川大学。

三、企业示范基地(7 个)

中国电信集团公司、中国航天科工集团公司、招商局集团有限公司、海尔集团公司、中信重工机械股份有限公司、共享装备股份有限公司、阿里巴巴集团。

国务院办公厅关于做好 2014 年全国普通高等学校毕业生就业创业工作的通知

(国办发〔2014〕22 号)

各省、自治区、直辖市人民政府,国务院各部委、各直属机构:

为进一步做好 2014 年全国普通高等学校毕业生(以下简称高校毕业生)就业创业工作,经国务院同意,现就有关问题通知如下:

一、高度重视高校毕业生就业创业工作

高校毕业生是国家宝贵的人才资源。做好高校毕业生就业创业工作，对于保持就业形势稳定，促进经济社会健康发展具有重要意义。近年来，各地区、各有关部门认真贯彻落实党中央、国务院的决策部署，高校毕业生就业创业工作取得积极进展。2014年，全国高校毕业生数量继续增加，就业工作任务十分艰巨。对此，党中央、国务院高度重视。党的十八届三中全会、中央经济工作会议对做好当前和今后一段时期高校毕业生就业创业工作提出明确要求，国务院对做好今年高校毕业生就业创业工作作出新的部署。各地区、各部门要切实将思想和行动统一到党中央、国务院的决策部署上来，充分认识做好高校毕业生就业创业工作的重要性和紧迫性，聚焦重点难点，继续把高校毕业生就业创业摆在就业工作的首要位置和整个经济社会发展的重要位置。要多方位拓宽就业渠道，结合产业转型升级开发更多适合高校毕业生的就业岗位，尤其要加快发展就业吸纳能力强的服务业，着力发展研发设计、现代物流、融资租赁、检验检测等对高校毕业生需求比较集中的生产性服务业，同时加快发展各类生活性服务业，拓展新领域，发展新业态，不断提高服务业从业人员比重。要充分发挥市场配置人力资源的决定性作用，着力改革创新，完善政策措施，强化就业创业服务，改善就业创业环境，引导高校毕业生转变就业观念，力争实现高校毕业生就业和创业比例都有所提高，确保高校毕业生就业形势稳定。

二、鼓励高校毕业生到城乡基层就业

各地区要结合城镇化进程和公共服务均等化要求，充分挖掘教育、劳动就业、社会保障、医疗卫生、住房保障、社会工作、文化体育及残疾人服务、农技推广等基层公共管理和服务领域的就业潜力，吸纳高校毕业生就业。要结合推进农业科技创新、健全农业社会化服务体系等，引导更多高校毕业生投身现代农业。全面落实高校毕业生到中西部地区和艰苦边远地区县以下基层单位就业的学费补偿和助学贷款代偿政策，尚未制定学费补偿和助学贷款代偿办法的地区，要在年内出台。高校毕业生在中西部地区和艰苦边远地区县以下基层单位从事专业技术工作，申报相应职称时，可不参加职称外语考试或放宽外语成绩要求。充分挖掘社会组织吸纳高校毕业生就业潜力，对到省会及省会以下城市的社会团体、基金会、民办非企业单位就业的高校毕业生，所在地的公共就业人才服务机构要协助办理落户手续，在专业技术职称评定方面享受与国有企事业单位同类人员同等待遇。继续统筹实

施好大学生村官、"三支一扶"等各类基层服务项目,健全鼓励高校毕业生到基层工作的服务保障机制。各地要为高校毕业生参加实习、见习、志愿服务等活动创造条件,并将参加实习、见习、志愿服务等活动作为高校毕业生求职的实践经历。要加大工作力度,健全体制机制,鼓励支持更多高校毕业生参军入伍。

三、鼓励小型微型企业吸纳高校毕业生就业

各地区、各有关部门要认真落实《国务院关于进一步支持小型微型企业健康发展的意见》(国发〔2012〕14 号),为小型微型企业发展创造良好环境,推动小型微型企业在转型升级过程中创造更多岗位吸纳高校毕业生就业。对小型微型企业新招用毕业年度高校毕业生,签订 1 年以上劳动合同并按时足额缴纳社会保险费的,给予 1 年的社会保险补贴,政策执行期限截至 2015年年底。科技型小型微型企业招收毕业年度高校毕业生达到一定比例的,可申请最高不超过 200 万元的小额担保贷款,并享受财政贴息。对小型微型企业新招用高校毕业生按规定开展岗前培训的,各地要根据当地物价水平,适当提高培训费补贴标准。

四、实施大学生创业引领计划

2014 年至 2017 年,在全国范围内实施大学生创业引领计划。通过提供创业服务,落实创业扶持政策,提升创业能力,帮助和扶持更多高校毕业生自主创业,逐步提高高校毕业生创业比例。各地要采取措施,确保符合条件的高校毕业生都能得到创业指导、创业培训、工商登记、融资服务、税收优惠、场地扶持等各项服务和政策优惠。各高校要广泛开展创新创业教育,将创业教育课程纳入学分管理,有关部门要研发适合高校毕业生特点的创业培训课程,根据需求开展创业培训,提升高校毕业生创业意识和创业能力。各地公共就业人才服务机构要为自主创业的高校毕业生做好人事代理、档案保管、社会保险办理和接续、职称评定、权益保障等服务。

各地区、各有关部门要进一步落实和完善工商登记、场地支持、税费减免等各项创业扶持政策。拓宽高校毕业生创办企业出资方式,简化工商注册登记手续。鼓励各地充分利用现有资源建设大学生创业园、创业孵化基地和小企业创业基地,为高校毕业生提供创业经营场所支持。对高校毕业生创办的小型微型企业,按规定落实好减半征收企业所得税、月销售额不超过 2 万元的暂免征收增值税和营业税等税收优惠政策。对从事个体经营的高校毕业生和毕业年度内的高校毕业生,按规定享受相关税收优惠政策。

留学回国的高校毕业生自主创业,符合条件的,可享受现行高校毕业生创业扶持政策。

各银行业金融机构要积极探索和创新符合高校毕业生创业实际需求特点的金融产品和服务方式,本着风险可控和方便高校毕业生享受政策的原则,降低贷款门槛,优化贷款审批流程,提升贷款审批效率。要通过进一步完善抵押、质押、联保、保证和信用贷款等多种方式,多途径为高校毕业生解决反担保难问题,切实落实银行贷款和财政贴息。在电子商务网络平台开办"网店"的高校毕业生,可享受小额担保贷款和贴息政策。充分发挥中小企业发展专项资金的积极作用,推动改善创业环境。鼓励企业、行业协会、群团组织、天使投资人等以多种方式向自主创业大学生提供资金支持,设立重点面向扶持高校毕业生创业的天使投资和创业投资基金。对支持创业早期企业的投资,符合条件的,可享受创业投资企业相关企业所得税优惠政策。

五、深入实施离校未就业高校毕业生就业促进计划

各地区要将离校未就业高校毕业生全部纳入公共就业人才服务范围,采取有效措施,力争使每一名有就业意愿的未就业高校毕业生在毕业半年内都能实现就业或参加到就业准备活动中。各有关部门、各高校要密切协作,做好未就业高校毕业生离校前后信息衔接和服务接续,切实保证服务不断线。教育部门要将有就业意愿的离校未就业高校毕业生的实名信息及时提供给人力资源社会保障部门。人力资源社会保障部门要建立离校未就业高校毕业生实名信息数据库,全面实行实名制就业服务。各级公共就业人才服务机构和基层就业服务平台要及时主动与实名登记的未就业高校毕业生联系,摸清就业需求,提供有针对性的就业服务。教育部门和高校要加强对离校未就业高校毕业生的跟踪服务,为有就业意愿的高校毕业生持续提供岗位信息和求职指导。

各地区要结合本地产业发展需要和高校毕业生就业见习意愿及需求,扩大就业见习规模,提升就业见习质量,确保凡有见习需求的高校毕业生都能得到见习机会。根据当地物价水平,适当提高见习人员见习期间基本生活补助标准。高校毕业生见习期间参加职业培训的,按现行政策享受职业培训补贴。

各地区要继续推动离校未就业高校毕业生技能就业专项行动,结合当地产业发展和高校毕业生需求,创新职业培训课程,提高职业培训的针对性和实效性。在高校毕业生集中的城市,要提升改造一批适应高校毕业生特

点的职业技能公共实训基地。国家级重点技工院校和培训实力雄厚的职业培训机构,要选择一批适合高校毕业生的培训项目,及时向社会公布。

六、加强就业指导、就业服务和就业援助

各地区、各有关部门、各高校要根据高校毕业生特点和求职需求,创新服务方式,改进服务措施,提高服务质量,促进更多的高校毕业生通过市场实现就业。加强网络信息服务,建立健全全国公共就业信息服务平台,加快招聘信息全国联网,更多开展网络招聘,为用人单位招聘和高校毕业生求职提供高效便捷的就业信息服务。积极开展公共就业人才服务进校园活动,为高校毕业生送政策、送指导、送信息,特别是要让高校毕业生知晓获取就业政策和岗位信息的渠道。精心组织民营企业招聘周、高校毕业生就业服务月、就业服务周、部分大中城市联合招聘高校毕业生专场活动和每季度的全国高校毕业生网络招聘月等专项服务活动,搭建供需信息平台,积极促进对接。高校要加强就业指导课程和学科建设,积极聘请专家学者、企业人力资源经理、优秀校友担任就业导师。

各地区、各高校要将零就业家庭、优抚对象家庭、农村贫困户、城乡低保家庭以及残疾等就业困难的高校毕业生列为重点对象实施重点帮扶。享受城乡居民最低生活保障家庭的毕业年度内高校毕业生的求职补贴要在离校前全部发放到位,求职补贴标准较低的要适当调高标准。各地可结合本地实际将残疾高校毕业生纳入享受求职补贴对象范围。党政机关、事业单位、国有企业要带头招录残疾高校毕业生。离校未就业高校毕业生实现灵活就业的,在公共就业人才服务机构办理实名登记并按规定缴纳社会保险费的,给予一定数额的社会保险补贴,补贴数额原则上不超过其实际缴费的2/3,最长不超过2年,所需资金从就业专项资金中列支。

七、进一步创造公平的就业环境

各地区、各有关部门要积极采取措施,促进就业公平。用人单位招聘不得设置民族、种族、性别、宗教信仰等歧视性条件,不得将院校作为限制性条件。省会及以下城市用人单位招聘应届毕业生不得将户籍作为限制性条件。国有企业招聘应届高校毕业生,除涉密等特殊岗位外,要实行公开招聘,招聘应届高校毕业生信息要在政府网站公开发布,报名时间不少于7天;对拟聘人员应进行公示,明确监督渠道,公示期不少于7天。各地区、各有关部门要严厉打击非法中介和虚假招聘,依法纠正性别、民族等就业歧视现象。加大对企业用工行为的监督检查力度,对企业招用高校毕业生不签订

劳动合同、不按时足额缴纳社会保险费、不按时支付工资等违法行为,及时予以查处,切实维护高校毕业生的合法权益。

各地区、各有关部门要消除高校毕业生在不同地区、不同类型单位之间流动就业的制度性障碍。省会及以下城市要放开对吸收高校毕业生落户的限制,简化有关手续,应届毕业生凭《普通高等学校毕业证书》《全国普通高等学校毕业生就业报到证》,与用人单位签订《就业协议书》或劳动(聘用)合同办理落户手续;非应届毕业生凭与用人单位签订的劳动(聘用)合同和《普通高等学校毕业证书》办理落户手续。高校毕业生到小型微型企业就业、自主创业的,其档案可由当地市、县一级的公共就业人才服务机构免费保管。办理高校毕业生档案转递手续,转正定级表、调整改派手续不再作为接收审核档案的必备材料。

八、推动创新高校人才培养机制

深化教育改革,积极调整教育结构,加快发展现代职业教育,深化校企合作、工学结合,培养生产、建设、服务、管理一线的应用型和技能型人才。高校要明确办学定位,突出办学特色,加强就业教育,提高人才培养质量。各高校自2014年起要发布高校毕业生就业质量年度报告,完善就业与招生计划、人才培养、经费拨款、院校设置的联动机制,充分听取行业主管部门、经济部门、就业部门以及有关行业组织的意见,促进人才培养更好地适应经济社会发展需要。有关部门要开展产业升级人才需求预测研究,健全岗位需求统计调查制度,适时向社会发布行业人才需求信息,引导高校优化学科专业结构,探索制定行业岗位标准,促进高校依据市场需求完善专业培养课程。

九、加大宣传工作力度

各地区、各有关部门、各高校要高度重视宣传工作。要大力宣传党和政府对高校毕业生就业创业工作的重视和采取的政策措施,大力宣传高校毕业生到基层和中小微企业就业创业的先进事迹和典型经验,以正确的舆论导向引导社会各方面全面客观地看待当前就业形势,共同关心高校毕业生就业创业工作。教育部门和高校要将就业创业政策宣传到每一名高校毕业生,引导高校毕业生转变就业观念,以积极向上的心态走向社会,先就业、再择业,在平凡的岗位上创造不平凡的业绩。人力资源社会保障部门要深入用人单位进行政策宣传,引导用人单位履行社会责任,挖掘就业岗位吸纳更多高校毕业生就业。要在充分利用报纸、广播、电视等传统媒体的基础上,积极探索使用微博、微信、手机客户端等新媒体,深入解读促进高校毕业生就业创业的各项优惠政策。同时,密切关注舆情动态,及时了解和回应社会关切,掌握舆论主导权。

十、加强对高校毕业生就业创业工作的组织领导

各地要将高校毕业生就业工作列入政府政绩考核内容,进一步健全政府促进就业责任制度,在制定经济社会发展规划、调整产业结构和产业布局时,把高校毕业生就业作为重要目标予以考虑。要切实加大就业专项资金的投入力度,确保各项促进高校毕业生就业创业政策落到实处。就业工作联席会议成员单位要切实履行职责,加强协作配合,共同做好高校毕业生就业创业工作。各地区、各有关部门要按照本通知精神,制定具体措施,切实抓好贯彻落实。

国务院办公厅

2014 年 5 月 9 日

国务院关于加快构建大众创业万众创新支撑平台的指导意见

（国发〔2015〕53 号）

各省、自治区、直辖市人民政府,国务院各部委、各直属机构:

当前,全球分享经济快速增长,基于互联网等方式的创业创新蓬勃兴起,众创、众包、众扶、众筹(以下统称四众)等大众创业万众创新支撑平台快速发展,新模式、新业态不断涌现,线上线下加快融合,对生产方式、生活方式、治理方式产生广泛而深刻的影响,动力强劲,潜力巨大。同时,在四众发展过程中也面临行业准入、信用环境、监管机制等方面的问题。为落实党中央、国务院关于大力推进大众创业万众创新和推动实施"互联网+"行动的有关部署,现就加快构建大众创业万众创新支撑平台、推进四众持续健康发展提出以下意见。

一、把握发展机遇,汇聚经济社会发展新动能

四众有效拓展了创业创新与市场资源、社会需求的对接通道,搭建了多

方参与的高效协同机制,丰富了创业创新组织形态,优化了劳动、信息、知识、技术、管理、资本等资源的配置方式,为社会大众广泛平等参与创业创新、共同分享改革红利和发展成果提供了更多元的途径和更广阔的空间。

众创,汇众智搞创新,通过创业创新服务平台聚集全社会各类创新资源,大幅降低创业创新成本,使每一个具有科学思维和创新能力的人都可参与创新,形成大众创造、释放众智的新局面。

众包,汇众力增就业,借助互联网等手段,将传统由特定企业和机构完成的任务向自愿参与的所有企业和个人进行分工,最大限度利用大众力量,以更高的效率、更低的成本满足生产及生活服务需求,促进生产方式变革,开拓集智创新、便捷创业、灵活就业的新途径。

众扶,汇众能助创业,通过政府和公益机构支持、企业帮扶援助、个人互助互扶等多种方式,共助小微企业和创业者成长,构建创业创新发展的良好生态。

众筹,汇众资促发展,通过互联网平台向社会募集资金,更灵活高效满足产品开发、企业成长和个人创业的融资需求,有效增加传统金融体系服务小微企业和创业者的新功能,拓展创业创新投融资新渠道。

当前我国正处于发展动力转换的关键时期,加快发展四众具有极为重要的现实意义和战略意义,有利于激发蕴藏在人民群众之中的无穷智慧和创造力,将我国的人力资源优势迅速转化为人力资本优势,促进科技创新,拓展就业空间,汇聚发展新动能;有利于加快网络经济和实体经济融合,充分利用国内国际创新资源,提高生产效率,助推"中国制造2025",加快转型升级,壮大分享经济,培育新的经济增长点;有利于促进政府加快完善与新经济形态相适应的体制机制,创新管理方式,提升服务能力,释放改革红利;有利于实现机会公平、权利公平、人人参与又人人受益的包容性增长,探索一条中国特色的众人创富、劳动致富之路。

二、创新发展理念,着力打造创业创新新格局

全面贯彻党的十八大和十八届二中、三中、四中全会精神,按照党中央、国务院决策部署,加快实施创新驱动发展战略,不断深化改革,顺应"互联网+"时代大融合、大变革趋势,充分发挥我国互联网应用创新的综合优势,充分激发广大人民群众和市场主体的创业创新活力,推动线上与线下相结合、传统与新兴相结合、引导与规范相结合,按照"坚持市场主导、包容创业创新、公平有序发展、优化治理方式、深化开放合作"的基本原则,营造四众发展的良好环境,推动各类要素资源集聚、开放、共享,提高资源配置效率,加快四众

广泛应用,在更大范围、更高层次、更深程度上推进大众创业、万众创新,打造新引擎,壮大新经济。

——坚持市场主导。充分发挥市场在资源配置中的决定性作用,强化企业和劳动者的主体地位,尊重市场选择,积极发展有利于提高资源利用效率、激发大众智慧、满足人民群众需求、创造经济增长新动力的新模式、新业态。

——包容创业创新。以更包容的态度、更积极的政策营造四众发展的宽松环境,激发人民群众的创业创新热情,鼓励各类主体充分利用互联网带来的新机遇,积极探索四众的新平台、新形式、新应用,开拓创业创新发展新空间。

——公平有序发展。坚持公平进入、公平竞争、公平监管,破除限制新模式新业态发展的不合理约束和制度瓶颈,营造传统与新兴、线上与线下主体之间公平发展的良好环境,维护各类主体合法权益,引导各方规范有序发展。

——优化治理方式。转变政府职能,进一步简政放权,强化事中事后监管,优化提升公共服务,加强协同,创新手段,发挥四众平台企业内部治理和第三方治理作用,健全政府、行业、企业、社会共同参与的治理机制,推动四众持续健康发展。

——深化开放合作。"引进来"与"走出去"相结合,充分利用四众平台,优化配置国际创新资源,借鉴国际管理经验,积极融入全球创新网络。鼓励采用四众模式搭建对外开放新平台,面向国际市场拓展服务领域,深化创业创新国际合作。

三、全面推进众创,释放创业创新能量

(一)大力发展专业空间众创

鼓励各类科技园、孵化器、创业基地、农民工返乡创业园等加快与互联网融合创新,打造线上线下相结合的大众创业万众创新载体。鼓励各类线上虚拟众创空间发展,为创业创新者提供跨行业、跨学科、跨地域的线上交流和资源链接服务。鼓励创客空间、创业咖啡、创新工场等新型众创空间发展,推动基于"互联网+"的创业创新活动加速发展。

(二)鼓励推进网络平台众创

鼓励大型互联网企业、行业领军企业通过网络平台向各类创业创新主体开放技术、开发、营销、推广等资源,鼓励各类电子商务平台为小微企业和

创业者提供支撑,降低创业门槛,加强创业创新资源共享与合作,促进创新成果及时转化,构建开放式创业创新体系。

（三）培育壮大企业内部众创

通过企业内部资源平台化,积极培育内部创客文化,激发员工创造力;鼓励大中型企业通过投资员工创业开拓新的业务领域、开发创新产品,提升市场适应能力和创新能力;鼓励企业建立健全股权激励机制,突破成长中的管理瓶颈,形成持续的创新动力。

四、积极推广众包,激发创业创新活力

（四）广泛应用研发创意众包

鼓励企业与研发机构等通过网络平台将部分设计、研发任务分发和交付,促进成本降低和提质增效,推动产品技术的跨学科融合创新。鼓励企业通过网络社区等形式广泛征集用户创意,促进产品规划与市场需求无缝对接,实现万众创新与企业发展相互促动。鼓励中国服务外包示范城市、技术先进型服务企业和服务外包重点联系企业积极应用众包模式。

（五）大力实施制造运维众包

支持有能力的大中型制造企业通过互联网众包平台聚集跨区域标准化产能,满足大规模标准化产品订单的制造需求。结合深化国有企业改革,鼓励采用众包模式促进生产方式变革。鼓励中小制造企业通过众包模式构筑产品服务运维体系,提升用户体验,降低运维成本。

（六）加快推广知识内容众包

支持百科、视频等开放式平台积极通过众包实现知识内容的创造、更新和汇集,引导有能力、有条件的个人和企业积极参与,形成大众智慧集聚共享新模式。

（七）鼓励发展生活服务众包

推动交通出行、无车承运物流、快件投递、旅游、医疗、教育等领域生活服务众包,利用互联网技术高效对接供需信息,优化传统生活服务行业的组织运营模式。推动整合利用分散闲置社会资源的分享经济新型服务模式,打造人民群众广泛参与、互助互利的服务生态圈。发展以社区生活服务业为核心的电子商务服务平台,拓展服务性网络消费领域。

五、立体实施众扶,集聚创业创新合力

(八)积极推动社会公共众扶

加快公共科技资源和信息资源开放共享,提高各类公益事业机构、创新平台和基地的服务能力,推动高校和科研院所向小微企业和创业者开放科研设施,降低大众创业、万众创新的成本。鼓励行业协会、产业联盟等行业组织和第三方服务机构加强对小微企业和创业者的支持。

(九)鼓励倡导企业分享众扶

鼓励大中型企业通过生产协作、开放平台、共享资源、开放标准等方式,带动上下游小微企业和创业者发展。鼓励有条件的企业依法合规发起或参与设立公益性创业基金,开展创业培训和指导,履行企业社会责任。鼓励技术领先企业向标准化组织、产业联盟等贡献基础性专利或技术资源,推动产业链协同创新。

(十)大力支持公众互助众扶

支持开源社区、开发者社群、资源共享平台、捐赠平台、创业沙龙等各类互助平台发展。鼓励成功企业家以天使投资、慈善、指导帮扶等方式支持创业者创业。鼓励通过网络平台、线下社区、公益组织等途径扶助大众创业就业,促进互助互扶,营造深入人心、氛围浓厚的众扶文化。

六、稳健发展众筹,拓展创业创新融资

(十一)积极开展实物众筹

鼓励消费电子、智能家居、健康设备、特色农产品等创新产品开展实物众筹,支持艺术、出版、影视等创意项目在加强内容管理的同时,依法开展实物众筹。积极发挥实物众筹的资金筹集、创意展示、价值发现、市场接受度检验等功能,帮助将创新创意付诸实践,提供快速、便捷、普惠化服务。

(十二)稳步推进股权众筹

充分发挥股权众筹作为传统股权融资方式有益补充的作用,增强金融服务小微企业和创业创新者的能力。稳步推进股权众筹融资试点,鼓励小微企业和创业者通过股权众筹融资方式募集早期股本。对投资者实行分类管理,切实保护投资者合法权益,防范金融风险。

(十三)规范发展网络借贷

鼓励互联网企业依法合规设立网络借贷平台,为投融资双方提供借贷

信息交互、撮合、资信评估等服务。积极运用互联网技术优势构建风险控制体系,缓解信息不对称,防范风险。

七、推进放管结合,营造宽松发展空间

(十四)完善市场准入制度

积极探索交通出行、无车承运物流、快递、金融、医疗、教育等领域的准入制度创新,通过分类管理、试点示范等方式,依法为众包、众筹等新模式新业态的发展营造政策环境。针对众包资产轻、平台化、受众广、跨地域等特点,放宽市场准入条件,降低行业准入门槛。(交通运输部、邮政局、人民银行、证监会、银监会、卫生计生委、教育部等负责)

(十五)建立健全监管制度

适应新业态发展要求,建立健全行业标准规范和规章制度,明确四众平台企业在质量管理、信息内容管理、知识产权、申报纳税、社会保障、网络安全等方面的责任、权利和义务。(质检总局、新闻出版广电总局、知识产权局、税务总局、人力资源社会保障部、网信办、工业和信息化部等负责)因业施策,加快研究制定重点领域促进四众发展的相关意见。(交通运输部、邮政局、人民银行、证监会、银监会、卫生计生委、教育部等负责)

(十六)创新行业监管方式

建立以信用为核心的新型市场监管机制,加强跨部门、跨地区协同监管。建立健全事中事后监管体系,充分发挥全国统一的信用信息共享交换平台、企业信用信息公示系统等的作用,利用大数据、随机抽查、信用评价等手段加强监督检查和对违法违规行为的处置。(发展改革委、工业和信息化部、工商总局、相关行业主管部门负责)

(十七)优化提升公共服务

加快商事制度改革,支持各地结合实际放宽新注册企业场所登记条件限制,推动"一址多照"、集群注册等住所登记改革,为创业创新提供便利的工商登记服务。简化和完善注销流程,开展个体工商户、未开业企业、无债权债务企业简易注销登记试点。推进全程电子化登记和电子营业执照应用,简化行政审批程序,为企业发展提供便利。加强行业监管、企业登记等相关部门与四众平台企业的信息互联共享,推进公共数据资源开放,加快推行电子签名、电子认证,推动电子签名国际互认,为四众发展提供支撑。进一步清理和取消职业资格许可认定,研究建立国家职业资格目录清单管理

制度,加强对新设职业资格的管理。(工商总局、发展改革委、科技部、工业和信息化部、人力资源社会保障部、相关行业主管部门负责)

(十八)促进开放合作发展

有序引导外资参与四众发展,培育一批国际化四众平台企业。鼓励四众平台企业利用全球创新资源,面向国际市场拓展服务。加强国际合作,鼓励小微企业和创业者承接国际业务。(商务部、发展改革委牵头负责)

八、完善市场环境,夯实健康发展基础

(十九)加快信用体系建设

引导四众平台企业建立实名认证制度和信用评价机制,健全相关主体信用记录,鼓励发展第三方信用评价服务。建立四众平台企业的信用评价机制,公开评价结果,保障用户的知情权。建立完善信用标准化体系,制定四众发展信用环境相关的关键信用标准,规范信用信息采集、处理、评价、应用、交换、共享和服务。依法合理利用网络交易行为等在互联网上积累的信用数据,对现有征信体系和评测体系进行补充和完善。推进全国统一的信用信息共享交换平台、企业信用信息公示系统等与四众平台企业信用体系互联互通,实现资源共享。(发展改革委、人民银行、工商总局、质检总局牵头负责)

(二十)深化信用信息应用

鼓励发展信用咨询、信用评估、信用担保和信用保险等信用服务业。建立健全守信激励机制和失信联合惩戒机制,加大对守信行为的表彰和宣传力度,在市场监管和公共服务过程中,对诚实守信者实行优先办理、简化程序等"绿色通道"支持激励政策,对违法失信者依法予以限制或禁入。(发展改革委、人民银行牵头负责)

(二十一)完善知识产权环境

加大网络知识产权执法力度,促进在线创意、研发成果申请知识产权保护,研究制定四众领域的知识产权保护政策。运用技术手段加强在线创意、研发成果的知识产权执法,切实维护创业创新者权益。加强知识产权相关法律法规、典型案例的宣传和培训,增强中小微企业知识产权意识和管理能力。(知识产权局牵头负责)

九、强化内部治理,塑造自律发展机制

(二十二)提升平台治理能力

鼓励四众平台企业结合自身商业模式,积极利用信息化手段加强内部制度建设和管理规范,提高风险防控能力、信息内容管理能力和网络安全水平。引导四众平台企业履行管理责任,建立用户权益保障机制。(网信办、工业和信息化部、工商总局等负责)

(二十三)加强行业自律规范

强化行业自律,规范四众从业机构市场行为,保护行业合法权益。推动行业组织制定各类产品和服务标准,促进企业之间的业务交流和信息共享。完善行业纠纷协调和解决机制,鼓励第三方以及用户参与平台治理。构建在线争议解决、现场接待受理、监管部门受理投诉、第三方调解以及仲裁、诉讼等多元化纠纷解决机制。(相关行业主管部门、行政执法部门负责)

(二十四)保障网络信息安全

四众平台企业应当切实提升技术安全水平,及时发现和有效应对各类网络安全事件,确保网络平台安全稳定运行。妥善保管各类用户资料和交易信息,不得买卖、泄露用户信息,保障信息安全。强化守法、诚信、自律意识,营造诚信规范发展的良好氛围。(网信办、工业和信息化部牵头负责)

十、优化政策扶持,构建持续发展环境

(二十五)落实财政支持政策

创新财政科技专项资金支持方式,支持符合条件的企业通过众创、众包等方式开展相关科技活动。充分发挥国家新兴产业创业投资引导基金、国家中小企业发展基金等政策性基金作用,引导社会资源支持四众加快发展。降低对实体营业场所、固定资产投入等硬性指标要求,将对线下实体众创空间的财政扶持政策惠及网络众创空间。加大中小企业专项资金对小微企业创业基地建设的支持力度。大力推进小微企业公共服务平台和创业基地建设,加大政府购买服务力度,为采用四众模式的小微企业免费提供管理指导、技能培训、市场开拓、标准咨询、检验检测认证等服务。(财政部、发展改革委、工业和信息化部、科技部、商务部、质检总局等负责)

(二十六)实行适用税收政策

加快推广使用电子发票,支持四众平台企业和采用众包模式的中小微

企业及个体经营者按规定开具电子发票,并允许将电子发票作为报销凭证。对于业务规模较小、处于初创期的从业机构符合现行小微企业税收优惠政策条件的,可按规定享受税收优惠政策。(财政部、税务总局牵头负责)

(二十七)创新金融服务模式

引导天使投资、创业投资基金等支持四众平台企业发展,支持符合条件的企业在创业板、新三板等上市挂牌。鼓励金融机构在风险可控和商业可持续的前提下,基于四众特点开展金融产品和服务创新,积极发展知识产权质押融资。大力发展政府支持的融资担保机构,加强政府引导和银担合作,综合运用资本投入、代偿补偿等方式,加大财政支持力度,引导和促进融资担保机构和银行业金融机构为符合条件的四众平台企业提供快捷、低成本的融资服务。(人民银行、证监会、银监会、保监会、发展改革委、工业和信息化部、财政部、科技部、商务部、人力资源社会保障部、知识产权局、质检总局等负责)

(二十八)深化科技体制改革

全面落实下放科技成果使用、处置和收益权,鼓励科研人员双向流动等改革部署,激励更多科研人员投身创业创新。加大科研基础设施、大型科研仪器向社会开放的力度,为更多小微企业和创业者提供支撑。(科技部牵头负责)

(二十九)繁荣创业创新文化

设立"全国大众创业万众创新活动周",加强政策宣传,展示创业成果,促进投资对接和互动交流,为创业创新提供展示平台。继续办好中国创新创业大赛、中国农业科技创新创业大赛等赛事活动。引导各类媒体加大对四众的宣传力度,普及四众知识,发掘典型案例,推广成功经验,培育尊重知识、崇尚创造、追求卓越的创新文化。(发展改革委、科技部、工业和信息化部、中央宣传部、中国科协等负责)

(三十)鼓励地方探索先行

充分尊重和发挥基层首创精神,因地制宜,突出特色。支持各地探索适应新模式新业态发展特点的管理模式,及时总结形成可复制、可推广的经验。支持全面创新改革试验区、自由贸易试验区、国家自主创新示范区、战略性新兴产业集聚区、国家级经济技术开发区、跨境电子商务综合试验区等加大改革力度,强化对创业创新公共服务平台的扶持,充分发挥四众发展的示范带动作用。(发展改革委、科技部、商务部、相关地方省级人民政府等负责)

各地区、各部门应加大对众创、众包、众扶、众筹等创业创新活动的引导和支持力度,加强统筹协调,探索制度创新,完善政府服务,科学组织实施,鼓励先行先试,不断开创大众创业、万众创新的新局面。

国务院

2015 年 9 月 23 日

国务院办公厅关于同意建立推进大众创业万众创新部际联席会议制度的函

(国办函〔2015〕90 号)

发展改革委:

你委《关于建立推进大众创业万众创新部际联席会议制度的请示》(发改高技〔2015〕1676 号)收悉。经国务院同意,现函复如下:

国务院同意建立由发展改革委牵头的推进大众创业万众创新部际联席会议制度。联席会议不刻制印章,不正式行文,请按照国务院有关文件精神,认真组织开展工作。

附件:推进大众创业万众创新部际联席会议制度

国务院办公厅

2015 年 8 月 14 日

(此件公开发布)

附件

推进大众创业万众创新部际联席会议制度

为贯彻落实《国务院关于大力推进大众创业万众创新若干政策措施的意见》(国发〔2015〕32 号,以下简称《意见》)有关精神,进一步加强统筹协调,形成工作合力,共同推进大众创业万众创新蓬勃发展,经国务院同意,建立推进大众创业万众创新部际联席会议(以下简称联席会议)制度。

一、工作职责

(一)在国务院领导下,统筹协调推进大众创业万众创新相关工作,研究和协调《意见》实施过程中遇到的重大问题,加强对《意见》实施工作的指导、监督和评估。

(二)加强有关地方、部门和企业之间在推进大众创业万众创新方面的信息沟通和相互协作,及时向国务院报告有关工作进展情况,研究提出政策措施建议。

(三)完成国务院交办的其他事项。

二、成员单位

联席会议由发展改革委、科技部、人力资源社会保障部、财政部、工业和信息化部、教育部、公安部、国土资源部、住房城乡建设部、农业部、商务部、人民银行、国资委、税务总局、工商总局、统计局、知识产权局、法制办、银监会、证监会、保监会、外专局、外汇局、中国科协等部门和单位组成。

联席会议由发展改革委主要负责同志担任召集人,发展改革委、科技部、人力资源社会保障部、财政部、工业和信息化部分管负责同志担任副召集人,其他成员单位有关负责同志为联席会议成员。联席会议成员因工作变动需要调整的,由所在单位提出,联席会议确定。

联席会议办公室设在发展改革委,承担联席会议日常工作。联席会议设联络员,由各成员单位有关司局负责同志担任。

三、工作规则

联席会议原则上每年召开一至两次全体会议,由召集人或副召集人主持。可根据工作需要,临时召开会议。成员单位根据工作需要可以提出召开会议的建议。研究具体工作事项时,可视情况召集部分成员单位参加会议,也可邀请其他部门参加会议。联席会议以会议纪要形式明确议定事项,经与会单位同意后印发有关方面。重大事项要及时向国务院报告。

四、工作要求

发展改革委要会同科技部、人力资源社会保障部、财政部、工业和信息化部等部门切实做好联席会议各项工作,各成员单位要按照职责分工,认真落实《意见》确定的各项任务和联席会议议定事项,主动研究推进大众创业万众创新发展相关工作,及时制定政策措施或提出政策措施建议;要互通信息,密切配合,相互支持,形成合力,充分发挥联席会议作用,形成高效运行的长效工作机制。联席会议办公室要及时向各成员单位通报情况。

国务院办公厅关于深化高等学校
创新创业教育改革的实施意见

（国办发〔2015〕36 号）

各省、自治区、直辖市人民政府，国务院各部委、各直属机构：

　　深化高等学校创新创业教育改革，是国家实施创新驱动发展战略、促进经济提质增效升级的迫切需要，是推进高等教育综合改革、促进高校毕业生更高质量创业就业的重要举措。党的十八大对创新创业人才培养作出重要部署，国务院对加强创新创业教育提出明确要求。近年来，高校创新创业教育不断加强，取得了积极进展，对提高高等教育质量、促进学生全面发展、推动毕业生创业就业、服务国家现代化建设发挥了重要作用。但也存在一些不容忽视的突出问题，主要是一些地方和高校重视不够，创新创业教育理念滞后，与专业教育结合不紧，与实践脱节；教师开展创新创业教育的意识和能力欠缺，教学方式方法单一，针对性实效性不强；实践平台短缺，指导帮扶不到位，创新创业教育体系亟待健全。为了进一步推动大众创业、万众创新，经国务院同意，现就深化高校创新创业教育改革提出如下实施意见。

一、总体要求

（一）指导思想

　　全面贯彻党的教育方针，落实立德树人根本任务，坚持创新引领创业、创业带动就业，主动适应经济发展新常态，以推进素质教育为主题，以提高人才培养质量为核心，以创新人才培养机制为重点，以完善条件和政策保障为支撑，促进高等教育与科技、经济、社会紧密结合，加快培养规模宏大、富有创新精神、勇于投身实践的创新创业人才队伍，不断提高高等教育对稳增长促改革调结构惠民生的贡献度，为建设创新型国家、实现"两个一百年"奋斗目标和中华民族伟大复兴的中国梦提供强大的人才智力支撑。

（二）基本原则

　　坚持育人为本，提高培养质量。把深化高校创新创业教育改革作为推进高等教育综合改革的突破口，树立先进的创新创业教育理念，面向全体、分类施教、结合专业、强化实践，促进学生全面发展，提升人力资本素质，努力造就大众创业、万众创新的生力军。

坚持问题导向,补齐培养短板。把解决高校创新创业教育存在的突出问题作为深化高校创新创业教育改革的着力点,融入人才培养体系,丰富课程、创新教法、强化师资、改进帮扶,推进教学、科研、实践紧密结合,突破人才培养薄弱环节,增强学生的创新精神、创业意识和创新创业能力。

坚持协同推进,汇聚培养合力。把完善高校创新创业教育体制机制作为深化高校创新创业教育改革的支撑点,集聚创新创业教育要素与资源,统一领导、齐抓共管、开放合作、全员参与,形成全社会关心支持创新创业教育和学生创新创业的良好生态环境。

(三)总体目标

2015 年起全面深化高校创新创业教育改革。2017 年取得重要进展,形成科学先进、广泛认同、具有中国特色的创新创业教育理念,形成一批可复制可推广的制度成果,普及创新创业教育,实现新一轮大学生创业引领计划预期目标。到 2020 年建立健全课堂教学、自主学习、结合实践、指导帮扶、文化引领融为一体的高校创新创业教育体系,人才培养质量显著提升,学生的创新精神、创业意识和创新创业能力明显增强,投身创业实践的学生显著增加。

二、主要任务和措施

(一)完善人才培养质量标准

制订实施本科专业类教学质量国家标准,修订实施高职高专专业教学标准和博士、硕士学位基本要求,明确本科、高职高专、研究生创新创业教育目标要求,使创新精神、创业意识和创新创业能力成为评价人才培养质量的重要指标。相关部门、科研院所、行业企业要制修订专业人才评价标准,细化创新创业素质能力要求。不同层次、类型、区域高校要结合办学定位、服务面向和创新创业教育目标要求,制订专业教学质量标准,修订人才培养方案。

(二)创新人才培养机制

实施高校毕业生就业和重点产业人才供需年度报告制度,完善学科专业预警、退出管理办法,探索建立需求导向的学科专业结构和创业就业导向的人才培养类型结构调整新机制,促进人才培养与经济社会发展、创业就业需求紧密对接。深入实施系列"卓越计划"、科教结合协同育人行动计划等,多形式举办创新创业教育实验班,探索建立校校、校企、校地、校所以及国际合作的协同育人新机制,积极吸引社会资源和国外优质教育资源投入创新创业人才培养。高校要打通一级学科或专业类下相近学科专业的基础课程,开设跨学科专业的交叉课程,探索建立跨院系、跨学科、跨专业交叉培养创新创业人才的新机制,促进人才培养由学科专业单一型向多学科融合型转变。

（三）健全创新创业教育课程体系

各高校要根据人才培养定位和创新创业教育目标要求,促进专业教育与创新创业教育有机融合,调整专业课程设置,挖掘和充实各类专业课程的创新创业教育资源,在传授专业知识过程中加强创新创业教育。面向全体学生开发开设研究方法、学科前沿、创业基础、就业创业指导等方面的必修课和选修课,纳入学分管理,建设依次递进、有机衔接、科学合理的创新创业教育专门课程群。各地区、各高校要加快创新创业教育优质课程信息化建设,推出一批资源共享的慕课、视频公开课等在线开放课程。建立在线开放课程学习认证和学分认定制度。组织学科带头人、行业企业优秀人才,联合编写具有科学性、先进性、适用性的创新创业教育重点教材。

（四）改革教学方法和考核方式

各高校要广泛开展启发式、讨论式、参与式教学,扩大小班化教学覆盖面,推动教师把国际前沿学术发展、最新研究成果和实践经验融入课堂教学,注重培养学生的批判性和创造性思维,激发创新创业灵感。运用大数据技术,掌握不同学生学习需求和规律,为学生自主学习提供更加丰富多样的教育资源。改革考试考核内容和方式,注重考查学生运用知识分析、解决问题的能力,探索非标准答案考试,破除"高分低能"积弊。

（五）强化创新创业实践

各高校要加强专业实验室、虚拟仿真实验室、创业实验室和训练中心建设,促进实验教学平台共享。各地区、各高校科技创新资源原则上向全体在校学生开放,开放情况纳入各类研究基地、重点实验室、科技园评估标准。鼓励各地区、各高校充分利用各种资源建设大学科技园、大学生创业园、创业孵化基地和小微企业创业基地,作为创业教育实践平台,建好一批大学生校外实践教育基地、创业示范基地、科技创业实习基地和职业院校实训基地。完善国家、地方、高校三级创新创业实训教学体系,深入实施大学生创新创业训练计划,扩大覆盖面,促进项目落地转化。举办全国大学生创新创业大赛,办好全国职业院校技能大赛,支持举办各类科技创新、创意设计、创业计划等专题竞赛。支持高校学生成立创新创业协会、创业俱乐部等社团,举办创新创业讲座论坛,开展创新创业实践。

（六）改革教学和学籍管理制度

各高校要设置合理的创新创业学分,建立创新创业学分积累与转换制度,探索将学生开展创新实验、发表论文、获得专利和自主创业等情况折算为学分,将学生参与课题研究、项目实验等活动认定为课堂学习。为有意愿有潜质的学生制定创新创业能力培养计划,建立创新创业档案和成绩单,客观记录并量化评价学生开展创新创业活动情况。优先支持参与创新创业的学生转入相关专业学习。实施弹性学制,放宽学生修业年限,允许调整学业进程、保留学籍休学创新创业。设立创新创业奖学金,并在现有相关评优评先项目中拿出一定比例用于表彰优秀创新创业的学生。

（七）加强教师创新创业教育教学能力建设

各地区、各高校要明确全体教师创新创业教育责任,完善专业技术职务评聘和绩效考核标准,加强创新创业教育的考核评价。配齐配强创新创业教育与创业就业指导专职教师队伍,并建立定期考核、淘汰制度。聘请知名科学家、创业成功者、企业家、风险投资人等各行各业优秀人才,担任专业课、创新创业课授课或指导教师,并制定兼职教师管理规范,形成全国万名优秀创新创业导师人才库。将提高高校教师创新创业教育的意识和能力作为岗前培训、课程轮训、骨干研修的重要内容,建立相关专业教师、创新创业教育专职教师到行业企业挂职锻炼制度。加快完善高校科技成果处置和收益分配机制,支持教师以对外转让、合作转化、作价入股、自主创业等形式将科技成果产业化,并鼓励带领学生创新创业。

（八）改进学生创业指导服务

各地区、各高校要建立健全学生创业指导服务专门机构,做到"机构、人员、场地、经费"四到位,对自主创业学生实行持续帮扶、全程指导、一站式服务。健全持续化信息服务制度,完善全国大学生创业服务网功能,建立地方、高校两级信息服务平台,为学生实时提供国家政策、市场动向等信息,并做好创业项目对接、知识产权交易等服务。各地区、各有关部门要积极落实高校学生创业培训政策,研发适合学生特点的创业培训课程,建设网络培训平台。鼓励高校自主编制专项培训计划,或与有条件的教育培训机构、行业协会、群团组织、企业联合开发创业培训项目。各地区和具备条件的行业协会要针对区域需求、行业发展,发布创业项目指南,引导高校学生识别创业机会、捕捉创业商机。

(九)完善创新创业资金支持和政策保障体系

各地区、各有关部门要整合发展财政和社会资金,支持高校学生创新创业活动。各高校要优化经费支出结构,多渠道统筹安排资金,支持创新创业教育教学,资助学生创新创业项目。部委属高校应按规定使用中央高校基本科研业务费,积极支持品学兼优且具有较强科研潜质的在校学生开展创新科研工作。中国教育发展基金会设立大学生创新创业教育奖励基金,用于奖励对创新创业教育作出贡献的单位。鼓励社会组织、公益团体、企事业单位和个人设立大学生创业风险基金,以多种形式向自主创业大学生提供资金支持,提高扶持资金使用效益。深入实施新一轮大学生创业引领计划,落实各项扶持政策和服务措施,重点支持大学生到新兴产业创业。有关部门要加快制定有利于互联网创业的扶持政策。

三、加强组织领导

(一)健全体制机制

各地区、各高校要把深化高校创新创业教育改革作为"培养什么人,怎样培养人"的重要任务摆在突出位置,加强指导管理与监督评价,统筹推进本地本校创新创业教育工作。各地区要成立创新创业教育专家指导委员会,开展高校创新创业教育的研究、咨询、指导和服务。各高校要落实创新创业教育主体责任,把创新创业教育纳入改革发展重要议事日程,成立由校长任组长、分管校领导任副组长、有关部门负责人参加的创新创业教育工作领导小组,建立教务部门牵头,学生工作、团委等部门齐抓共管的创新创业教育工作机制。

(二)细化实施方案

各地区、各高校要结合实际制定深化本地本校创新创业教育改革的实施方案,明确责任分工。教育部属高校需将实施方案报教育部备案,其他高校需报学校所在地省级教育部门和主管部门备案,备案后向社会公布。

(三)强化督导落实

教育部门要把创新创业教育质量作为衡量办学水平、考核领导班子的重要指标,纳入高校教育教学评估指标体系和学科评估指标体系,引入第三方评估。把创新创业教育相关情况列入本科、高职高专、研究生教学质量年度报告和毕业生就业质量年度报告重点内容,接受社会监督。

(四)加强宣传引导

各地区、各有关部门以及各高校要大力宣传加强高校创新创业教育的必要性、紧迫性、重要性,使创新创业成为管理者办学、教师教学、学生求学的理性认知与行动自觉。及时总结推广各地各高校的好经验好做法,选树学生创新创业成功典型,丰富宣传形式,培育创客文化,努力营造敢为人先、敢冒风险、宽容失败的氛围环境。

国务院办公厅

2015 年 5 月 4 日

教育部关于印发《国家级大学生创新创业训练计划管理办法》的通知

（教高函〔2019〕13 号）

各省、自治区、直辖市教育厅（教委）,新疆生产建设兵团教育局,有关部门（单位）教育司（局）,部属各高等学校、部省合建各高等学校：

为贯彻落实全国教育大会和新时代全国高等学校本科教育工作会议精神,根据《国务院办公厅关于深化高等学校创新创业教育改革的实施意见》（国办发〔2015〕36 号）等有关文件精神,结合国家大学生创新创业训练计划实施情况,我部制定了《国家级大学生创新创业训练计划管理办法》,现印发给你们。

请各地各高校秉承"兴趣驱动、自主实践、重在过程"的原则,深化高校创新创业教育教学改革,加强大学生创新创业能力培养,全面提高人才培养质量。

教育部

2019 年 7 月 10 日

国家级大学生创新创业训练计划管理办法

第一章　总　则

第一条　为贯彻落实全国教育大会和新时代全国高等学校本科教育工作会议精神,根据《国务院办公厅关于深化高等学校创新创业教育改革的实施意见》（国办发〔2015〕36 号）要求,深入推进国家级大学生创新创业训练计划(以下简称国创计划)工作,深化高校创新创业教育改革,提高大学生创新创业能力,培养造就创新创业生力军,加强国创计划的实施管理,特制定本办法。

第二条　国创计划是大学生创新创业训练计划中的优秀项目,是培养大学生创新创业能力的重要举措,是高校创新创业教育体系的重要组成部分,是深化创新创业教育改革的重要载体。

第三条　国创计划坚持以学生为中心的理念,遵循"兴趣驱动、自主实践、重在过程"原则,旨在通过资助大学生参加项目式训练,推动高校创新创业教育教学改革,促进高校转变教育思想观念、改革人才培养模式、强化学生创新创业实践,培养大学生独立思考、善于质疑、勇于创新的探索精神和敢闯会创的意志品格,提升大学生创新创业能力,培养适应创新型国家建设需要的高水平创新创业人才。

第四条　国创计划围绕经济社会发展和国家战略需求,重点支持直接面向大学生的内容新颖、目标明确、具有一定创造性和探索性、技术或商业模式有所创新的训练和实践项目。国创计划实行项目式管理,分为创新训练项目、创业训练项目和创业实践项目三类。

(一)创新训练项目是本科生个人或团队,在导师指导下,自主完成创新性研究项目设计、研究条件准备和项目实施、研究报告撰写、成果(学术)交流等工作。

(二)创业训练项目是本科生团队,在导师指导下,团队中每个学生在项目实施过程中扮演一个或多个具体角色,完成商业计划书编制、可行性研究、企业模拟运行、撰写创业报告等工作。

(三)创业实践项目是学生团队,在学校导师和企业导师共同指导下,采用创新训练项目或创新性实验等成果,提出具有市场前景的创新性产品或服务,以此为基础开展创业实践活动。

第二章　管理职责

第五条　教育部是国创计划的宏观管理部门,主要职责是:

(一)制定国创计划实施的有关政策,编制发展规划,发布相关信息。

(二)制定国创计划管理办法,组织开展项目立项、结题验收等工作,加强项目的规范化管理。

(三)制定国创计划成效评价指标体系,定期组织开展实施情况评价。

(四)组建国创计划专家组织,加强大学生创新创业工作研究,推进高校创新创业教育经验交流。

（五）组织举办全国大学生创新创业年会，推进大学生创新创业学术交流和成果推介。

第六条　省级教育行政部门主要职责是：

（一）根据本区域经济社会发展特点，指导、规范本区域大学生创新创业训练计划运行和管理，推动本区域高校加强大学生创新创业教育工作。

（二）负责组织区域内高校国创计划立项申报、过程管理、结题验收等工作，按照工作要求向教育部报送相关材料。

（三）负责区域内参与国创计划高校交流合作、评估监管等工作。

第七条　高校是国创计划实施和管理的主体，主要职责是：

（一）制定本校大学生创新创业教育管理办法，开展创新创业教育教学研究与改革。

（二）负责国创计划项目的组织管理，开展项目遴选推荐、过程管理、结题验收等工作。

（三）制定相关激励措施，引导教师和学生参与国创计划。

（四）为参与项目的学生提供技术、场地、实验设备等条件支持和创业孵化服务。

（五）搭建项目交流平台，定期开展交流活动，支持学生参加相关学术会议，为学生创新创业提供交流经验、展示成果、共享资源的机会。

（六）做好本校国创计划年度总结和上报工作。

第三章　项目发布与立项

第八条　教育部根据国家经济社会发展和国家战略需求，结合创新创业教育发展趋势，确定重点资助领域，制定重点资助领域项目指南，引导国创计划项目申请。

第九条　国创计划项目申报基本条件：

（一）项目选题具有一定的学术价值、理论意义或现实意义。鼓励面向国家经济社会发展、具有一定理论和现实意义的选题，鼓励直接来源于产业一线、科技前沿的选题。

（二）选题具有创新性或明显创业教育效果。鼓励开展具有一定创新性的基础理论研究和有针对性的应用研究课题，鼓励新兴边缘学科研究和跨学科的交叉综合研究选题。

（三）选题方向正确，内容充实，论证充分，难度适中，拟突破的重点难点明确，研究思路清晰，研究方法科学、可行。鼓励支持学生大胆创新，包容失败，营造良好创新创业教育文化。

（四）项目团队成员原则上为全日制普通本科在读学生，成员基本稳定，专业、能力结构较为合理。每位学生同一学年原则上只能参与一个项目。鼓励跨学科、跨院系、跨专业的学生组成团队。

（五）项目申请团队应选择具有较高学术造诣、较好创新性成果、热心教书育人、关爱学生成长的教师作为导师，鼓励企业人员参与指导或共同担任导师。

（六）创新训练项目和创业训练项目获得经费支持平均不低于2万元/项，创业实践项目获得经费支持平均不低于10万元/项。高校根据学科专业特点，确定项目资助额度标准。

第十条　根据教育部发布的国创计划申报要求，符合立项申请基本条件的项目向所在高校提出申请，高校评审遴选后报省级教育行政部门和教育部审核备案。

第十一条　教育部组织专家对申报项目进行审核后发布立项通知。

第四章　项目过程管理

第十二条　高校应加强对国创计划的管理，成立由校领导牵头、相关职能部门组成的国创计划管理机构，确定主管部门。管理机构负责协调落实条件保障，主管部门负责国创计划日常管理。

第十三条　项目负责人要负责项目的整体推进，按照计划开展工作，加强团队建设和管理，加强与导师和管理人员的沟通联系，并组织好相关报告撰写工作。项目负责人和项目内容原则上不得变更，特殊情况经学校有关部门审批后执行。

第十四条　国创计划经费应专款专用。学生要在相关教师指导下，严格执行学校相关财务管理规定。

第十五条　国创计划项目所在高校应建立国创计划师生培养培训机制，加强对国创计划项目团队成员和导师的培训和管理。

第十六条　鼓励项目团队积极参加中国"互联网+"大学生创新创业大赛等创新创业赛事和"青年红色筑梦之旅"等活动。

第十七条　推动国创项目不断提高整体水平和发挥示范带动作用。高校应充分发挥国创计划引领示范作用，及时总结学生在项目中取得的成绩，协调解决存在的问题。支持高校通过举办大学生创新创业年会等方式加强国创计划成员之间的学习交流。

第五章　项目结题与公布

第十八条　国创计划项目完成后，均需进行结题验收，履行必要的结项手续。

（一）国创计划项目结题验收工作由所在学校组织。学校应组织校内外专家对国创计划项目进行结题验收，并将验收结果报省级教育行政部门审核备案。

（二）省级教育行政部门按年度向教育部报送本区域高校国创计划项目验收结果，并组织开展项目抽查。

（三）教育部对省级教育行政部门报送的验收结果进行审核，并将审核结果公布。

第十九条　国创计划项目结题验收结论的申诉。国创计划项目团队成员、导师，如对结题验收结论有异议，可向高校有关部门提出。

第二十条　国创计划项目结题信息公开对外服务。相关网站向公众提供结题信息服务，助推高校创新创业教育深入发展。

第六章　项目后期管理

第二十一条　高校对通过结题验收的项目团队成员可根据实际贡献给予学分认定，对导师给予相应工作量认定。

第二十二条　建立国创计划年度进展报告制度。高校要按年度编制国创计划项目进展报告，内容应包括项目整体概况、教育教学改革探索、项目组织实施与管理、支持措施和实施成效等。年度报告报省级教育行政部门和教育部备案。

第二十三条　国创计划项目执行较好的高校可向教育部申请承办全国大学生创新创业年会。

第七章　附　则

第二十四条　在国创计划实施中，凡是属于国家涉密范围的，均按照相关保密法规执行。

第二十五条　各省级教育行政部门、各高校根据本办法制定实施细则。

第二十六条　本办法自公布之日起施行。

国务院办公厅关于进一步支持
大学生创新创业的指导意见

(国办发〔2021〕35 号)

各省、自治区、直辖市人民政府,国务院各部委、各直属机构:

纵深推进大众创业万众创新是深入实施创新驱动发展战略的重要支撑,大学生是大众创业万众创新的生力军,支持大学生创新创业具有重要意义。近年来,越来越多的大学生投身创新创业实践,但也面临融资难、经验少、服务不到位等问题。为提升大学生创新创业能力、增强创新活力,进一步支持大学生创新创业,经国务院同意,现提出以下意见。

一、总体要求

以习近平新时代中国特色社会主义思想为指导,深入贯彻落实党的十九大和十九届二中、三中、四中、五中全会精神,全面贯彻党的教育方针,落实立德树人根本任务,立足新发展阶段、贯彻新发展理念、构建新发展格局,坚持创新引领创业、创业带动就业,支持在校大学生提升创新创业能力,支持高校毕业生创业就业,提升人力资源素质,促进大学生全面发展,实现大学生更加充分更高质量就业。

二、提升大学生创新创业能力

(一)将创新创业教育贯穿人才培养全过程

深化高校创新创业教育改革,健全课堂教学、自主学习、结合实践、指导帮扶、文化引领融为一体的高校创新创业教育体系,增强大学生的创新精神、创业意识和创新创业能力。建立以创新创业为导向的新型人才培养模式,健全校校、校企、校地、校所协同的创新创业人才培养机制,打造一批创新创业教育特色示范课程。(教育部牵头,人力资源社会保障部等按职责分工负责)

(二)提升教师创新创业教育教学能力

强化高校教师创新创业教育教学能力和素养培训,改革教学方法和考核方式,推动教师把国际前沿学术发展、最新研究成果和实践经验融入课堂教学。完善高校双创指导教师到行业企业挂职锻炼的保障激励政策。实施高校双创校外导师专项人才计划,探索实施驻校企业家制度,吸引更多各行各业优秀人才担任双创导师。支持建设一批双创导师培训基地,定期开展培训。(教育部牵头,人力资源社会保障部等按职责分工负责)

(三)加强大学生创新创业培训

打造一批高校创新创业培训活动品牌,创新培训模式,面向大学生开展高质量、有针对性的创新创业培训,提升大学生创新创业能力。组织双创导师深入校园举办创业大讲堂,进行创业政策解读、经验分享、实践指导等。支持各类创新创业大赛对大学生创业者给予倾斜。(人力资源社会保障部、教育部等按职责分工负责)

三、优化大学生创新创业环境

(四)降低大学生创新创业门槛

持续提升企业开办服务能力,为大学生创业提供高效便捷的登记服务。推动众创空间、孵化器、加速器、产业园全链条发展,鼓励各类孵化器面向大学生创新创业团队开放一定比例的免费孵化空间,并将开放情况纳入国家级科技企业孵化器考核评价,降低大学生创新创业团队入驻条件。政府投资开发的孵化器等创业载体应安排30%左右的场地,免费提供给高校毕业生。有条件的地方可对高校毕业生到孵化器创业给予租金补贴。(科技部、教育部、市场监管总局等和地方各级人民政府按职责分工负责)

(五)便利化服务大学生创新创业

完善科技创新资源开放共享平台,强化对大学生的技术创新服务。各地区、各高校和科研院所的实验室以及科研仪器、设施等科技创新资源可以面向大学生开放共享,提供低价、优质的专业服务,支持大学生创新创业。支持行业企业面向大学生发布企业需求清单,引导大学生精准创新创业。鼓励国有大中型企业面向高校和大学生发布技术创新需求,开展"揭榜挂帅"。(科技部、发展改革委、教育部、国资委等按职责分工负责)

(六)落实大学生创新创业保障政策

落实大学生创业帮扶政策,加大对创业失败大学生的扶持力度,按规定提供就业服务、就业援助和社会救助。加强政府支持引导,发挥市场主渠道作用,鼓励有条件的地方探索建立大学生创业风险救助机制,可采取创业风险补贴、商业险保费补助等方式予以支持,积极研究更加精准、有效的帮扶措施,及时总结经验、适时推广。毕业后创业的大学生可按规定缴纳"五险一金",减少大学生创业的后顾之忧。(人力资源社会保障部、教育部、财政部、民政部、医保局等和地方各级人民政府按职责分工负责)

四、加强大学生创新创业服务平台建设

(七)建强高校创新创业实践平台

充分发挥大学科技园、大学生创业园、大学生创客空间等校内创新创业实践平台作用,面向在校大学生免费开放,开展专业化孵化服务。结合学校学科专业特色优势,联合有关行业企业建设一批校外大学生双创实践教学基地,深入实施大学生创新创业训练计划。(教育部、科技部、人力资源社会保障部等按职责分工负责)

(八)提升大众创业万众创新示范基地带动作用

加强双创示范基地建设,深入实施创业就业"校企行"专项行动,推动企业示范基地和高校示范基地结对共建、建立稳定合作关系。指导高校示范基地所在城市主动规划和布局高校周边产业,积极承接大学生创新成果和人才等要素,打造"城校共生"的创新创业生态。推动中央企业、科研院所和相关公共服务机构利用自身技术、人才、场地、资本等优势,为大学生建设集研发、孵化、投资等于一体的创业创新培育中心、互联网双创平台、孵化器和科技产业园区。(发展改革委、教育部、科技部、国资委等按职责分工负责)

五、推动落实大学生创新创业财税扶持政策

(九)继续加大对高校创新创业教育的支持力度

在现有基础上,加大教育部中央彩票公益金大学生创新创业教育发展资金支持力度。加大中央高校教育教学改革专项资金支持力度,将创新创业教育和大学生创新创业情况作为资金分配重要因素。(财政部、教育部等按职责分工负责)

(十)落实落细减税降费政策

高校毕业生在毕业年度内从事个体经营,符合规定条件的,在 3 年内按一定限额依次扣减其当年实际应缴纳的增值税、城市维护建设税、教育费附加、地方教育附加和个人所得税;对月销售额 15 万元以下的小规模纳税人免征增值税,对小微企业和个体工商户按规定减免所得税。对创业投资企业、天使投资人投资于未上市的中小高新技术企业以及种子期、初创期科技型

企业的投资额,按规定抵扣所得税应纳税所得额。对国家级、省级科技企业孵化器和大学科技园以及国家备案众创空间按规定免征增值税、房产税、城镇土地使用税。做好纳税服务,建立对接机制,强化精准支持。(财政部、税务总局等按职责分工负责)

六、加强对大学生创新创业的金融政策支持

(十一)落实普惠金融政策

鼓励金融机构按照市场化、商业可持续原则对大学生创业项目提供金融服务,解决大学生创业融资难题。落实创业担保贷款政策及贴息政策,将高校毕业生个人最高贷款额度提高至 20 万元,对 10 万元以下贷款、获得设区的市级以上荣誉的高校毕业生创业者免除反担保要求;对高校毕业生设立的符合条件的小微企业,最高贷款额度提高至 300 万元;降低贷款利率,简化贷款申报审核流程,提高贷款便利性,支持符合条件的高校毕业生创业就业。鼓励和引导金融机构加快产品和服务创新,为符合条件的大学生创业项目提供金融服务。(财政部、人力资源社会保障部、人民银行、银保监会等按职责分工负责)

(十二)引导社会资本支持大学生创新创业

充分发挥社会资本作用,以市场化机制促进社会资源与大学生创新创业需求更好对接,引导创新创业平台投资基金和社会资本参与大学生创业项目早期投资与投智,助力大学生创新创业项目健康成长。加快发展天使投资,培育一批天使投资人和创业投资机构。发挥财政政策作用,落实税收政策,支持天使投资、创业投资发展,推动大学生创新创业。(发展改革委、财政部、税务总局、证监会等按职责分工负责)

七、促进大学生创新创业成果转化

(十三)完善成果转化机制

研究设立大学生创新创业成果转化服务机构,建立相关成果与行业产业对接长效机制,促进大学生创新创业成果在有关行业企业推广应用。做好大学生创新项目的知识产权确权、保护等工作,强化激励导向,加快落实以增加知识价值为导向的分配政策,落实成果转化奖励和收益分配办法。加强面向大学生的科技成果转化培训课程建设。(科技部、教育部、知识产权局等按职责分工负责)

（十四）强化成果转化服务

推动地方、企业和大学生创新创业团队加强合作对接,拓宽成果转化渠道,为创新成果转化和创业项目落地提供帮助。鼓励国有大中型企业和产教融合型企业利用孵化器、产业园等平台,支持高校科技成果转化,促进高校科技成果和大学生创新创业项目落地发展。汇集政府、企业、高校及社会资源,加强对中国国际"互联网+"大学生创新创业大赛中涌现的优秀创新创业项目的后续跟踪支持,落实科技成果转化相关税收优惠政策,推动一批大赛优秀项目落地,支持获奖项目成果转化,形成大学生创新创业示范效应。（教育部、科技部、发展改革委、财政部、国资委、税务总局等按职责分工负责）

八、办好中国国际"互联网+"大学生创新创业大赛

（十五）完善大赛可持续发展机制

鼓励省级人民政府积极承办大赛,压实主办职责,进一步加强组织领导和综合协调,落实配套支持政策和条件保障。坚持政府引导、公益支持,支持行业企业深化赛事合作,拓宽办赛资金筹措渠道,适当增加大赛冠名赞助经费额度。充分利用市场化方式,研究推动中央企业、社会资本发起成立中国国际"互联网+"大学生创新创业大赛项目专项发展基金。（教育部、国资委、证监会、建设银行等按职责分工负责）

（十六）打造创新创业大赛品牌

强化大赛创新创业教育实践平台作用,鼓励各学段学生积极参赛。坚持以赛促教、以赛促学、以赛促创,丰富竞赛形式和内容。建立健全中国国际"互联网+"大学生创新创业大赛与各级各类创新创业比赛联动机制,推进大赛国际化进程,搭建全球性创新创业竞赛平台,深化创新创业教育国际交流合作。（教育部等按职责分工负责）

九、加强大学生创新创业信息服务

（十七）建立大学生创新创业信息服务平台

汇集创新创业帮扶政策、产业激励政策和全国创新创业教育优质资源,加强信息资源整合,做好国家和地方的政策发布、解读等工作。及时收集国家、区域、行业需求,为大学生精准推送行业和市场动向等信息。加强对创新创业大学生和项目的跟踪、服务,畅通供需对接渠道,支持各地积极举办

大学生创新创业项目需求与投融资对接会。（教育部、发展改革委、人力资源社会保障部等按职责分工负责）

（十八）加强宣传引导

大力宣传加强高校创新创业教育、促进大学生创新创业的必要性、重要性。及时总结推广各地区、各高校的好经验好做法，选树大学生创新创业成功典型，丰富宣传形式，培育创客文化，营造敢为人先、宽容失败的环境，形成支持大学生创新创业的社会氛围。做好政策宣传宣讲，推动大学生用足用好税费减免、企业登记等支持政策。（教育部、中央宣传部牵头，地方各级人民政府、各有关部门按职责分工负责）

各地区、各有关部门要认真贯彻落实党中央、国务院决策部署，抓好本意见的贯彻落实。教育部要会同有关部门加强协调指导，督促支持大学生创新创业各项政策的落实，加强经验交流和推广。地方各级人民政府要加强组织领导，深入了解情况，优化创新创业环境，积极研究制定和落实支持大学生创新创业的政策措施，及时帮助大学生解决实际问题。

国务院办公厅

2021 年 9 月 22 日

教育部办公厅关于做好 2018 年深化创新创业教育改革示范高校建设工作的通知

（教高厅函〔2018〕20 号）

各省、自治区、直辖市教育厅（教委），新疆生产建设兵团教育局：

深化创新创业教育改革示范高校（以下简称示范校）建设工作实施以来，各省级教育行政部门大力推动，200 所示范校大胆探索实践，相关工作取得显著成效。根据 2018 年全国教育工作会议部署要求，为全面贯彻落实党的十九大精神，深入学习贯彻习近平总书记给"青年红色筑梦之旅"大学生重要回信精神，进一步贯彻落实《国务院办公厅关于深化高等学校创新创业教育改革的实施意见》（国办发〔2015〕36 号）精神，在更高层次、更深程度、更关键环节上深入推进创新创业教育改革，现就做好 2018 年示范校建设工作有关事项通知如下。

一、原则及目标

坚持强化关键领域、优化资源配置、凸显示范引领,以深化课程、师资等重点领域改革为主线,深入推进创新创业教育与专业教育、思想政治教育、职业道德教育紧密结合,深层次融入人才培养全过程。全力打造一批创新创业教育优质课程、开展一批高质量创新创业教育师资培训、发掘一批"青年红色筑梦之旅"优秀团队,带动全国高校创新创业教育工作取得新成效、开拓新格局、开创新未来,着力构建中国特色、世界水平的创新创业教育体系。

二、重点推进事项

2018 年,各示范校在继续落实好国办发〔2015〕36 号文件明确的 9 项改革任务的基础上,重点抓好三方面工作。

(一)着力建设创新创业教育优质课程

各示范校要面向全体学生开好创新创业教育专门课程,全面打造依次递进、有机衔接、科学合理的专门课程群。积极调整专业课程设置,挖掘和充实各类专业课程的创新创业教育资源,深入推进创新创业教育与专业教育紧密结合。充分利用现代信息技术,加快建设创新创业教育在线开放课程,推动优质课程资源共享,完善相关课程学习认证和学分认定制度。每所示范校要建成不少于 5 门创新创业教育线下精品课程和 2 门线上精品课程。

(二)着力提升教师创新创业教育能力

各示范校要进一步完善专业技术职务评聘和绩效考核标准,强化全体教师创新创业教育责任。进一步加强创新创业导师管理,积极推动校内外导师合作开展课程开发、教材编写、教法改革、课题研究、实践指导,打造高素质专业化团队。依托国家级教师教学发展示范中心、校级教师教学发展中心,积极开展教师创新创业教育教学能力培训,每所示范校要组织专题培训,确保覆盖本校创新创业教育专兼职教师及相关专业导师,培训中还应包括一定数量的其他高校相关教师。

(三)着力开展"青年红色筑梦之旅"活动

各示范校要主动联系当地政府农业和扶贫工作有关部门,摸清乡村振兴和精准扶贫脱贫需求,认真研究制定方案,牵头组建不少于 2 支"青年红色筑梦之旅"团队,组织学生赴革命老区、贫困地区开展相关活动,接受思想洗礼、学习革命精神、传承红色基因、提高实践能力,用创新创业成果服务乡村振兴战略、助力精准扶贫,全力打造覆盖全国范围、具有全局影响的大学生思想政治教育"大课堂"。

三、相关要求

各示范校要认真组织实施、及时梳理总结,将上述三方面工作情况形成文字材料报各省级教育行政部门,各省级教育行政部门汇总后,于 8 月 25 日前统一报高等教育司(材料电子版发送至邮箱 gaojs_cfc@ moe. edu. cn)。高等教育司将根据上报材料综合考查各校工作成效,并通过中央彩票公益金大学生创新创业教育专项资金给予相应经费支持,支持额度根据各校工作情况及实际成效确定。

教育部办公厅

2018 年 3 月 27 日

教育部办公厅关于做好深化创新创业教育改革
示范高校 2019 年度建设工作的通知

(教高厅函〔2019〕22 号)

各省、自治区、直辖市教育厅(教委),新疆生产建设兵团教育局:

为进一步深入推进高校创新创业教育改革,切实发挥好深化创新创业教育改革示范高校(以下简称示范校)的示范引领作用,现就做好 2019 年度示范校建设工作通知如下。

一、工作任务

深入贯彻全国教育大会精神,贯彻落实《国务院关于推动创新创业高质量发展打造"双创"升级版的意见》和《国务院办公厅关于深化高等学校创新创业教育改革的实施意见》要求,把创新创业教育贯穿人才培养全过程,深入推进创新创业教育与思想政治教育、专业教育、体育、美育、劳动教育紧密结合,打造"五育平台",在更高层次、更深程度、更关键环节上深入推进创新创业教育改革,全力打造创新创业教育升级版,引领带动全国高校创新创业教育工作取得新成效。

二、工作重点

(一)建设创新创业教育优质在线开放课程

各示范校要结合本校学科专业优势和特色,充分利用现代信息技术,整合创新创业优质教育资源,积极推动高水平教师领衔打造创新创业线上"金课"。每所示范校 2019 年度要重点立项建设 1—2 门创新创业教育优质在线开放课程,并于 2019 年 8 月底前完成上线。

(二)建设"专创融合"特色示范课程

各示范校要积极优化专业课程设置,挖掘和充实各类专业课程的创新创业教育资源,将专业知识传授与创新创业能力训练有机融合,提升学生的专业研发兴趣和能力,为学生从事基于专业的创新创业活动夯实基础。每所示范校 2019 年度要重点打造 1—2 门"专创融合"特色示范课程。

(三)开展师资培训活动

各示范校要着力发挥示范带动作用,面向本区域、本类型高校,积极开展教师创新创业教育教学能力培训工作。每所示范校 2019 年度至少要举办 2 场创新创业专题师资培训,覆盖高校数量不少于 5 所。

(四)开展"青年红色筑梦之旅"活动

各示范校要积极引领学生将个人成长发展与国家建设相结合、将培育创业精神与坚定理想信念相结合,结合本地扶贫工作特点,认真研究制定方案,组织青年大学生、企业家、投资人走进基层、乡村、西部和革命老区,将高校的智力、技术和项目资源辐射到广大农村地区,助力精准扶贫和乡村振兴,全力打造覆盖全国范围、具有全局影响的"国情思政课"。每所示范校 2019 年度要有重点的组建 10 支左右的"青年红色筑梦之旅"团队。

三、工作总结

各示范校请于 2019 年 8 月底前形成 2019 年深化创新创业教育改革示范高校建设工作进展报告。内容应以上述四项重点工作为主,并择优填写工作统计表格。其中,创新创业教育优质在线开放课程、"专创融合"特色示范课程、创新创业专题师资培训限填 2 项、"青年红色筑梦之旅"活动限填 10 项。以上材料作为综合考查各示范校工作成效、给予相应经费支持的依据。

各示范校进展报告由省级教育行政部门汇总统计后,于 2019 年 9 月 10

日前统一报教育部高等教育司。

教育部办公厅
2019 年 3 月 26 日

人力资源社会保障部　教育部　财政部
关于做好高校毕业生等青年就业创业工作的通知

（人社部发〔2024〕44 号）

各省、自治区、直辖市及新疆生产建设兵团人力资源社会保障厅（局）、教育厅（教委、教育局）、财政厅（局）：

高校毕业生等青年就业关系民生福祉、社会稳定和高质量发展。各地要以习近平新时代中国特色社会主义思想为指导，落实党的二十大精神，强化就业优先导向，把促进青年特别是高校毕业生就业工作摆在更加突出的位置，综合施策，多措并举，着力促进高校毕业生等青年就业创业，确保就业局势总体稳定。现就有关工作通知如下：

一、整合优化吸纳就业补贴和扩岗补助政策。合并实施一次性吸纳就业补贴和一次性扩岗补助政策，对招用毕业年度及离校两年内未就业高校毕业生及 16—24 岁登记失业青年，签订劳动合同，并按规定为其足额缴纳 3 个月以上的失业、工伤、职工养老保险费的企业，可按每招用 1 人不超过 1500 元的标准发放一次性扩岗补助。所需资金从失业保险基金支出，上年度失业保险基金滚存结余备付期限不足 1 年的省份，从就业补助资金支出。政策执行至 2025 年 12 月 31 日。

二、延续实施国有企业增人增资政策。激励国有企业发挥示范带动作用，对按照工资效益联动机制确定的工资总额难以满足扩大高校毕业生招聘需求的国有企业，经履行出资人职责机构或其他企业主管部门同意，统筹考虑企业招聘高校毕业生人数、自然减员情况和现有职工工资水平等因素，可给予一次性增人增资，核增部分据实计入工资总额并作为下一年度工资总额预算基数。政策执行至 2025 年 12 月 31 日。

三、实施先进制造业青年就业行动。开展先进制造业职业体验活动，组织高校毕业生等青年参观企业园区、车间厂房，感受工作氛围，增强职业认知。指定人社服务专员归集适合高校毕业生等青年的就业岗位,依托就业信息资源库和招聘平台,加强数据比对,促进高效匹配,并打包办理支持企业吸纳就业和助力人才发展系列政策。建立先进制造业企业集群职称评审"绿色通道",赋予相关企业高层次人才举荐权,推动具备条件的先进制造业企业试点开展高级职称自主评审。

四、鼓励引导基层一线就业。实施"三支一扶"计划,统筹推动其他基层服务项目实施,鼓励有条件的地方结合实际适当扩大招募规模。结合实施乡村振兴战略,适应基层治理模式创新需要,挖掘医疗卫生、养老服务、社会工作、司法辅助、科研助理等基层就业机会。对到基层就业的高校毕业生,按规定落实学费补偿、国家助学贷款代偿、高定工资、提前转正定级等政策,畅通职业发展通道。

五、支持自主创业和灵活就业。强化青年创业支持,构建创业信息发布、政策咨询、流程办理、孵化服务等全周期服务机制,推进创业服务集成办理。对符合条件的高校毕业生创业项目,按规定给予一次性创业补贴。落实灵活就业社保补贴政策,扩大新就业形态就业人员职业伤害保障试点,保障青年灵活就业合法权益。

六、大规模组织招聘对接服务。组织公共就业服务进校园,开展政策宣传、校园招聘、指导培训等活动。人社厅局长要结对帮扶就业压力大的高校,定向送资源、送岗位、送服务。组织开展"10+N"公共就业服务活动,将高校毕业生等青年群体作为服务重点,普遍设立招聘专区。加密招聘频次,高校毕业生集中的地市每周至少举办一次专业性招聘、每月至少举办一次综合性招聘。强化数字赋能,推进线上线下一体服务,探索岗位发布、组织对接、面试洽谈等"一站式"在线服务,便利青年求职应聘。

七、强化青年求职能力训练和学徒培训。要加强高校毕业生等青年职业指导和求职能力训练,组织青年求职能力实训营,注重理论与实践相结合,开展模拟面试、简历诊断、职业规划等互动教学,组织企业参观、行业调研、岗位锻炼等体验活动。组织青年和毕业年度学生参加新型学徒培训,提高技能水平,按规定对承担学徒培训任务的企业和学校给予学徒培训补贴。

八、实施百万就业见习岗位募集计划。支持企业、政府投资项目、事业单位开展就业见习,更多开发科研类、技术类、管理类、社会服务类见习岗位。2024年起,每年募集不少于100万个就业见习岗位,按规定给予就业见习补贴。对见习期未满与见习人员签订劳动合同的,各地可给予剩余期限见习补贴,政策执行至2025年12月31日。

九、实施就业困难青年专项帮扶行动。强化未就业高校毕业生实名帮扶,建立实名台账,普遍提供至少 1 次政策宣介、1 次职业指导、3 次岗位推荐及 1 次培训或见习机会。强化困难高校毕业生结对帮扶,加强与农业农村、残联部门信息共享,及时将脱贫家庭毕业生、残疾毕业生、长期失业青年、求职补贴发放对象纳入帮扶台账,制定专项计划,开展"一对一"结对帮扶,针对性提供高质量岗位信息。

十、高效办成高校毕业生就业一件事。统筹就业与人才政策服务事项,公开办理流程,明确办理时限,加快办理进度,推进档案接收、补贴申领、社保缴纳、落户手续等政策服务"一件事打包办"。有条件的地区可给予高校毕业生等青年人才公寓等支持,为青年就业提供便利。指导各级公共就业人才服务机构普遍设立青年就业服务窗口,有条件的地区要依托零工市场(零工驿站)、家门口就业服务站等现有资源建设一批青年就业驿站,为高校毕业生等青年就业提供一站式服务。

十一、加强就业权益维护。加强人力资源市场监管,依法查处虚假招聘、违规收费、"黑中介"等违法违规行为,规范人力资源市场秩序。加大就业权益知识普及,在招聘会现场、服务大厅和相关网站发布防范求职陷阱的专门提示、典型案例、维权警示和投诉渠道,增强高校毕业生等青年风险防范意识和权益保护意识。加强公共就业服务活动和各类校园招聘活动参与企业资质及岗位审核,避免不合理招聘信息。

各地要提高思想认识,把促进高校毕业生等青年就业作为重大政治责任,作为为民办实事重要内容,细化实施方案,明确职责分工、时间进度和工作要求。要细化完善政策,结合实际优化调整本地促进青年就业政策,能出早出、能出尽出,推动惠企利民。要加强协同配合,人力资源社会保障部门要加强工作统筹协调,建立工作调度机制,强化人员保障,确保各项工作任务落地见效;教育部门要加强高校毕业生就业指导服务,配合相关部门落实落细各项促就业政策;财政部门要做好就业补助资金保障,支持高校毕业生等青年就业政策落实。要强化宣传引导,加强对本地促进青年就业创业政策、经验做法和典型的宣传,引导高校毕业生等青年从实际出发选择就业方向。

人力资源社会保障部

教育部

财政部

2024 年 5 月 17 日

河南省人民政府办公厅
关于深化高等学校创新创业教育改革的
实施意见

（豫政办〔2016〕59 号）

各市、县人民政府，省人民政府各部门：

为贯彻落实《国务院办公厅关于深化高等学校创新创业教育改革的实施意见》（国办发〔2015〕36 号）精神，深入实施创新驱动战略，加快我省高校创新创业教育改革，加强创新创业人才培养，造就一大批大众创业、万众创新的生力军，经省政府同意，现提出如下实施意见：

一、总体要求

深化高校创新创业教育改革，要全面贯彻党的教育方针，落实立德树人根本任务，坚持创新引领创业、创业带动就业，主动适应经济发展新常态，以推进素质教育为主题，以提高人才培养质量为核心，以创新人才培养机制为重点，以完善条件和保障政策为支撑，坚持育人为本，提高培养质量；坚持问题导向，补齐培养短板；尊重教育规律，培育先进理念；坚持协同推进，汇聚培养合力；保持政策衔接，确保改革实效。面向全体、分类施教、结合专业、强化实践，突破人才培养薄弱环节，增强学生的创新精神、创业意识和创新创业能力，统一领导、齐抓共管、开放合作、全员参与，促进学生全面发展，为中原崛起、河南振兴和富民强省提供强大的人力智力支撑。

二、改革目标

2016 年起，全面深化高校创新创业教育改革，强化宣传、提高认识、总结经验、建立机制、深入实施；到 2017 年，普及创新创业教育，探索形成一批可复制、可推广的制度成果和先进经验，认定一批深入推进创新创业教育改革的示范高校和大学生创新创业实践示范基地、大学科技园、众创空间等创新创业孵化服务载体，实现新一轮大学生创业引领计划预期目标；到 2020 年，建立健全课堂教学、实践教学、自主学习、指导帮扶、文化引领等多位一体的高校创新创业教育体系，学生创新精神、创业意识和创新创业能力明显增强，投身创新创业实践的学生显著增加，高校人才培养质量显著提升，对我省经济社会发展的贡献度明显提高。

三、主要任务和措施

(一)提高对创新创业教育改革重要性的认识

各地、各部门、各高校要把创新创业教育作为一项长期的战略性工作来抓,广泛开展多种形式的创新创业教育改革专题学习和研讨活动,引导广大师生树立先进的创新创业教育理念和"面向全体、人人参与"的创新创业教育改革意识,把深化高校创新创业教育改革作为推进高等教育综合改革的突破口,大力推进创新创业教育与专业教育深度融合,积极开展高校创新创业教育教学研究,切实将创新创业教育贯穿人才培养全过程。

(二)创新人才培养机制

1.修订完善人才培养方案。加强对高校创新创业教育的分类指导,促进高校根据高等教育人才培养质量标准,结合学校实际制定专业人才培养质量标准,明确各层次学生创新创业教育目标要求,全面修订和完善各专业人才培养方案,将创新创业教育融入人才培养全过程,使创新精神、创业意识和创新创业能力成为评价人才培养质量的重要指标。

2.推进多样化人才培养模式改革。深入实施系列"卓越计划"、研究生教育创新计划、科教结合协同育人行动计划等,举办形式多样的创新创业教育实验班,探索建立校校、校企、校地以及国际合作与交流的协同育人新机制,积极吸引社会资源和国外优质教育资源投入创新创业人才培养,形成特色鲜明、成效显著的创新创业人才培养模式。促进学科专业间的协同,打通一级学科或专业类下相近学科专业的基础课程,开设跨学科专业的交叉课程,探索建立跨高校、跨院系、跨学科、跨专业交叉培养创新创业人才的新机制,促进人才培养由学科专业单一型向多学科融合型转变。推进职业发展与创业就业指导教育,将创业就业类课程建设纳入高校教学质量与教学改革工程项目。

3.建立学科专业结构调整新机制。完善学科专业预警、退出管理办法,探索建立需求导向的学科专业结构和创新创业导向的人才培养类型结构调整新机制,加大与我省基础产业、支柱产业和国家战略紧密相关学科专业的建设力度,构建对我省经济社会发展起重要支撑作用的优势学科专业群。

(三)完善课程体系

1.建立健全创新创业教育课程体系。各高校要根据学校办学特点,结合学生实际,面向全体学生开设研究方法、学科前沿、创造学、创业基础、就业指导等方面的必修课和选修课,建设依次递进、有机衔接、科学合理的创新创业教育专门课程群。

要根据人才培养定位和创新创业教育目标要求,促进专业教育与创新创业教育有机融合,优化专业课程设置,挖掘和充实各类专业课程的创新创业教育资源,在传授专业知识过程中加强创新创业教育。要加强通识教育课程建设,拓宽学生视野,培养学生独立思考与分析判断能力,完善人格,增强社会责任感。要积极利用企业、科研院所、创业成功人士等社会资源,采用多种形式开展创新创业教育,打造创新创业教育品牌。要拓展并继续组织开展大学生创新创业意识、创办(改善)企业、创业实训等系列创新创业培训,支持高校自主编制专项培训计划,或与有条件的教育培训机构、行业协会、群团组织、企业联合开发创业培训项目,确保每一个有创业意愿和培训需求的在校大学生都有机会参加创新创业培训。

2.加强创新创业教材建设。各高校要积极组织学科带头人、行业企业优秀人才有针对性地编写适合学生多样化需求的创新创业教育教材,编撰以优秀校友和当地企业家为主的创新创业案例,探索编印适用于不同学科、不同行业的创新创业实务手册,引进或开发网上创新创业教育教材资源,吸收国内外先进大学创新创业教育的优质资源,打造支撑创新创业课程体系且不断更新的创新创业优秀系列教材。

(四)改革教学方法和考核方式

1.创新教育教学方法。大力推进启发式、探究式、讨论式和参与式教学,通过引入导师制、"翻转课堂"、提高小班授课率等方式,加强师生互动,推动教师把国际前沿学术发展、最新研究成果和实践经验融入课堂教学,注重培养学生的批判性和创造性思维,激发创新创业灵感。各高校要鼓励学生自主学习,要为学生自主学习提供更加丰富多样的线上和线下教育资源。要充分利用现代信息技术,建设一批创业就业类精品课程和教学资源库,加大创业就业类慕课、微课建设,促进优质教育资源共享。

2.改革考试考核和教学评价机制。各高校要深入改革考试考核内容和方法,根据课程特点,试行非标准答案考试,破除"高分低能"积弊,促进结果考核向过程考核、知识考核向能力考核、单一考核方式向多种考核方式转变。注重考查学生运用知识分析、解决问题的能力,努力实现考核结果与学生能力相匹配。建立健全课堂教学评价和信息反馈机制,建立以促进学生发展、教师提高为目的的课堂教学评价制度。

（五）深化教学和学籍管理改革

加强学分制学籍管理。实行弹性学制，放宽学生修业年限，支持在校大学生结合所学专业创新创业，允许调整学业进程、保留学籍休学创新创业。保护学生的兴趣爱好，优先支持参与创新创业的学生转入相关专业学习。

各高校要设置合理的创新创业学分，建立创新创业学分积累与转换制度，将学生参加创业培训、学习在线开放课程、参加学术报告会、开展创新实验、发表论文、获得专利和自主创业等情况折算为学分，可以将学生参与学科竞赛、课题研究、项目实验等活动认定为课堂学习。鼓励为有创新创业意愿和潜质的学生制定专门培养计划，建立创新创业档案和成绩单，实施个性化培养。

（六）加强教师创新创业教育教学能力建设

1. 加强创新创业教师队伍建设。加强高校教师创新创业教育意识和能力培训，实施高校教师创新创业教育教学能力提高培训计划和创业就业指导工作队伍服务水平提升培训计划，通过岗前培训、课程培训、骨干研修、举办创新创业教学大赛等多种方式加强教师培训，增强教师创新创业教育意识和能力，培养一支国家级、省级、校级阶梯型创业就业指导工作队伍。加快高校创新型人才队伍建设，培育一批跨学科、跨领域的创新团队。评选一批省级创业就业教育教学名师，建设一批省级创业就业教育教学团队。建立相关专业教师、创新创业教育专职教师和创业就业指导人员到行业企业挂职锻炼制度，注重发挥专业教师、就业指导教师、优秀团学干部在创新创业教育中的独特作用。聘请知名科学家、创业成功者、企业家、风险投资人等各行各业优秀人才到高校兼职担任专业课、创新创业课授课或指导教师，有计划有组织地开展创新创业培训。制定兼职教师管理规范，建立定期考核制度，形成一支教学与指导、专职与兼职、理论与实践、校内与校外相结合，具有较高素质和较优结构的创新创业教师队伍。鼓励高校与专业对口企事业单位深度合作，支持应用性学科专业的在岗教师参与对口行业企业的工程项目和科学研究，建立教师与企业长期的技术服务关系。

各地、各高校要明确全体教师创新创业教育责任，将高校就业指导专业技术职称调整为创业就业指导专业技术职称，将创新创业课堂教学、辅导学生实践等工作业绩纳入教师的专业技术职务评聘和绩效考核范围。鼓励教师依托承担的科研项目为学生搭建创新创业平台，在专业技术职务评聘时，将创新创业教育学术成果认定为专业领域业绩成果。完善高校科研人员在职创业、离岗创业有关政策，对经原单位同意离岗创业的，可在 3 年内保留人事关系,并明确相关权利义务。加快完善高校科技成果处置和收益分配机制,支持教师以对外转让、合作转化、作价入股、自主创业和带领学生创业等形式将科技成果产业化。依法保护学校和教师相应知识产权。

2.建立省、校两级创新创业导师人才库。遴选一批富有强烈的社会责任感和奉献精神,具有创新创业经验和专业知识,熟悉创新创业政策法规,愿意并有能力和时间帮助或扶持大学生创新创业的人员,建立省、学校大学生创新创业导师人才库,开展创新创业专家进校园活动,切实发挥人才库在创新创业教育中的作用。

(七)强化创新创业实践

1.加强创新创业实践条件和平台建设。鼓励各地、各部门、各高校充分利用郑州航空港区、经济技术开发区、高新技术产业开发区、产业集聚区等现有各种资源建设众创空间、大学科技园、研究生教育创新基地、创业孵化基地、小微企业创业基地、科技创业实习基地和职业院校实训基地,作为大学生创新创业实践基地,并按有关规定给予政策或资金支持。各地、各部门、各高校科技创新资源原则上向全体在校学生开放,开放情况纳入各类研究基地、重点实验室、科技园评估标准。各高校要打破学校内部各学院间壁垒,充分整合校内场地资源,利用现有的科技园、实训基地、实验室、孵化基地、学生活动中心等具备条件的场所,改造建设一批能有效满足大学生创新创业需求,具有较强专业化服务能力的大学生创新创业园。鼓励高校联合社会创业孵化专业机构管理运营大学生创新创业园。各高校要加强专业实验室、虚拟仿真实验室、创业实验室和训练中心建设,促进实验教学平台共享。加强高校创新创业实践实训平台建设,建设和认定一批大学生创新创业实践示范基地、大学科技园、众创空间等创新创业孵化载体。

2.积极开展大学生创新创业实践活动。健全国家、省、学校三级大学生创新创业训练体系,实施省级大学生创新创业训练计划,引导高校实施校级大学生创新创业训练计划和大学生创业引领计划,提高学生的创新创业能力。积极开展全省大学生创新创业大赛、学科性竞赛、职业院校技能大赛等各级各类创新创业实践活动。对评选出登记注册经营的优秀创业项目,择优纳入省级科技计划,并优先给予创业担保贷款重点支持,鼓励各种创投基金给予扶持。各高校要重视产学研合作,探索"学业+创业"的双导师培养模式,提倡学中做、做中学,积极引导师生共创。支持高校学生成立创新创业协会、俱乐部等社团,举办创新创业讲座、论坛、沙龙等,开展创新创业实践。

（八）加强大学生创新创业服务体系建设

1. 加强大学生创新创业服务平台建设。围绕健全地方、高校、教师、学生四位一体协同共建的大学生创新创业服务体系，各地、各部门、各高校要加强学生创业就业指导服务专门机构和创业就业教研专门机构建设，做到机构、人员、场地、经费四到位。引导科技、工商、税务、银行等单位为大学生创新创业提供"一站式"服务。鼓励企业、社会创业孵化机构参与平台建设，为大学生创新创业提供项目孵化支持。依托河南省高中等职业院校毕业生就业创业综合服务基地，加快建设省级大学生创新创业园、大学科技园，成立中原大学生创新创业联盟，整合各高校创新创业资源，建立全省大学生创新创业项目库。建设完善全省大学生创新创业服务网，指导高校建设创新创业信息服务网。支持引导校地加强区域大学生创新创业综合孵化服务平台建设和省级大学生创新创业园、大学科技园、创新创业服务网、创新创业项目库初期建设及后续管理运营服务。

2. 做好大学生创新创业政策信息服务工作。各地、各部门要针对区域、行业发展需要，为学生实时提供国家政策、市场动向等信息，完善创业项目的统一收集、分类、发布机制，发布创新创业项目指南，做好创新创业项目对接、知识产权交易等服务工作。定期开展全省经济社会发展对普通高校毕业生的需求预测分析，引导高校学生把握创新创业机会、捕捉创业商机。同时，要结合大学生创业项目成长周期，细化完善扶持政策，促进创新创业服务主体多元化发展。开通大学生创业贷款绿色通道，进一步简化手续，降低反担保门槛，丰富反担保形式，逐步取消大学生创业贷款10万元以下（包括10万元）反担保条件，加大对大学生创业的信贷支持力度。符合条件的大学生创新创业项目，按国家规定享受税费减免政策。

（九）加强创新创业保障体系建设

1. 加大创新创业经费投入。整合现有财政专项资金支持高校学生创新创业活动。要优化经费支出结构，多渠道统筹安排资金，支持创新创业教育教学、创新创业园（实践基地）建设、资助学生创新创业项目、创业就业竞赛实践活动、师资及工作队伍培养培训、创业就业指导与服务等。鼓励高校设立创新创业奖学金。

2. 鼓励社会资本支持大学生创新创业。引导社会资金参与设立全省大学生创新创业基金。鼓励社会组织、公益团体、企事业单位和个人设立大学生创新创业风险基金，以多种形式向创新和自主创业大学生提供资金支持，提高扶持资金使用效益。鼓励民营企业以产业链为核心、资本为纽带投资支持大学生创新创业,加速项目转化落地。鼓励各地、各部门和社会力量新建或利用各种场地资源建设大学生创新创业实践基地、大学生创新创业园、大学科技园、众创空间等各类大学生创新创业孵化载体。鼓励大学生依托高校科研成果开展创业,支持大学生在新兴产业领域创业。

(十)加强创新创业教育工作组织领导

1.加强组织领导。建立河南省高校创新创业教育专家指导委员会,开展高校创新创业教育研究、咨询、指导和服务。各高校要落实创新创业教育主体责任,成立由校长任组长、分管校领导任副组长、有关部门负责人参加的创新创业教育工作领导小组,形成教务、学生工作、就业、研究生、共青团、科研、财务、人事、招生、后勤、产业等部门齐抓共管的创新创业教育工作机制。各地、各部门、各高校要把深化高校创新创业教育改革作为重要任务摆在突出位置,纳入整体规划和改革发展重要议事日程,加强组织领导,并结合实际制定深化本地、本部门、本校创新创业教育改革实施方案,明确责任分工,切实抓出成效。

2.加强宣传和督导工作。各地、各部门、各高校要充分利用新闻媒体及微博、微信、手机客户端等新媒体,大力宣传高校创新创业教育改革相关政策,要把创新创业文化作为大学文化建设的重要内容,及时总结成功经验、树立一批创新创业典型,努力营造敢为人先、敢冒风险、宽容失败的氛围环境,使创新创业成为管理者办学、教师教学、学生求学的理性认知与行动自觉。要把创新创业教育质量作为衡量办学水平、考核领导班子的重要指标,纳入高校教育教学评估指标体系和学科评估指标体系,引入第三方评估。各高校要建立在校和离校学生创新创业信息跟踪机制,把创业成功率和创新创业质量作为评价创新创业教育的重要指标。在评选三好学生、优秀毕业生等相关评优评先中安排一定名额表彰创新创业优秀学生。要把创新创业教育相关情况列入教学质量年度报告和毕业生就业质量年度报告重点内容,接受社会监督。

河南省人民政府办公厅

2016 年 5 月 3 日

河南省人民政府办公厅
关于印发河南省进一步支持大学生创新创业
若干措施的通知

（豫政办〔2022〕1号）

各省辖市人民政府、济源示范区管委会，省人民政府各部门：

《河南省进一步支持大学生创新创业若干措施》已经省政府同意，现印发给你们，请认真贯彻执行。

河南省人民政府办公厅

2022年1月6日

河南省进一步支持大学生创新创业若干措施

为贯彻落实《国务院办公厅关于进一步支持大学生创新创业的指导意见》（国办发〔2021〕35号），有效解决大学生创新创业实践中的关键问题，提升大学生创新创业能力，结合我省实际，提出如下措施。

一、将创新创业教育贯穿人才培养全过程

实施高校专创融合特色课程示范工程，推动高校建立以创新创业为导向的新型人才培养模式，完善校校、校企、校地、校所协同的创新创业教育机制，健全课堂教学、自主学习、结合实践、指导帮扶、文化引领融为一体的高校创新创业教育体系。通过课程设计、教材开发、场景植入、项目驱动、实践引领等，增强大学生的创新精神、创业意识和创新创业实践能力。"十四五"期间，建设省级专创融合特色示范课程1000门。（责任单位：省教育厅、人力资源社会保障厅）

二、提升教师创新创业教育教学能力

实施高校教师创新创业教育能力和素养提升工程，对高校创新创业主管负责人、部门负责人、教研部门负责人、专职创新创业教师和高校众创空间等载体运营负责人开展专题培训，5年内实现全覆盖。制定实施高校创新创业校外导师专项人才计划和驻校企业家制度，吸引更多各行各业优秀人才担任创新创业校外导师，校外创新创业导师数量与在校生人数比例不低于1∶2000,驻校企业家每校不少于3名。"十四五"期间,建设50个不同类型的省级创新创业导师培训基地。(责任单位:省教育厅、人力资源社会保障厅)

三、强化大学生创新创业专项训练

实施河南省大学生创新创业能力提升工程,打造一批高校创新创业培训活动品牌。组织创新创业导师深入校园举办创业大讲堂,进行创业政策解读、经验分享、实践指导等。支持各类创新大赛对大学生创业者给予倾斜。"十四五"期间,各高校每年接受专门创新创业培训的在校生比例不少于5%。(责任单位:省人力资源社会保障厅、教育厅、科技厅)

四、强化大学生创新创业项目牵引作用

充分发挥高校"导师制"育人功能,鼓励导师利用科研项目加强大学生创新创业实践能力培养。持续实施大学生创新创业训练导航工程,"十四五"期间,立项国家级、省级本科高校大学生创新创业训练计划项目1.2万项;组织"新时代新梦想"大学生创新创业优秀项目选拔赛,遴选500个大学生创新创业优秀项目并给予资金扶持。(责任单位:省教育厅)

五、建强高校大学生创新创业实践平台

实施省级创新创业学院建设示范工程,推动形成创新创业工作品牌。积极整合校内外资源,建设具有一定规模、特色鲜明的大学科技园、创业园和创客空间等校内创新创业实践平台,鼓励打破校际壁垒,面向在校大学生免费开放,开展投融资、知识产权、法律、政策咨询、人力资源等全要素的专业化孵化服务。结合高校学科专业特色优势,联合行业龙头企业建设校外大学生创新创业实践教学基地。"十四五"期间,认定60家省级示范性创新创业学院,建设300个省级校外大学生创新创业实践教学基地。(责任单位:省教育厅、科技厅、财政厅、人力资源社会保障厅)

六、完善"互联网+"大学生创新创业大赛机制

坚持以赛促教、以赛促学、以赛促创,积极承办中国国际"互联网+"大学生创新创业大赛,提升省级竞赛水平,推动高校建立校级竞赛制度。坚持政府引导、公益支持,拓宽办赛资金筹措渠道,适当增加大赛冠名赞助经费。充分利用市场化方式,研究推动大型企业、社会资本发起成立河南省"互联网+"大学生创新创业大赛项目专项发展基金。建立健全与各级各类创新创业比赛联动机制,深化创新创业教育国际交流合作。(责任单位:省教育厅、省政府国资委、河南证监局、省建行)

七、健全创新创业成果转化服务机制

充分利用高校院所河南科技成果博览会,为优秀大学生创新创业科技成果开辟专区,拓宽成果转移转化渠道,并从中选树一批大学生创新创业典型。设立大学生创新创业成果转化服务机构或服务窗口,建立与行业产业对接长效机制。落实国家关于大学生创新项目知识产权保护、创新成果转化和创业项目落地等方面的政策措施。(责任单位:省科技厅、教育厅、发展改革委、财政厅、省政府国资委、省税务局、知识产权局)

八、发挥"双创"示范基地带动作用

支持高校加快建设大学生创新创业实践示范基地,争创省级以上双创示范基地,深入实施创业就业"校企行"专项行动,推动企业示范基地和高校示范基地加强沟通、结对共建,定期开展论坛、沙龙活动,增强基地功能性和实用性。各级示范基地所在城市要主动规划和布局高校周边产业,主动承接大学生创新成果要素,打造"校企共荣""城校共生"的创新创业生态。大中型企业和科研院所及相关公共服务机构要利用自身技术、人才、场地、资本等优势,为大学生建设集研发、孵化、投资等于一体的创新创业服务平台。(责任单位:省发展改革委、教育厅、科技厅、省政府国资委)

九、建设大学生创新创业云服务平台

"十四五"期间,建成河南省大学生创新创业云服务平台,充分发挥其在竞赛管理、项目服务、信息发布、政策宣传、供需对接、数据分析、决策支持等方面的作用,全面提升创新创业信息化管理服务水平。(责任单位:省教育厅、发展改革委、人力资源社会保障厅、大数据局)

十、激发高校创新创业师资队伍活力

落实教师指导学生参加"互联网+"大学生创新创业大赛及各类双创大赛的激励政策,将教师指导学生承担省级以上创新创业项目的实践活动计入工作量。完善创新创业指导教师到行业企业挂职锻炼的保障激励政策,允许高校教师从事多点教学并获得合法收入。(责任单位:省教育厅、人力资源社会保障厅)

十一、便利化服务大学生创新创业

各地要支持依托高校、科研院所和企业建设科技创新平台、中试平台和产业化平台等创新服务平台;要打破城际、校际界限,积极面向大学生开放共享,提供专业化、便利化的低价优质服务。提升基层政府一线工作人员及高校创业指导工作人员业务素养,打通政策落实"最后一公里"。引导行业企业尤其是省内国有大中型企业面向高校和大学生发布技术创新需求清单,通过"揭榜挂帅"引导大学生精准创新创业。(责任单位:省科技厅、发展改革委、教育厅、省政府国资委)

十二、降低大学生创新创业门槛

设置大学生创业"绿色"通道,提升服务大学生开办企业的能力。支持各类孵化载体面向大学生创新创业团队开放一定比例的免费孵化空间,将开放情况纳入省级众创空间和科技企业孵化器考核评价范围,降低大学生创新创业团队入驻条件,并依据载体服务在校大学生创业者的数量和质量给予资金补贴。政府投资开发的孵化器等创业载体应安排30%左右的场地免费提供给高校毕业生。有条件的地方要对高校毕业生到孵化器创业给予租金补贴。(责任单位:省科技厅、人力资源社会保障厅、教育厅、财政厅、市场监管局,各省辖市政府、济源示范区管委会)

十三、加大财税、金融相关政策扶持力度

落实国家关于大学生创新创业的帮扶救助、减税降费、普惠金融、引导社会资本等方面的支持优惠政策。在用好我省大学生健康成长成才暨就业创业资金的基础上,积极争取教育部中央彩票公益金大学生创新创业教育发展资金,加大对高校创新创业教育的支持力度。(责任单位:省财政厅、教育厅、人力资源社会保障厅、发展改革委、民政厅、医保局、税务局、人行郑州中心支行、河南银保监局、证监局)

十四、加强创新创业工作保障机制建设

建立由省教育厅牵头,省发展改革、科技、民政、财政、人力资源社会保障等部门参与的大学生创新创业工作联席会议制度,定期专题研究,加强协调指导,确保支持大学生创新创业各项政策落地实施。将创新创业纳入高校教育教学评估指标体系和学科评估指标体系。各地、各高校要研究制定支持大学生创新创业的政策措施,及时帮助大学生解决实际问题。大力宣传促进大学生创新创业的重要性,及时总结推广经验做法,选树创新创业成功典型,培育创客文化,打造敢为人先、宽容失败、社会支持的创新创业良好生态。(责任单位:省教育厅、发展改革委、科技厅、民政厅、财政厅、人力资源社会保障厅、省政府国资委、省市场监管局、税务局、知识产权局、人行郑州中心支行、河南银保监局、证监局、省建行,各省辖市政府、济源示范区管委会)

河南省人民政府
关于进一步做好新形势下就业创业工作的
实施意见

(豫政〔2015〕59 号)

各省辖市、省直管县(市)人民政府,省人民政府各部门:

为贯彻落实《国务院关于进一步做好新形势下就业创业工作的意见》(国发〔2015〕23 号)精神,培育大众创业、万众创新新引擎,促进创新创业带动就业,催生经济社会发展新动力,结合我省实际,现就努力做好经济新常态下我省就业创业工作提出如下实施意见,请认真贯彻落实。

一、深入实施就业优先战略

(一)建立经济发展与扩大就业的良性互动机制

各地、各部门要深入实施就业优先战略,强化就业目标评估考核,把稳定和扩大就业作为经济运行合理区间的下限,作为宏观调控的目标导向,加大对各级政府的考核力度,将城镇新增就业、调查失业率作为宏观调控重要指标,纳入国民经济和社会发展规划及年度计划,并作为政府年度考核和经济责任审计的重要内容。(责任单位:省发展改革委、人力资源社会保障厅、审计厅、统计局)

(二)鼓励小微企业吸纳就业

开展小微企业创业创新基地城市示范,积极争取我省有关省辖市列入国家小微企业创业创新基地城市示范范围,研究推进省级小微企业创业创新基地城市试点工作。指导国家小型微型企业创业示范基地、河南省小型微型企业创业示范基地建设,并按照有关政策予以支持。对小微企业新招用劳动者,缴纳社会保险费的,按规定给予就业创业支持,不断提高小微企业带动就业的能力。(责任单位:省发展改革委、工业和信息化委、人力资源社会保障厅、财政厅、科技厅、商务厅、国税局、地税局、人行郑州中心支行)

(三)积极预防和有效调控失业风险

建立失业保险费率动态调整机制,全面落实降低失业保险费率政策。

对依法参保缴费、采取有效措施未裁员或少裁员的企业,可由失业保险基金给予稳岗补贴。失业保险稳岗补贴实行先支后补、据实列支、总额控制,主要用于职工生活补助、缴纳社会保险费、转岗培训、技能提升培训等相关支出。(责任单位:省人力资源社会保障厅、财政厅)

切实做好结构调整中失业人员的就业安置工作。对生产经营困难的企业实施减负稳岗,对低端落后、退出市场的企业要制定落实职工安置方案,帮助失业人员尽快实现转岗就业。淘汰落后产能奖励资金、依据兼并重组政策支付给企业的土地补偿费要优先用于职工安置。(责任单位:省发展改革委、人力资源社会保障厅、省政府国资委、省工业和信息化委、国土资源厅、财政厅)

加快构建失业动态监测、失业预警、失业调控一体化的失业预防工作体系。县级以上政府要完善失业监测预警机制,制定本地应对失业风险的应急预案。同时,加强失业调控,对可能出现的较大规模失业,要提前采取专项政策措施进行预防调控,最大限度地规避失业风险,保持就业局势稳定。(责任单位:省人力资源社会保障厅、发展改革委、财政厅、统计局、工业和信息化委、省政府国资委)

二、积极推进创业带动就业

(四)营造促进创业的政务环境

完善政府支持促进创业的政务环境,进一步加快推进商事制度改革,推行负面清单制,降低创业准入门槛。探索实行正面清单制的行政审批,对初创企业按规定免收登记类、证照类和管理类行政事业性收费。全面落实国家促进创业的税收扶持政策,进一步降低创业成本。(责任单位:省工商局、财政厅、国税局、地税局、人行郑州中心支行、省人力资源社会保障厅、发展改革委、工业和信息化委、科技厅、商务厅)

(五)培育创业主体

激发大众创业活力,扶持大中专学生(包括毕业5年内的普通高校、职业学校、技工院校学生以及在校生,毕业5年内的留学回国人员,下同)、退役军人、返乡创业农民工、失业人员等城乡各类群体自主创业,支持事业单位专业技术人员离岗创业,鼓励小微企业"二次创业",发挥创业带动就业的倍增效应,为经济发展打造新引擎。(责任单位:省人力资源社会保障厅、财政厅、教育厅、民政厅、工业和信息化委、农业厅、商务厅、总工会、团省委、省妇联、残联、工商联)

大中专学生、退役军人、失业人员、返乡创业农民工创办的实体在创业孵化基地内发生的物管、卫生、房租、水电等费用,3 年内给予不超过当月实际费用 50% 的补贴,年补贴最高限额 10000 元。大中专学生初创企业,正常经营 3 个月以上的,可凭创业者身份证明及工商营业执照、员工花名册、工资支付凭证等资料,申请 5000 元的一次性开业补贴,补贴从就业专项资金中列支。领取失业保险金期间的失业人员自主创业的,可凭工商营业执照及其他有效证明,按规定程序申请领取 5000 元的一次性创业补助,同时也可一次性领取剩余期限的失业保险金。创业补助由失业保险基金列支。(责任单位:省人力资源社会保障厅、财政厅、教育厅、民政厅、农业厅、省工商局)

探索大中专院校、科研院所等事业单位专业技术人员在职创业、离岗创业有关政策。对离岗创业的,经原单位同意,可在 3 年内保留人事关系,与原单位其他在岗人员同等享有参加职称评聘、岗位等级晋升和社会保险等方面的权利。原单位应当根据专业技术人员创业的实际情况,与其签订或变更聘用合同,明确权利义务。(责任单位:省人力资源社会保障厅、教育厅、科技厅)

(六)扶持新业态创业

抓住我省与阿里巴巴、腾讯等有关互联网龙头公司战略合作的机遇,鼓励各类群体在互联网+十大领域、战略性新兴产业、先进制造业和现代服务业创业。各地要在上述领域中,每年遴选一批优秀初创企业给予重点扶持。省每年从各地推荐的创业项目中评选一批省级优秀项目,每个项目给予 2 万元至 15 万元的资助。把大学生创业扶持资金调整为大众创业扶持资金,加大对大众创业的项目资助力度。(责任单位:省人力资源社会保障厅、发展改革委、财政厅、教育厅、工业和信息化委、科技厅)

(七)强化创业培训

普通高校、职业学校、技工院校在校学生,在校期间可以参加创业意识培训、创办(改善)企业培训、创业实训各一次,并给予相应的培训补贴,创业培训补贴标准和申领办法仍按现行政策执行。继续做好退役军人、返乡创业农民工及其他持就业创业证或就业失业登记证人员的创业培训工作,提高大众创业能力。贯彻落实《国务院办公厅关于深化高等学校创新创业教育改革的实施意见》(国办发〔2015〕36 号),切实做好大学生创新创业教育工作。(责任单位:省人力资源社会保障厅、教育厅、财政厅、农业厅、民政厅)

（八）培育创业创新公共平台

持续推进综合性创业孵化平台建设,鼓励各地在产业集聚区、高新技术产业区等原有各类园区建设创业孵化基地、科技企业孵化器和大学科技园。整合现有存量资源,创建一批农民工返乡创业园,整合政府、企业、高校等各方优势资源,依托有条件高校建设区域创新创业示范平台,支持高校利用现有建筑建设大学生创业孵化平台。重点建设中国中原大学生创业孵化基地、河南省电子商务创业孵化基地,采用PPP(政府与社会资本合作)模式,打造贴近高校、方便学生的河南大学生创业孵化平台。大力发展创业训练营、创业咖啡等新型孵化平台,为创业者提供低成本、便利化的孵化服务。指导各地每年认定一批示范性创业孵化基地和新型孵化平台,对达到市级标准的,由所在省辖市给予一次性奖补;达到国家和省级标准的,省给予50万元的一次性奖补。(责任单位:省人力资源社会保障厅、教育厅、财政厅、科技厅、商务厅、发展改革委、农业厅)

大力发展众创空间和新型科技企业孵化器,集中为创业者提供工作空间、交流空间、网络空间和资源共享空间。每年发布和支持一批示范性众创空间,为创业者打造灵活便捷的创新创业平台。对示范性众创空间,由省支持发展众创空间专项资金予以扶持。(责任单位:省科技厅、人力资源社会保障厅、工业和信息化委、商务厅、财政厅)

（九）拓宽创业融资渠道

大力发展风险投资、创业投资、天使投资,运用市场机制,引导社会资金和金融资本支持创业活动,扩大创业投资规模。按照政府引导、市场化运作、专业化管理的原则,积极创造条件,设立河南省大众创业引导基金,吸引和带动民间资本支持带动就业能力强、有成长潜力的初创小微企业及新兴产业领域早中期、初创期企业发展。(责任单位:省人力资源社会保障厅、财政厅、工业和信息化委、科技厅、人行郑州中心支行)

将小额担保贷款调整为创业担保贷款,市、县两级小额贷款担保中心统一更名为创业贷款担保中心。大力支持大中专学生、退役军人、返乡创业农民工及持就业创业证或就业失业登记证的各类人员自主创业,贷款最高额度统一调整为10万元。进一步简化办理手续,开辟大学生创业担保贷款"绿色通道",全面落实高校大学生创业担保贷款政策,各级财政要预算安排创业贷款担保基金,支持大学生自主创业。(责任单位:人行郑州中心支行、省人力资源社会保障厅、财政厅、教育厅、民政厅、农业厅、编办)

完善失业保险基金补充创业贷款担保基金的操作办法,不断扩大担保基金规模。总结推广我省扩大失业保险基金使用范围支持创业试点工作做法,在坚持财政筹集担保基金主渠道、保证失业保险待遇正常支付的前提下,统筹地区每年可按需借用部分失业保险基金补充创业贷款担保基金。(责任单位:省人力资源社会保障厅、财政厅)

(十)鼓励农村劳动力创业

完善和落实支持农民工返乡创业的政策措施,将农民工纳入创业扶持政策范围,不断加大对农民工创业的扶持力度。将农民工创业与发展县域经济相结合,大力发展农产品加工、休闲农业、乡村旅游、农村服务业等劳动密集型产业项目。妥善解决创业用地问题,引导和鼓励农民工利用闲置土地、厂房、镇村边角地、农村撤并的中小学校舍、荒山、荒滩等进行创业。整合创建一批农民工返乡创业园,鼓励各类开发区、工业集聚区和中小企业创业基地为农民工回乡创业提供支持。金融机构要改进金融服务,创新金融产品,加大对农民工创业的信贷支持力度。加快建立农村林权、土地承包经营权、农村居民住房财产权抵押、担保机制,开展林地承包(租赁)经营权及林木、畜禽、水产品等活体资产作为有效担保物试点。金融部门要探索建立农民工诚信台账和信息库,对经营正常、信誉较好的农民工可直接给予信用贷款。支持农民网上创业,大力发展互联网+,积极组织创新创业农民与企业、小康村、市场和园区对接,开展农村青年创业富民行动。(责任单位:省人力资源社会保障厅、发展改革委、工业和信息化委、商务厅、住房城乡建设厅、农业厅、扶贫办、团省委、省工商联、人行郑州中心支行)

(十一)营造大众创业的良好氛围

开展"创新创业引领中原"活动,支持举办创业训练营、创新创业大赛、创新成果和创业项目展示推介等活动,搭建创业者交流平台,培育创业文化,营造鼓励创业、宽容失败的良好社会氛围。倡导全社会普遍遵守商业道德、契约精神。推进创业型城市创建,对政策落实好、创业环境优、工作成效显著的,按规定予以表彰。(责任单位:省委宣传部、省人力资源社会保障厅、科技厅、财政厅)

(十二)健全创业服务体系

加快形成政府主导、市场主体运作、社会力量参与的创业服务体系,为全社会创业者提供均等化、普惠化、精细化、便捷化的综合性创业服务。各级政府要整合资源,充分发挥发展改革、人力资源社会保障、教育、工商、商务、工业和信息化、科技等部门促进创业的职能作用,通过培育发展创业企业,搭建创业服务平台,完善创业服务等政策措施,形成合力促进创业的体

制机制。(责任单位:省发展改革委、人力资源社会保障厅、教育厅、商务厅、工商局、工业和信息化委、科技厅)

加快创业服务业发展。充分利用市场力量,大力发展各类创业服务业。把创业服务业纳入生产性服务业扶持范围,优先给予政策资金扶持,通过引进一批全国有影响力的具有集成创业服务能力的创业服务企业,培育一批本土创业服务企业,进一步提高我省创业服务水平。(责任单位:省发展改革委、科技厅、财政厅、人力资源社会保障厅、国税局、地税局)

充分发挥科研院所和高校资源优势,加强创业研究,为创业政策制定和创业促进服务活动开展提供智力支持。强化公共创业服务,加强创业辅导,建立创业导师队伍,建立全省统一的创业项目库,定期征集发布创业项目,并按规定给予补贴。各类创业孵化平台、创业服务机构(不包括已经纳入财政预算的公共服务机构)为创业人员提供创业辅导服务、融资服务的,可给予辅导服务和融资服务补贴。探索组建以创业成功人士和创业服务业专业人士为核心的创业联盟,搭建创业交流服务平台。(责任单位:省人力资源社会保障厅、教育厅、科技厅、财政厅、人行郑州中心支行)

三、统筹推进高校毕业生等重点群体就业

(十三)鼓励支持高校毕业生多渠道就业

把高校毕业生就业摆在就业工作首位,支持高校毕业生到基层就业。政府购买一批教育、卫生、劳动就业、社会保障、社会救助、住房保障、社会工作、残疾人服务、养老服务、农技推广等街道(乡镇)、社区(村)公共管理和社会服务岗位用于吸纳高校毕业生就业,所需资金由各级财政分别承担,具体办法由省人力资源社会保障厅、财政厅共同制定并监督实施。健全高校毕业生到基层工作的服务保障机制,提高公务员定向招录比例,完善工资待遇进一步向基层倾斜的办法,鼓励毕业生到乡镇特别是困难乡镇机关事业单位工作。对高校毕业生到扶贫开发工作重点县县级以下(不含县级)基层单位就业、服务3年(含3年)以上的,服务期满考核合格,按规定给予学费补偿和国家助学贷款代偿;从事专业技术工作的,申报职称时,免职称外语考试。鼓励到中小企业就业,对小微企业新招用毕业年度高校毕业生,签订1年以上劳动合同并缴纳社会保险费的,给予1年社会保险补贴。规范就业见习管理,提高见习质量,落实、完善见习补贴政策,见习期满留用率达到50%以上的见习单位,将补贴标准从700元提高到每人每月1000元。将求职补贴调整为求职创业补贴,对象范围扩展到已获得国家助学贷款的毕业年度

高校毕业生。对毕业年度或毕业两年内的高校毕业生申报从事灵活就业的,按规定纳入各项社会保险,各级公共就业人才服务机构要提供人事、劳动保障代理服务。技师学院高级工班、预备技师班和特殊教育院校职业教育类毕业生可参照高校毕业生享受相关就业补贴政策。建立健全国有企业招聘应届高校毕业生信息公开发布制度(涉密等特殊岗位除外),央企驻豫分公司自行组织招聘以及我省各级国有企业组织招聘时实行招聘信息公开,招聘信息应同时通过同级人力资源社会保障部门网站发布,并对拟聘人员予以公示。(责任单位:省人力资源社会保障厅、工业和信息化委、财政厅、农业厅、教育厅、省政府国资委、省卫生计生委、民政厅、住房城乡建设厅、残联、扶贫办、工商联、人行郑州中心支行)

(十四)加大就业困难人员帮扶力度

合理确定就业困难人员范围,将长期失业人员由登记失业1年以上调整为半年以上。进一步规范公益性岗位开发和管理,科学设定公益性岗位总量,适度控制岗位规模,完善岗位申报评估办法和程序,严格按照法律规定安排就业困难人员,且重点安置就业困难人员中的特困人员,不得用于安排非就业困难人员,按照有关规定落实岗位补贴和社会保险补贴。依法大力推进残疾人按比例就业,加大对用人单位安置残疾人的补贴和奖励力度,建立用人单位按比例安排残疾人就业公示制度。加快完善残疾人集中就业单位扶持政策,推进残疾人辅助性就业和灵活就业。加大困难人员就业援助力度,确保零就业家庭、最低生活保障家庭等困难家庭至少有一人就业。深入开展充分就业社区创建活动,强化对困难群体的就业援助,进一步完善创建标准和考核评估办法,探索开展充分就业街道(乡镇)和充分就业县(市、区)认定工作,以充分就业社区活动为载体,推进就业援助工作精细化、长效化。(责任单位:省人力资源社会保障厅、财政厅、民政厅、残联)

(十五)推进农村劳动力转移就业

进一步清理针对农民工就业的歧视性规定,保障城乡劳动者平等就业权利。建立农村劳动力资源数据库,推行农村劳动力就业实名制,为农村劳动力提供有针对性的服务。积极开展跨地区劳务合作,促进农村劳动力有序外出就业。广泛收集产业集聚区用人需求,引导农村劳动力就地就近转移就业。做好被征地农民就业工作,在制定征地补偿安置方案时,要明确促进被征地农民就业的具体措施。在农民工输入相对集中的城市,要依托人力资源社会保障服务平台等现有资源,加强农民工综合服务平台建设,整合各部门公共服务资源,拓展管理服务、权益维护、文化教育、党团活动等服务功能,为农民工提供便捷、高效、优质的"一站式"综合服务,逐步推动农民工平等享受城镇基本公共服务。(责任单位:省人力资源社会保障厅、发展改革委、财政厅、住房城乡建设厅、公安厅、教育厅、卫生计生委、团省委、省妇联、残联)

(十六)促进退役军人就业

各地、各部门要积极扶持自主择业军转干部、自主就业退役士兵就业创业,落实各项优惠政策,组织实施教育培训,加强就业指导和服务,搭建就业创业服务平台。对符合政府安排工作条件的退役士官、义务兵,要确保岗位落实,细化完善公务员招录和事业单位招聘时同等条件优先录用(聘用)以及国有、国有控股和国有资本占主导地位企业按比例预留岗位择优招录的措施。各地要拿出政法干警招录培养体制改革试点招录培养计划的20%左右,用于招录大学生退役士兵,不再实行加分政策。鼓励高学历退役士兵报考试点班,并适当增加招录大学生退役士兵比例。退役士兵报考公务员、应聘事业单位职位的,在军队服现役经历视为基层工作经历,服现役年限计算为工作年限。同时,切实做好随军家属就业安置工作。(责任单位:省民政厅、人力资源社会保障厅、编办、省军区政治部、省政府国资委、省公安厅、教育厅)

四、加强就业创业服务

(十七)强化公共就业创业服务

健全覆盖城乡的公共就业创业服务体系,提高服务均等化、标准化和专业化水平。整合公共就业服务和人才交流服务机构,形成统一、高效、便民的公共就业和人才管理服务体系。将教育系统高校毕业生就业创业指导服务机构纳入公共就业服务体系,进一步完善公共就业服务体系的创业服务功能,充分发挥公共就业服务、中小企业服务、高校毕业生就业指导等机构的作用,创新服务内容和方式,为创业者提供教育培训、项目开发、开业指导、融资服务、跟踪扶持等服务。按照《中华人民共和国就业促进法》和《河南省就业促进条例》规定,依法理顺公共就业创业服务机构财政供给体制,健全经费保障机制,切实将县级以上公共就业创业服务机构和县级以下(不含县级)基层公共就业创业服务平台经费纳入同级财政预算。将职业介绍补贴和扶持公共就业服务补助合并调整为就业创业服务补贴。按照精准发力、绩效管理的原则,进一步加强公共就业创业服务标准化建设,健全考核激励和政府购买服务机制,向社会力量购买基本就业创业服务成果。加强专业人员队伍建设,建立健全专业岗位持证上岗和待遇激励制度,切实提高专业化水平和工作积极性。创新就业创业服务供给模式,鼓励社会力量主动作为,形成多元参与、公平竞争的格局,提高服务质量和效率。(责任单位:省编办、人力资源社会保障厅、教育厅、财政厅)

(十八)加快公共就业创业服务信息化建设

按照统一建设、省级集中、业务协同、资源共享的原则,以完善服务、规范管理、健全功能、提高效率为目标,以数据向上集中、服务向下延伸、网络到边到底为指导,加快推进公共就业创业服务信息化建设,全面推广全省统一的就业管理信息系统,建立省级集中的就业信息资源库,加强信息系统应用,实现就业管理和就业服务工作全程信息化。加快推行就业实名制,提高就业工作质量和效率。以服务社会、服务市场需求为导向,打造全方位、立体式的公共就业信息服务平台,形成线上线下相结合的全天候就业服务网络。进一步健全就业信息监测制度,逐步扩大监测范围,提高数据质量,实现对全省就业服务管理和人力资源状况的动态监测。建立健全就业创业信息共享机制,推进就业创业信息共享开放,支持社会服务机构利用政府数据提供专业化就业服务,加快河南省大中专学生就业创业公共服务云平台建设,构建就业创业信息资源库,加强就业创业信息统计分析,实现互联互通、信息共享,推动政府、社会协同提升公共就业创业服务水平。(责任单位:省人力资源社会保障厅、教育厅、财政厅)

(十九)加强劳动力市场体系建设

加快推进劳动力市场体制机制改革,建立统一、规范、灵活的人力资源市场,发挥市场配置人力资源的决定性作用,消除城乡、行业、身份、性别、残疾等影响平等就业的制度障碍和就业歧视,形成有利于公平就业的制度环境。健全统一的市场监管体系,充分发挥劳动保障监察对规范人力资源市场秩序的监管作用,完善市场准入制度和市场监管措施,推进人力资源市场诚信体系建设和标准化建设。加强对企业招聘行为、职业中介活动的规范,及时纠正招聘过程中的歧视、限制及欺诈等行为。加快发展人力资源服务业,规范发展人事代理、人才推荐、服务外包、人员培训、劳务派遣等人力资源服务业,提升服务供给能力和水平。建立国有企事业单位公开招聘制度,推动实现招聘信息公开、过程公开和结果公开。完善党政机关、企事业单位、社会各方面人才顺畅流动的制度体系。(责任单位:省人力资源社会保障厅、工业和信息化委、公安厅、省政府国资委)

(二十)加强职业培训

各地、各部门要全面深入实施全民技能振兴工程,以就业为导向,以项目建设为引领,突出特色,打造品牌,充分结合市场需求,优化高校学科专业结构,创新培训模式。把农村劳动力引导性培训和新成长劳动力职业素质培训列入培训补贴范围。调整培训补贴标准,按照市场公允价格,平衡经济和社会效益,结合专业分类细化补贴标准,提高培训的实用性和有效性。具体标准由省人力资源社会保障厅、财政厅共同制定。大力开展农民工职业技能提升培训、失业人员再就业培训、困难企业职工在岗技能提升和轮岗培训,增强其就业和职业转换能力。积极培养新型职业农民,着力提升其从业技能和综合素质。鼓励支持企业开展新招用青年劳动者和新转岗人员的新型学徒制培训,创新校企合作机制。推进职业资格管理改革,完善有利于劳动者成长成才的培养、评价和激励机制,畅通技能人才职业上升通道,推动形成劳动、技能等要素按贡献参与分配的机制,使技能劳动者获得与其能力业绩相适应的工资待遇。加强宣传引导,讲好河南故事,树立一批职业技能培训典型,推出一批技能明星,积极营造重视职业技能培训、尊重技能人才的良好社会环境。(责任单位:省人力资源社会保障厅、农业厅、民政厅、教育厅、扶贫办、残联、总工会、团省委、省妇联、财政厅、省委宣传部)

(二十一)建立健全失业保险、社会救助与就业的联动机制

提高失业保险统筹层次,积极推动省级统筹。充分发挥失业保险保生活、防失业、促就业的综合作用。探索建立失业保险金标准与缴费基数挂钩的激励约束机制,确保领取失业保险金人员的基本生活。鼓励领取失业保险金人员尽快实现就业或自主创业。用人单位招用领取失业保险金人员并签订1年以上劳动合同的,可根据招用人数和合同期限给予每人不超过6个月当地失业保险金标准的就业安置补助,就业安置补助由失业保险基金列支。领取失业保险金人员和最低生活保障对象实现就业或自主创业的,在核算其家庭收入时,可扣减必要的就业成本。(责任单位:省人力资源社会保障厅、财政厅、民政厅)

(二十二)进一步完善就业失业登记办法

将就业失业登记证名称调整为就业创业证,作为劳动者享受公共就业服务、就业扶持政策和申领失业保险待遇的凭证,全省统一印制,免费发放。已发放的原就业失业登记证继续有效,不再统一更换。(责任单位:省人力资源社会保障厅)

（二十三）建立健全就业创业统计监测体系

完善统计口径和统计调查方法,提高数据质量,将性别等指标纳入统计监测范围,探索建立创业工作统计指标体系,把创业主体增长、创业贷款发放、创业服务业发展等作为创业工作的指标。各级财政部门要把就业创业统计工作经费纳入财政预算。由人力资源社会保障部门牵头,统计、工商、教育等部门建立就业创业统计工作会商协调机制,提高就业数据统计的科学性和有效性。探索建立政府委托第三方开展就业统计调查和行业人力资源需求预测及就业状况发布制度。(责任单位:省统计局、工商局、人力资源社会保障厅、教育厅、发展改革委、财政厅、科技厅、人行郑州中心支行)

五、强化组织领导

（二十四）健全协调机制

各地要加强对就业创业工作的领导,把促进就业创业摆上重要议程,健全就业创业工作协调机制,形成政府牵头、各司其职、密切协作、共同推动的工作机制。进一步发挥省就业工作领导小组作用,将省就业工作领导小组更名为省就业创业工作领导小组,充实省科技厅、公安厅、审计厅、统计局、卫生计生委等单位为领导小组成员单位。进一步发挥各人民团体以及其他社会组织的作用,充分调动社会各方促进就业创业的积极性。(责任单位:省就业创业工作领导小组各成员单位)

（二十五）落实目标责任制

各地要进一步强化政府责任,健全目标责任制,切实将就业创业工作纳入政绩考核内容,进一步细化目标任务、政策落实、就业创业服务、资金使用与投入、群众满意度等指标,提高权重,并层层分解,督促落实。对在就业创业工作中取得显著成绩的单位和个人,按国家和省有关规定予以表彰奖励。对不履行促进就业职责,造成恶劣社会影响的,问责当地政府有关负责人及具体责任人。(责任单位:省就业创业工作领导小组各成员单位)

（二十六）加大资金保障力度

各级政府要根据当地就业状况和就业工作目标,逐年加大就业创业财政专项资金支持力度。将高校毕业生就业创业工作经费纳入同级财政预算,单列高校毕业生就业创业指导服务支出条目,切实保障各项就业创业服务工作开展所需经费。结合就业创业服务实际需求,将公共就业创业服务机构及高校开展的招聘会、创业大赛等各类专项服务活动所需经费,以及创业型城市创建、充分就业社区创建、公共就业创业服务人员培训、各级公共就业服务机构信息化建设等费用纳入就业专项资金补贴范围,以保障各项就业创业工作正常开展。要明确资金支出责任,简化程序,加快资金拨付进度,提高工作效率。规范就业专项资金管理,强化资金预算执行和监督,开展资金使用绩效评价,着力提高就业专项资金使用效益。(责任单位:省人力资源社会保障厅、财政厅、教育厅)

(二十七)加大宣传引导力度

各地、各部门要充分利用报纸、电台、电视台等传统媒体和微博、微信等新媒体以及其他各类宣传平台多角度、多方位宣传政策、解读政策,宣传促进就业创业的经验做法,宣传自主就业、自主创业和用人单位促进就业的典型事迹,引导高校毕业生等各类劳动者转变观念,树立正确的就业观,积极营造劳动光荣、技能宝贵、创造伟大的时代风尚。(责任单位:省委宣传部、省人力资源社会保障厅、教育厅)

各地、各部门要认真落实本实施意见精神,结合当地实际,制定实施方案和配套政策,创造性地开展工作,同时,要切实转变职能,简化办事流程,提高服务效率,确保各项就业创业政策措施落实到位,以稳就业惠民生促进经济社会平稳健康发展。

河南省人民政府

2015 年 8 月 31 日

河南省人民政府办公厅
关于印发河南省加快医学教育创新发展
实施方案的通知

(豫政办〔2021〕12 号)

各省辖市人民政府、济源示范区管委会、各省直管县(市)人民政府,省人民政府各部门:

《河南省加快医学教育创新发展实施方案》已经省政府同意,现印发给你们,请认真贯彻执行。

河南省人民政府办公厅

2021 年 2 月 24 日

河南省加快医学教育创新发展实施方案

为贯彻落实《国务院办公厅关于加快医学教育创新发展的指导意见》（国办发〔2020〕34号），进一步优化我省医学教育人才培养结构，加快医学教育创新发展，结合实际，制定本实施方案。

一、目标要求

以服务需求为导向，以新医科建设为抓手，着力创新体制机制，优化服务生命全周期、健康全过程的医学专业结构，推进以胜任力为导向的医学教育教学改革，全面提高医学人才培养质量。到2025年，全面建立以"5+3"（5年临床医学本科教育+3年住院医师规范化培训或3年临床医学硕士专业学位研究生教育）为主的临床医学人才培养体系，医学教育学科专业结构更加优化，管理体制机制更加科学高效，医学人才使用激励机制更加健全，基层适用和紧缺人才培养取得明显成效。到2030年，全省医学教育改革与发展的政策环境更加优化，建成特色鲜明、国内领先的医学人才培养体系，医学科研创新能力显著提高，服务卫生健康事业的能力显著增强，为健康中原建设提供有力支撑。

二、主要任务

（一）全面优化医学人才培养结构

1. 提升医学教育办学层次。支持医学院校申建博士学位授权单位，积极增设医学相关学科博士学位和博士专业学位授权点。"十四五"期间，创造条件布局1—2所本科医学院校。支持具备条件的高校增设一批本科医药卫生类专业。

2. 优化医学学科专业规模和结构。坚持以需定招，合理确定医学类专业招生结构和规模，优化单点招生规模。积极扩大研究生招生规模。积极发展本科医学专业教育。严格控制高职（专科）临床医学类专业招生规模，稳步发展高职护理专业教育。无相关医学类专业基础的非医学院校不得设置医药卫生类专业。已设置本科医药卫生类专业的高校，其对应专科专业不再招生；高校不再举办医药卫生类专业的中等职业教育。医药卫生类中等职业教育逐步转向为乡村基层和养老托育等服务业培养人才。

3. 加强医学学科专业内涵建设。继续支持"双一流"建设高校医学及相关学科建设，加大对医学相关特色骨干学科（群）扶持力度。鼓励高校在临床医学博士专业学位设置麻醉、感染、重症、儿科、老年医学等学科。建设30个左右国家级、省级医学类一流本科专业建设点。推进高职医药卫生类高水平专业群建设。

4.加大全科医学人才培养力度。鼓励有条件的高校成立全科医学院（系），3年内推动医学院校普遍成立全科医学基层教学组织等机构。持续推进"369人才工程"（全省基层卫生人才工程）建设，加大全科医生培养力度。结合基层医疗卫生人才需求，逐步扩大订单定向免费本科医学生培养规模；各地可根据实际，探索订单定向培养一批高职（专科）全科医学生。加强面向全体医学生的全科医学教育，到2025年，建设20个左右省级全科医学实践教学示范基地。深化医药卫生体制改革，构建科学合理的全科医生人事薪酬体系。拓展全科医生职业发展途径，探索实行"县管乡用"的用人管理制度。

5.强化公共卫生人才培养。支持高校建设高水平公共卫生学院。加强公共卫生与预防医学类专业建设，强化预防医学本科专业学生实践能力培养，深化医学院校与疾病预防控制中心、传染病医院的医教研合作，建设一批省级公共卫生实训示范基地和1—2个国家级公共卫生实训示范基地。持续扩大公共卫生与预防医学相关学科专业人才培养规模，鼓励高校开展公共卫生硕士专业学位教育。

6.加大医养结合健康服务人才培养力度。鼓励增设老年医学、婴幼儿保育、婴幼儿发展与健康管理、康复、社会工作、健康管理等相关专业和课程，加强相关专业人才培养。鼓励大中专院校毕业生到医养结合机构顶岗实习、就业创业。

7.加快高层次复合型医学人才培养。大力推动多学科交叉融通，探索"医学+X"多学科背景的复合型创新拔尖人才培养；加大政策保障力度，鼓励高校积极开展八年制临床医学、九年制中医学和中西医结合人才培养试点；支持高校开展基础医学（含药学）基础学科拔尖人才培养计划2.0，强化高端基础医学人才和药学人才培养。

（二）全力提升院校医学人才培养质量

8.不断提高医学专业生源质量。高职（专科）临床医学类专业实行高职高专提前批次录取；逐步减少临床医学类专升本招生规模；医学院校在临床医学类硕士专业学位研究生考试招生中，进一步加强对考生职业素质和临床实践技能的考查。

9.加强医学专业学生思想政治教育。把医德作为医学人才培养的首要内容，将思想政治教育和医德培养贯穿人才培养全过程，发挥课程思政作用，建设一批课程思政样板课程和教学团队，着力培养学生"敬佑生命、救死扶伤、甘于奉献、大爱无疆"的医者精神,提升综合素养和人文修养。

10.深化教学模式改革。加快基于器官系统的基础与临床整合式教学改革,强化临床实践过程管理,加快以能力为导向的学生考核评价改革。探索智能医学教育新形态,加快建设教学案例、微课程和慕课共享资源库。强化对医学生的公共卫生与预防医学知识、传染病防控知识、中医学知识等教育,将中医药课程列入临床医学类专业必修课程。加强基础和临床教师融合教学团队建设,加快建设高水平"双师型"教师队伍。积极创建国家及区域院校医学教育发展基地。不断强化临床医学、口腔医学、中医硕士专业学位研究生教育与住院医师规范化培训的有机衔接。

11.夯实高校附属医院医学人才培养主阵地。举办临床医学类专业的高校至少要有一所三级甲等水平附属医院。高校要把附属医院教学、科研建设纳入学校发展整体规划,强化附属医院临床教学主体职能,健全临床教学组织机构,增加对附属医院教学工作的经费投入,注重临床实习过程考核与管理,完善临床技能评价考核体系,严格学业标准,确保实践教学质量。规范高校附属医院审定和动态管理。改革高校附属医院考核评价方式,将医师资格、护士执业资格考试通过率和住院医师规范化培训合格率等纳入其临床教学基地绩效考核指标体系,将教师带教经历和教学质量作为卫生专业技术人员医疗卫生职称晋升评价的重要条件。

12.推进医学教育质量评估认证。加快推进医学教育专业认证,建立健全专业认证激励机制,对认证不合格的医学院校限期整改,整改后仍不达标的取消其相关专业招生资格。将医师资格、护士执业资格考试通过率作为评价医学人才培养质量的重要指标,对资格考试通过率连续 3 年低于 50%的院校予以减招。

13.传承创新发展中医药教育。加大现有中医药专业建设力度,集中优势资源做大做强我省中医药类专业;发挥中医药优势,构建服务生命全周期的中医药学科专业体系。深化中医药人才培养模式改革,建立完善西医学习中医制度,试点开展长学制中西医结合教育,培养少而精、高层次、高水平的中西医结合人才;探索多学科交叉创新型中医药人才培养。加强师承导师、学科带头人、中青年骨干教师培养,强化以名老中医药专家、教学名师为核心的教师团队建设,鼓励高校聘用在中医药临床、技术方面水平突出的专业人员参与人才培养。提高中医学类专业经典课程比重,将中医药经典融入中医基础与临床课程,强化学生中医思维培养。建立健全早跟师、早临床学习制度,将师承教育贯穿教育教学全过程。支持编写一批符合中医药教育规律的核心课程教材和特色传承教材。

14.系统推进综合性高校医学教育统筹管理。综合性高校要科学合理设置医学院(部),实化医学院(部)职能,建立健全组织机构,强化对医学教育的统筹管理;配齐配强医学教育各级管理干部,在现有领导职数限额内,逐步实现有医学专业背景的高校负责人分管医学教育或兼任医学院(部)院长(主任)。加快推进我省与相关部委(局)共建医学院校和综合性大学医学院(部)。

(三)加强医学科学研究和医药创新

15.加强医学科学研究。支持高校在医学领域承担省部级及以上重大专项课题。在省级高等教育教学研究中,加大对医学教育研究的支持力度,立项一批重大与重点研究项目。推进高校与企业、医院、科研机构等协同创新,组织开展高水平临床医学研究,实施一批临床研究项目,开展防治重大疾病科技攻关,加快临床医学研究成果转化。

16.加快建立医药基础研究创新基地。发挥综合性高校学科综合优势,积极探索建立"医学+X"多学科交叉融合平台和机制,培育建设一批国家级和省部级医学创新平台。围绕生命健康、临床诊疗、生物安全、药物创新、疫苗攻关等领域,建设临床诊疗、生命科学、药物研发高度融合,医学与人工智能、材料等工科和生物、化学等理科交叉融合、产学研融通创新、基础研究支撑临床诊疗创新的具有河南特色、国内一流的医药基础研究创新基地。

(四)深化住院医师培训和继续医学教育改革

17.提升住院医师培训规范化水平。建立健全以岗位胜任力为目标的住培知识体系,将医德医风相关课程作为住院医师规范化培训的必修课程。制定住院医师规范化培训工作质量评价标准,实行以结果为导向的绩效考核。加强公共卫生医师规范化培训,加快培养防治复合型公共卫生人才。加大全科、儿科、重症、麻醉、老年医学等紧缺专业住院医师规范化培训规模。实施毕业后医学教育质量提升工程,建设一批国家级、省级住院医师规范化培训示范基地、重点专业基地、骨干师资培训基地和标准化住院医师规范化培训实践技能考核基地。

18.全面落实住院医师合理待遇。对面向社会招收的培训对象,住院医师规范化培训基地依法与其签订劳动合同,明确培训期间双方权利义务,劳动合同到期后依法终止,培训对象自主择业。面向社会招收的普通高校应届毕业生培训对象培训合格当年在医疗卫生机构就业的,在招聘、派遣、落户等方面按当年应届毕业生同等对待。对经住院医师规范化培训合格的本科学历临床医师,在人员招聘、职称晋升、岗位聘用、薪酬待遇等方面与临床医学、中医专业学位硕士研究生同等对待。具有医学类专业学位授权点的高校要按照规定接受符合条件的住院医师规范化培训人员以同等学力申请专业学位,确保学位授予质量。住院医师规范化培训基地综合考虑经济发展、物价变动、所在地城镇职工平均工资等因素,结合实际制定培训对象薪酬待遇发放标准。鼓励培训基地对全科、儿科等紧缺专业培训对象的薪酬待遇予以倾斜。

19.加大住院医师规范化培训基地考核力度。推进毕业后医学教育基地认证,将住院医师规范化培训结业考核通过率、年度业务水平测试结果等作为住院医师规范化培训基地质量评估的核心指标,对住院医师规范化培训结业理论考核通过率连续 2 年排名全国后 5% 位次的基地予以减招。

20.推进继续医学教育创新发展。强化全员继续医学教育,健全终身教育学习体系。将"继续医学教育合格"作为医疗卫生人员岗位聘用和定期考核的重要依据,作为聘任专业技术职务或申报评定上一级资格的重要条件。大力发展远程教育,健全远程继续医学教育网络,稳步推进继续医学教育信息化管理。鼓励医务人员进行线上学习。创新继续医学教育方式,逐步推广可验证的自学模式。用人单位要加大投入,依法依规提取和使用职工教育经费,保证所有在职在岗医务人员接受继续教育和职业再培训。在卫生专业技术人员职称评价中,突出品德、能力、业绩导向,强调临床实践等业务工作能力,破除唯论文倾向。

三、保障措施

(一)加强组织领导

建立由省教育厅、卫生健康委牵头,省委编办、省发展改革委、科技厅、财政厅、人力资源社会保障厅等部门为成员单位的医学教育创新发展厅际联席会议制度,定期召开会议,研究重大政策,协调解决医学教育创新发展中的重点难点问题。各地、各有关部门要将医学教育创新发展纳入经济社会发展规划和重点工作计划,各医学院校要在 2021 年 5 月底前出台加快医学教育创新发展具体工作方案。

(二)实施重点项目

推进人才培养、科学研究改革创新,支持高校医学教育发展基地、一流医学院、高水平公共卫生学院、学科专业及医药基础研究创新基地等建设,支持基础学科拔尖学生培养计划 2.0 等重大改革。

(三)保障经费投入

统筹各方资金资源,加强医学教育投入保障,在核定本科和高职院校生均财政拨款时向医学类专业倾斜,逐步提高住院医师规范化培训基地建设投入标准和人均补助标准,探索建立专科医师规范化培训补助机制。支持相关高校拓宽来源渠道、优化支出结构,加大对医学人才培养和医学学科建设的投入力度。

大学生创业及创业教育调查问卷

亲爱的同学：

你好！感谢你在繁忙的学习生活之余填写这份调查问卷。问卷调查结果仅为高校创业教育教学研究之用，以促进高校创业教育教学的针对性。你的回答对本研究十分重要，无对错之分，请根据自己的实际情况选择，对下面的问题予以回答。你如实积极地填写内容是对我们工作的支持，谢谢！

1. 你目前所在年级是？

A. 大一 B. 大二

C. 大三 D. 大四

2. 你目前所学专业是？

A. 理工类 B. 经管类

C. 文史哲类 D. 其他

3. 你对创业概念的理解为：

A. 开办一个企业（公司） B. 只要开创一份事业都可以叫创业

C. 开发一项前沿的科技项目 D. 其他

4. 你对国家出台的扶持大学生自主创业的相关政策、法规

A. 经常关注，很清楚 B. 偶尔关注，比较清楚

C. 不太愿意主动去了解，知道一点 D. 一点也不知道

5. 你对自主创业感兴趣吗？

A. 很感兴趣 B. 比较有兴趣

C. 没有兴趣

6. 对于找工作和自主创业,你更喜欢哪一个?

A. 找工作   B. 自己创业

7. 你选择创业,其目的是什么?

A. 赚钱   B. 积累社会经验

C. 展示自我能力   D. 一时兴起,体验刺激

F. 应对当代的找工作压力   G. 其他

8. 你有创业的想法,是来源于以下哪一项?

A. 家庭影响   B. 朋友影响

C. 传媒影响   D. 自己比较想去尝试一下

E. 其他

9. 你觉得自己作为本科生,在创业过程中最大的障碍是什么?

A. 资金不足   B. 没有好的创业方向

C. 经验不够,缺乏社会关系   D. 要兼顾学习,精力不够

10. 你希望到哪里进行创业?

A. 回家乡   B. 珠三角等地区

C. 东部沿海等较发达地区   D. 西部地区

11. 当你在创业过程中发现资金不足等财务问题时你会?

A. 向政府部门申请资金   B. 向银行贷款

C. 吸引风险投资   D. 向亲朋好友借钱

E. 自己积累   F. 其他

12. 你认为大学生创业相对于社会其他阶层优势在哪里?(可多选)

A. 年轻有活力,勇于拼搏   B. 专业素质较高

C. 学习能力强,有创新精神   D. 网络信息能力强

E. 其他

13. 如果你在一次创业中失败了,会怎么办?

A. 总结经验,等待时机   B. 转变创业模式

C. 放弃

14. 如果你投入创业领域,你会选择以下哪些领域?

A. 与所学专业联系较紧密的领域　　B. 自己感兴趣的领域

C. 社会热门领域　　　　　　　　　D. 投资风险低的领域

15. 你会选择哪些创业形式?

A. 网络创业　　　　　　　　　B. 加盟创业

C. 团队创业　　　　　　　　　D. 大赛创业

E. 概念创业　　　　　　　　　F. 自主经营

G. 其他

16. 你认为影响大学生创业的最主要的因素有哪些?(可多选)

A. 缺乏创业资金　　　　　　　B. 缺乏经验

C. 创业环境社会关注和支持度不够

D. 信息不畅,没有好的创业项目和方向

E. 知识水平不够　　　　　　　F. 缺乏创业素质和能力

G. 家人反对

17. 你认为在创业过程中应具有哪些素质与能力?(可多选)

A. 较强的沟通及交际能力　　　B. 富有挑战精神

C. 优秀的管理及领导艺术　　　D. 吃苦耐劳的精神

E. 具有创新思维　　　　　　　F. 抗挫折能力

G. 扎实的专业知识

18. 你喜欢下列哪种形式的创业教育实践活动?

A. 参加创业计划大赛　　　　　B. 到企业参观、考察

C. 参加模拟创业游戏　　　　　D. 参加有创业的社团活动

E. 自己直接去创业

19. 你认为创业教育的目标应定位在?

A. 培养创业型人才

B. 激发学生创业的创业热情、转换被动就业的观念

C. 拓宽学生的视野、丰富学生知识体系、提升学生能力

D. 培养科技创业精英人才

20. 你认为创业教育教学应该以哪种形式开展?

A. 公共必修课   B. 专业必修课

C. 专业选修课   D. 公共选修课

21. 你认为你所在的学校对创业教育或创业指导的重视程度是?

A. 不重视   B. 一般

C. 重视   D. 非常重视

22. 你认为学校有必要建立上下统一的创业教育教学管理机制吗?

A. 有必要   B. 没必要

C. 不知道

23. 你认为应该怎样营造大学创业氛围?(可多选)

A. 组织创业相关的学生活动   B. 多宣传

C. 鼓励学生在校创办公司   D. 多开教育课程

E. 创建学生创业实训实验室

24. 你认为有必要根据各个专业特点开发适合本专业的创业教育的课程吗?

A. 有必要   B. 没必要

C. 不知道

25. 你所在的大学是否有相关的创业教育课程?

A. 有   B. 没有

C. 不知道

26. 你认为你所在的学校创业教育教学内容应更着重哪方面?(可多选)

A. 创业相关知识   B. 创业须具备的能力

C. 创业意识   D. 创业心理品质

27. 你认为下列哪些创业相关知识比较重要?(可多选)

A. 创业管理学   B. 市场营销

C. 创业相关法律知识   D. 财务管理

E. 创业创业计划制作

28.你认为教授创业方面的课程的老师应该是哪种？（可多选）

A.成功创业者　　　　　　　　B.经济管理学教授

C.政府及学校就业部门人员　　D.知名企业家

29.你所接触的本校创业教育的教材主要来自以下哪个渠道？

A.教师自编　　　　　　　　　B.校外引进

C.没有教材　　　　　　　　　D.网络

E.报纸

30.你认为创业教育应多采取什么样的教学方法？（可多选）

A.讲授法　　　　　　　　　　B.案例教学

C.研讨式教学　　　　　　　　D.游戏

E.角色扮演法　　　　　　　　F.头脑风暴法

G.网络教学

31.你认为应该采取什么样的创业评价方式最合适？

A.考试　　　　　　　　　　　B.进行创业计划答辩

C.平时表现　　　　　　　　　D.考试答辩相结合

你对高校创业教育教学的其他需求、意见或建议：

感谢你的支持与合作！

附件1　教师访谈提纲

关于高校本科生创业及创业教育的访谈提纲

1.你对我国高校学生创业和高校创业教育的看法是什么？

2.你认为我国高校创业教育开展到现在取得了哪些成效？

3.你认为我国高校创业教育开展到现在还存在哪些问题？

4.你认为我国高校创业教育应注重培养学生的哪些素质？

5. 你认为应该如何处理高校创业教育与专业教育的关系？

6. 你认为政府应如何支持学生开展创业教育及创业实践？

7. 你认为企业应如何支持学生开展创业教育及创业实践？

8. 你认为高校应如何支持学生开展创业教育及创业实践？

9. 你认为贵校开展创业教育过程中积累了哪些宝贵经验？

10. 你认为贵校开展创业教育过程中遇到了哪些困难障碍？

附件2　学生访谈提纲
关于高校本科生创业及创业教育的访谈提纲
接受过创业教育的学生：
1. 你对我国高校学生创业和高校创业教育的看法是什么？

2. 你认为在学校的创业教育过程中获取什么是最重要的？

3. 你目前在学校接受的创业教育过程中实际学到了哪些？

4. 你认为学校开展的创业教育有哪些好的做法值得推广？

5. 你认为学校开展的创业教育还存在哪些问题有待提高？

6. 你认为应该如何处理高校创业教育与专业教育的关系？

7. 你认为创业计划大赛对大学生创业最大的帮助在哪里？

8. 你认为大学生自主创业时会遇到什么样的困难与障碍？

9. 你认为社会应从哪些方面支持在校学生进行创业实践？

10.你认为学校应从哪些方面支持在校学生进行创业实践?

未接受创业教育的学生:

1.你对我国高校学生创业的看法是什么?

2.你对我国高校创业教育的看法是什么?

3.你认为在创业教育过程中能学到什么?

4.你认为每年的创业计划大赛意义何在?

5.你认为创业教育与创新教育区别何在?

6.你认为高校的创业教育应该如何开展?

7.你认为大学生在创业中的困难是什么?

8.你认为我国大学生创业教育环境如何?

9.你认为我国大学生创业社会环境如何?

10.你认为大学生创业对就业会有何影响?

附录三 | 创新创业类竞赛介绍

一、中国国际大学生创新大赛

中国国际大学生创新大赛（China International College Students'Innovation Competition）是一项旨在激发大学生创新精神和创业意识,培养具有创新精神和实践能力的优秀人才的大型赛事。比赛通常围绕科技创新、商业模式创新、社会创新等多个领域进行,分为初赛、复赛和决赛三个阶段。大赛由教育部、中央统战部、国家发展改革委、中国科学院等多个机构联合主办。吸引了国内外众多高校学生参与。

中国国际大学生创新大赛（2024）于2024年4月至10月举办,本次大赛的主体赛事包括高教主赛道、"青年红色筑梦之旅"赛道、职教赛道、产业命题赛道和萌芽赛道。同时还将举办"青年红色筑梦之旅"活动,以及大赛优秀项目资源对接会、大学生创新成果展、世界大学生创新论坛、世界大学生创新指数框架体系发布会等系列活动。参赛团队通过登录全国大学生创业服务网报名,通过微信公众号（名称为"全国大学生创业服务网"或"中国国际大学生创新大赛"）进行赛事咨询,报名系统开放时间为5月15日。国际参赛项目通过全球青年创新领袖共同体促进会官网进行报名,参赛人员年龄不超过35岁。

该大赛旨在以赛促教,探索人才培养新途径。全面提高人才自主培养质量,强化高校课程思政建设,深入推进新工科、新医科、新农科、新文科建设,深化创新创业教育改革,引领各类学校人才培养范式深刻变革,形成新的人才培养质量观和质量标准,切实提高学生的创新精神、创新意识和创新能力。以赛促学,培养创新创业生力军。着力造就拔尖创新人才,激励广大青年扎根中国大地了解国情民情,在创新创业中增长智慧才干,怀抱梦想又脚踏实地,敢想敢为又善作善成,做有理想、敢担当、能吃苦、肯奋斗的新时代好青年。以赛促创,搭建产教融合新平台。把教育融入经济社会发展,推动成果转化和产学研用融合,促进教育链、人才链与产业链、创新链有机衔接,以创新引领创业、以创业带动就业,推动形成高校毕业生更高质量创业就业的新局面。

二、"挑战杯"全国大学生课外学术科技作品竞赛

挑战杯是"挑战杯"全国大学生系列科技学术竞赛的简称,是由共青团中央、中国科协、教育部和全国学联共同主办的全国性的大学生课外学术实践竞赛。"挑战杯"竞赛在中国共有两个并列项目,一个是"挑战杯"中国大学生创业计划竞赛,另一个则是"挑战杯"全国大学生课外学术科技作品竞赛。这两个项目的全国竞赛交叉轮流开展,每个项目每两年举办一届。

挑战杯全国大学生课外学术科技作品竞赛,是由共青团中央、中国科协、教育部、全国学联和地方政府共同主办,国内著名大学、新闻媒体联合发起的一项具有导向性、示范性和群众性的全国竞赛活动。该比赛旨在鼓励大学生积极参与科研实践,培养创新精神和实践能力,提高学生的综合素质和学术水平。比赛设立了不同的类别,包括理工组、信息组、生命组、农业组、医药卫生组、哲学社会科学组等,涵盖了广泛的学科领域。

自 1989 年首届竞赛举办以来,"挑战杯"竞赛始终坚持"崇尚科学、追求真知、勤奋学习、锐意创新、迎接挑战"的宗旨,在促进青年创新人才成长、深化高校素质教育、推动经济社会发展等方面发挥了积极作用,在广大高校乃至社会上产生了广泛而良好的影响,被誉为当代大学生科技创新的"奥林匹克"盛会。

挑战杯竞赛通常分为校赛、市赛、省赛和全国赛多个阶段,学生可以通过校内选拔赛脱颖而出,进入更高级别的比赛。评审标准主要包括项目的创新性、科学性、实用性、成果影响力等方面。获奖选手将有机会参加全国总决赛,与全国各地优秀选手一决高下,并有机会获得荣誉证书、奖金和科研实习、创业支持等奖励。

三、"挑战杯"中国大学生创业计划大赛

中国大学生创业计划竞赛起源于美国,又称商业计划竞赛,是风靡全球高校的重要赛事。它借用风险投资的运作模式,要求参赛者组成优势互补的竞赛小组,提出一项具有市场前景的技术、产品或者服务,并围绕这一技术、产品或服务,以获得风险投资为目的,完成一份完整、具体、深入的创业计划。

创业计划大赛自举办以来,已经成为中国大学生创业成果转化和创业创新的重要平台之一,吸引了全国各地的大学生参与。竞赛采取学校、省

（自治区、直辖市）和全国三级赛制，分预赛、复赛、决赛三个赛段进行。参赛项目涵盖了各种领域，包括科技、互联网、医疗、文化创意等。评审团由各行业专家和投资人组成，为参赛选手提供专业的指导和评审意见，帮助他们完善创业计划，提高项目的可行性和市场竞争力。

创业计划大赛在大学生群体中享有很高的声誉，参与者不仅有机会获得创业资金和资源支持，还能借此平台结识志同道合的伙伴和行业专家，拓展人脉关系，提升自身的创业能力和竞争力。这一比赛不仅推动了中国大学生创新创业的发展，也促进了国家科技创新和经济转型升级。

大力实施"科教兴国"战略，努力培养广大青年的创新、创业意识，造就一代符合未来挑战要求的高素质人才，已经成为实现中华民族伟大复兴的时代要求。作为学生科技活动的新载体，创业计划竞赛在培养复合型、创新型人才，促进高校产学研结合，推动国内风险投资体系建立方面发挥出越来越积极的作用。

四、全国大学生电子商务"创新、创意及创业"挑战赛

全国大学生电子商务"创新、创意及创业"挑战赛（简称三创赛）是在2009年由教育部委托教育部高校电子商务类专业教学指导委员会主办的全国性在校大学生学科性竞赛。根据教育部、财政部（教高函〔2010〕13号）文件精神，三创赛是激发大学生兴趣与潜能，培养大学生创新意识、创意思维、创业能力以及团队协同实战精神的比赛。大赛的目的与价值在于强化创新意识、引导创意思维、锻炼创业能力、倡导团队精神，促进教学，促进实践，促进就业，促进创业，促进升学、促进育人，旨在鼓励学生运用电子商务理念和技术，发展创新的商业模式和创意产品，并通过创业实践将其落地。该比赛为学生提供了一个展示和发展创新创意及创业能力的平台，促进学生的团队合作、创新思维和商业实践能力的培养。

参赛选手需提交创意方案、商业计划书等相关材料，并进行现场答辩或展示。比赛设立各种奖项和奖金，吸引更多学生积极参与。评委团队通常由行业专家和企业代表组成，评选出最具创新性和商业潜力的作品，为优秀团队提供展示和发展的机会。

三创赛自2009—2024年，已成功举办了14届。经过多年的发展，大赛的参赛团队不断增加，从第一届的1500多支到第十四届官网报名18万多支；参赛项目的内涵逐步扩大，同时，大赛创造性地举行了实战赛。大赛的规则也在不断完善，从而保证了大赛更加公开、公平和公正。随着比赛规模越来越大，影响力越来越强，三创赛现已成为颇具影响力的全国性品牌赛

事。在 2023 年全国高校大学生学科竞赛排行榜"创新创业类"赛事中排名第三。多年来,在全国总决赛之后,中央电视台给予新闻报道。

基于教育部落实国家"放管服"政策,从第十届三创赛开始,大赛主办单位由教育部高等学校电子商务类专业教学指导委员会转变为全国电子商务产教融合创新联盟和西安交通大学。以此为契机,三创赛竞赛组织委员会对大赛的生态服务体系进行了多方面探索与创新建设。

第十四届三创赛(2023 年—2024 年)分为常规赛和实战赛两类进行。常规赛包含《三创赛指南》中多个主题主题;实战赛包括:跨境电商实战赛、乡村振兴实战赛、产学用(BUC)实战赛、商务大数据分析实战赛、直播电商实战赛。两类赛事都按校级赛、省级赛和全国总决赛三级赛事进行比赛。

五、全国大学生创新年会

全国大学生创新年会(原全国大学生创新创业训练计划年会)是一个旨在促进大学生创新创业能力培养和项目展示的重要活动。在这个年会上,大学生们有机会展示他们在创新创业领域的成果和经验,分享他们的项目和想法,与其他参与者交流合作,获得专家和企业的指导和支持。

年会通常包括各种活动,如项目展示展览、创业大赛、专题讲座、座谈会、交流互动等。参与者可以通过展示自己的项目,与其他团队交流学习,拓展人脉和资源,获得反馈和支持,提升自己在创新创业领域的能力和影响力。此外,年会也是一个促进大学生创新创业文化的重要平台,鼓励和激励更多的大学生投身创新创业,推动科技创新和社会发展。通过这样的活动,大学生们可以展现他们的创造力和实践能力,为未来的创新创业之路奠定基础。

第十七届全国大学生创新年会由教育部支持,主办单位为四川大学,于2024 年 11 月在成都举行。

年会以"海纳百川,智见未来"为主题,线下活动为主场,辅以云上展示、线上互动等多渠道。来自全国 310 余所高校的师生代表共 1700 余人参会,年会共收到部属高校和地方教育主管部门推荐项目 1006 项。

年会主要内容包括下列四项:

(1)大学生创新学术论文交流:经专家遴选,推荐参加年会的学术论文项目,以学术报告的形式进行学术交流。

(2)大学生创新创业项目改革成果展示:经专家遴选,推荐参加年会的创新训练项目、创业训练项目和创业实践项目,以展板、实物现场展示和网络数字展示等形式进行项目交流。

（3）大学生创业推介项目交流：经专家遴选，推荐参加年会的创业训练项目和创业实践项目，进行项目推介、宣传和交流。

（4）新时代创新创业实践教育发展论坛。

年会期间，四川大学作为主办单位，开展了两个特色活动。一是有北京大学、香港城市大学、华为技术有限公司的 16 位专家参加的"新时代创新创业实践教育发展论坛"，大家畅谈双创实践教育改革趋势、经验做法、未来展望。二是"AI 素养体验日 2024"活动，紧扣"人工智能赋能人才培养"主线，开展包括 3 个医学虚拟仿真实践、3 个 AI 工具体验在内的两类 6 个活动。

六、全国大学生市场调查与分析大赛

全国大学生市场调查与分析大赛（以下简称市调大赛）由中国商业统计学会创办于 2010 年，截至 2024 年，已连续举办 15 届，是全国一流的公益性专业品牌赛事，也是学术引领、政府支持、企业认可、海峡两岸暨港澳高度联动的多方协同育人平台。

市调大赛经过十余年的蓬勃发展，参赛群体于 2012 年扩展到台湾，2019 年扩展到澳门，2021 年扩展到香港，实现全国 34 个省级行政区全覆盖，架起了海峡两岸及港澳青年同台竞技、交流融通的桥梁。对于弘扬中华文化，促进心灵契合，增进同胞利益福祉意义深远。

大赛旨在引导大学生创新和实践，提高大学生组织、策划、调查实施及数据处理与分析等专业实战能力，培养大学生的社会责任感、服务意识、市场敏锐度和团队协作精神。以赛促学、以赛促教、以赛促改、以赛促创，促进教育链、人才链、产业链的有机衔接，为社会经济发展服务。从而达到促进统计学、管理学、计算机、数学和社会学等跨专业跨领域融合；促进企业需求融入人才培养环节，倡导"真题真做"，解决实际问题，推进校企融合、理实融合；促进海峡两岸暨港澳青年学子同台竞技和人文交流的目的。

全日制在读专科生、本科生和研究生均可参赛，专业不限。大赛设专科组、本科组、研究生组和在华留学生组四个竞赛组别；知识赛主要考核学生对于基本理论和基础知识、技能的掌握程度。实践赛包含书面报告、展示答辩两个部分，主要考察学生理论结合实际的能力、解决实际问题的能力和综合展示能力。

全国大学生市场调查与分析大赛自 2010 年启动以来，大陆地区除海南以外的各省、自治区、直辖市，近 2100 校次、37 万人次参赛，是政府支持、企业认可、高校师生积极参与、海峡两岸高度联动的统计学科实践教学平台。参赛院校中含：中国人民大学、厦门大学、北京航空航天大学、北京师范大学、南京大学、东南大学、复旦大学、同济大学、上海财经大学、华东师范大学、湖南大学、山东大学、武汉大学、中山大学、大连理工大学、西北工业大学、华东师范大学、天津大学、南开大学等80余所高校。

大赛评委由国家统计局专家、国内外知名的市场研究公司和知名品牌企业的研究总监、重点高校从事统计调查或营销教学的教授等组成。参赛作品有企业命题,政府委托课题或项目,也有学生自主选题。

七、中国大学生服务外包创新创业大赛

"中国大学生服务外包创新创业大赛"(以下简称大赛),是响应国家关于鼓励服务外包产业发展、加强服务外包人才培养的相关战略举措与号召,举办的每年一届的全国性竞赛。

大赛的主要目的是搭建产学结合的大学生服务外包创新创业能力展示平台;促进校企交流,促进高等教育为服务经济发展提供人才保障;宣传服务经济,提升社会公众对服务外包产业发展的关注度和重视度。参赛队伍均来自中国国内高等院校,以本科生为主,自由组队。大赛开放方式竞赛,经过报名参赛、自主选题、分散备赛和集中答辩的环节,评选出相应的优秀团队。

大赛在选题上呼应服务外包产业,关注服务科学;在形式上,注重学生的团队协作,在虚拟的商业环境中解决问题。赛题一方面来源于现代服务产业企业的现实需求,鼓励学生综合考虑业务模型、技术方案、商业运营等各种因素,提供完整方案,立足实际情况创新应用;另一方面,大赛还鼓励参赛团队提出有创造力的创意项目,在优秀方案的基础上实现创业,增强大学生的创新创业意识。在评审环节过程与结果并重,增强能力培养导向,尤其关注团队的综合素质、学习能力与问题解决能力。

往届大赛吸引了超过五百所高校和数十家产业代表企业积极参与,收到了良好的产业影响和社会效果,在全国高校与企业中的影响力也不断提升。我们将为大赛推动产业发展,加快人才培养和宣传及服务经济的目标不断努力奋斗。努力将大赛逐步发展成广受欢迎的国际性一流竞赛。

大赛旨在通过开展服务外包创新创业能力竞赛,引导和促进高校加强服务外包人才培养,为服务外包产业发展提供人才保障;推动大学生关注服务外包,关注服务外包企业就业机会;促进高校教育改革,使人才培养方向更紧密贴合新兴产业发展的需要。同时,大赛将坚持公益性、公开性、公正性,努力打造人才培养和产业发展互动融合、选才用才的典范。

八、全国大学生集成电路创新创业大赛

集成电路是信息技术产业的核心,是支撑经济社会发展和保障国家安全的战略性、基础性和先导性产业,在国民经济关键领域中起着关键作用。为贯彻落实国家集成电路发展战略重要部署,服务我国集成电路产业发展大局,创新集成电路产业人才培养模式,为集成电路产业提供大批优秀的后备人才,工业和信息化部人才交流中心决定举办全国大学生集成电路创新创业大赛。

"全国大学生集成电路创新创业大赛"以服务产业发展需求为导向,以提升我国集成电路产业人才培养质量为目标,打造产学研用协同创新平台,将行业发展需求融入教学过程,提升在校大学生创新实践能力、工程素质以及团队协作精神,助力我国集成电路产业健康快速发展。

参赛对象包括集成电路设计相关专业(电子、信息、计算机、自动化等)在校专科生、本科生、研究生(硕士/博士)。大赛采用初赛+分赛区决赛+全国总决赛赛制。全国划分为若干赛区,学生根据学校所在省份参加分赛区决赛,优胜者进入全国总决赛。具体的赛制与奖励政策在大赛官网以及大赛微信公众号"全国大学生集成电路创新创业大赛"中可查阅。

九、中美青年创客大赛

教育部"中美青年创客大赛"由中华人民共和国教育部主办,中国(教育部)留学服务中心、清华大学、北京歌华文化发展集团有限公司、英特尔公司和中国大学科技园联盟承办。

大赛以"共创未来"为主题,以数字化技术为手段,探索气候变化、韧性社区、环境教育、低碳环保、食物系统、危机应对、公共卫生、健康福祉、清洁能源、绿色交通、循环经济等领域的创新机遇,结合未来思维和设计创新,运用前沿科技和开源工具,打造兼具社会意义和产业价值的全新作品。今年将更强调数字化技术应用,鼓励参赛选手应对数字化、网络化、智能化的新趋势,开发前瞻性解决方案,推进社会数字化转型,助力全球可持续发展。

大赛旨在通过竞赛形式促进中美两国创客文化与生态的建设,助力青年创客社区和众创空间环境的不断优化,培育青年创客成长成才。大赛充分体现中美人文交流特色,为两国青年搭建跨文化的共创平台,推动青年关注人类未来福祉,分享创新方案并合作开展行动。

中美青年创客大赛对任何中国公民、美国公民或在中美两国获得永久合法居留权的个人开放。报名者年龄应在大赛报名起始日时符合18周岁以

上或 40 周岁以下的要求(2024 年大赛要求报名者出生日期不早于 1984 年 6 月 1 日并且不晚于 2006 年 6 月 1 日)。参赛者有责任了解其出席并参加此次活动的合法权利,并须携带政府颁发的官方有效身份证明参加比赛。参赛者不能为承办单位员工或上述任何实体的任何一名员工的直系亲属。

十、全国高校商业精英挑战赛

全国高校商业精英挑战赛(China University Business Elite Challenge)是由中国国际贸易促进委员会商业行业委员会牵头,会同有关专业协会(学会)、事业单位联合主办的系列赛事,简称 CUBEC。

全国高校商业精英挑战赛设置品牌策划、国际贸易、会计与商业管理案例、会展创新创业实践、创新创业五大赛事,各赛事下设若干专业赛事,独立进行,基本实现了商科专业全覆盖,累计参赛院校数量 2180 余所。总决赛举办地遍及国内外多个城市。全国高校商业精英挑战赛各专业赛事均实现了境内与境外竞赛相衔接,经过十余年的发展,业已培育成为我国高等商科教育领域中,专业全覆盖、赛项最齐全、校企合作最深入、国际交流最广泛的赛事活动;集学科竞赛、产学合作与国际交流三位一体的创新实践平台,形成了政府认可、企业肯定、媒体关注和院校欢迎的良好局面。该挑战赛旨在提供一个平台,让参赛选手通过解决实际商业问题的方式展示他们的商业智慧、创新能力和团队合作精神。培养和发掘未来商业领域的人才,并为参赛选手提供一个锻炼和展示自己能力的机会。这样的比赛可以帮助学生提升商业思维水平、实践能力和团队合作精神。参赛选手可以组成团队,参与各种商业案例分析、创新创业挑战、商业模拟游戏等不同类型的比赛环节,展现他们的商业头脑和应对挑战的能力。比赛内容涵盖市场营销、财务管理、战略规划、团队合作等商业管理相关领域。

根据中国高等教育学会高校竞赛评估与管理体系研究工作组发布的《全国普通高校大学生竞赛排行榜》,全国高校商业精英挑战赛五大赛事均已纳入全国普通高校大学生竞赛排行榜目录。

十一、品牌策划竞赛

全国高校商业精英挑战赛品牌策划竞赛自 2013 年首次举办至今已经成功举办 10 年,该竞赛已被纳入中国高等教育学会高校竞赛评估与管理体系研究工作组发布的《2021 全国普通高校大学生竞赛排行榜》。经过数年培育发展,该竞赛业已成为我国品牌教育领域中,院校覆盖全面、校企合作深入、国际交流广泛的赛事活动,形成了集学科竞赛、产学合作与国际交流三位一体的创新实践平台。竞赛基于产学合作模式,采取团体赛形式(每个团队由3~5名选手和1~2名辅导教师组成),参赛团队以"×××品牌策划工作室"名义参赛,策划并需要事先征得相关企业的书面同意。参赛团队必须选择真实存在的产品品牌或服务品牌为策划对象撰写品牌策划方案,同时鼓励参赛团队选择中小微企业的产品品牌或服务品牌为策划对象,但不限定各类规模的企业,全国总决赛采取品牌策划方案陈述(10分钟)与答辩(5分钟)的方式进行,竞赛语言为中文。从活动初期收集参赛作品,直至总决赛现场,共收集到千余项企业品牌策划项目。这些项目虽不完善,但是为这几千个企业提供品牌发展的创新思路,真正做到了产教融合。另外,由于这些真实的企业大部分都是来自本土的中小企业,通过这种"校企合作,互惠双赢"的模式,进一步促进了我国自主品牌的建设工作,也同时提高了未来大学生的创新创业能力。全国高校商业精英挑战赛品牌策划大赛同时作为全球品牌策划大赛中国地区选拔赛,成绩优异的团队将有机会赴新加坡与其他国家和地区的参赛选手同台竞技。全球品牌策划大赛是由全球华人营销联盟(GCMF)主办的国际性赛事,该竞赛起源于2013至2014年期间由中国国际贸易促进委员会商业行业委员会连续两年牵头组织的两岸三地品牌策划大赛。为推动更多的中国品牌全球化,全球品牌策划大赛自从2015年起永久落户新加坡。该活动业已成为中国品牌与境外品牌交流切磋品牌建设经验的重要平台。

十二、创新创业竞赛

全国高校商业精英挑战赛创新创业竞赛创业计划赛道自2013年起举办,主要面向高等院校全日制在校大学生(不限专业),旨在培养当代大学生创新意识及创业能力,搭建产学研互动交流平台,助力大学生创业团队项目及初创企业落地和完善,是提升全国大学生整体创新能力和商业嗅觉,发现并培养未来创新人才,整合各类创新创业资源及高校大学生优秀创业项目交流切磋的全国性平台。

该赛事活动同时组织参加各类国际会议、论坛及交流活动;组织赴国(境)外权威机构开展学术交流和培训,研讨分享与实地研习,教学与科研相结合,促进对外交流和综合能力提升。2017年和2018年中国国际贸易促进委员会商业行业委员会在香港先后两届主办内地与港澳地区数字经济创新创业竞赛(China Mainland, Hong Kong and Macao Digital Economy Innovation and Enterpreneurship Competition),竞赛由香港市务学会、澳门市务学会和澳洲管理会计师公会协办,组织中国内地院校与香港特别行政区和澳门特别行政区同台竞技。应全球华人营销联盟(GCMF)的邀请,2019年中国国际贸易促进委员会商业行业委员会组织中国大陆地区院校赴新加坡参加数字经济创新创业竞赛(Digital Economy,Ennovation and Entrepreneurship Competition,简称 DEIE)。竞赛由全球华人营销联盟主办,中国国际贸易促进委员会商业行业委员会和新加坡营销协会共同协办,大赛采用中英文项目展示演讲和答辩方式进行,项目展示环节,各国家和地区的参赛选手纷纷使出浑身解数,运用不同的方式展示策划项目,展现方式形象生动,形式不拘一格。

十三、国际贸易竞赛

全国高校商业精英挑战赛国际贸易竞赛是由中国国际贸易促进委员会商业行业委员会牵头主办的国家级学科竞赛活动。自2011年举办起,经过多年的培育,全国高校商业精英挑战赛国际贸易竞赛业已发展成为我国国际经贸教育领域,基于校企合作的规模最大的综合实践平台和学科竞赛活动。该竞赛包括:①国际贸易业务模拟赛道,②国际贸易与商务专题赛道,③RCEP国际市场开拓策划赛道,④涉外商事法律服务赛道,⑤跨境电商赛道合计五个赛道。

全国高校商业精英挑战赛国际贸易竞赛—国际贸易业务模拟赛道,以中国品牌商品博览会形式举行,集展示、洽谈、会议和体验为一体,通过设置百余个国际标准展位,组织多场平行的新产品发布会,并设置新产品互动体验区。各参赛团队以企业名义参展参赛,展示和洽谈的出口商品限定为日用消费品、食品、玩具、纺织服装、工艺品和电子产品等。竞赛内容包括参展商业计划书、展位海报设计与商品陈列、新产品发布会、商贸配对贸易谈判和展后总结报告五个部分,竞赛语言为英语和小语种,完整的反映了外贸企业参展工作和业务全流程。

十四、会计与商业管理案例竞赛

全国高校商业精英挑战赛会计与商业管理案例竞赛是由中国国际贸易促进委员会商业行业委员会、中国国际商会商业行业商会及中国商业经济学会联合主办的国家级学科竞赛活动。自2014年首次举办以来参赛院校数量逐年递增,规模不断扩大,备受各方关注。

竞赛面向会计学、财务管理等相关专业的学生,设置研究生组、本科组和高职组,竞赛以团体赛形式进行,设置校赛、知识赛、全国(省/市/自治区)选拔赛和全国总决赛。竞赛每年选取不同案例企业,通过使参赛选手接触企业鲜活案例,亲历企业实践、模拟管理和管理会计决策,与企业高管面对面碰撞,提升发现、分析、解决企业实际问题的能力,增强就业竞争力。通过以赛促练,以赛促学,积极为学生搭建学习与实践平台,激发学生的探索能力与求知欲。

十五、物流与供应链竞赛

全国高校商业精英挑战赛物流与供应链赛道,自 2014 年开始,每年举办一届。竞赛由中国贸促会商业行业委员会和中国仓储与配送协会共同主办,为国家级竞赛,主要面向物流及相关专业在校大学生。竞赛设置本科组和高职高专组,各组别均设置知识赛和调研赛两个环节。其中,知识赛为个人赛形式,闭卷在线考试,主要考核物流及相关方面的专业知识;调研赛为团体赛形式,由知识赛合格的选手自行组成团队(每个团队由 3~5 名选手和 1~2 名辅导教师组成),采取调研报告撰写及现场陈述与答辩方式进行,调研报告是在各参赛队对相关企业(包括但不限于生产企业、商业企业和物流企业)进行实地调研的基础上,做出的有针对性的研究报告,主要考核参赛选手发现问题、提出问题和解决问题的能力。竞赛通常每年下半年启动次年新一轮竞赛,一般每年 5 月或 6 月的某一个周末于线下举办全国总决赛,届时将按比例设置一二三等奖、优秀辅导教师奖、最佳院校组织奖及冠亚季军等奖项。成绩优异的参赛团队还将有机会赴境外参加国际级专业赛事。

十六、创新创业竞赛商务谈判赛道

全国高校商业精英挑战赛创新创业竞赛商务谈判赛道是由中国国际贸易促进委员会商业行业委员会、中国国际商会商业行业商会及中国商业经济学会联合主办的国家级学科竞赛活动。自 2017 年开赛以来参赛院校数量逐年递增,规模不断扩大,备受各方关注。

竞赛设置本科组和高职高专组,以团体赛形式进行商务谈判。每个团队由 3~5 名参赛选手与 1~2 名指导教师组成,竞赛分为知识赛、全国预选赛、全国总决赛三个阶段,分别由赛区组委会和竞赛执委会组织进行。全国总决赛采取团队实时谈判评比的方式进行。商务谈判竞赛和其他竞赛在竞赛形式上有较大不同,对选手的分析能力、决策能力、谈判能力、应变能力等都有较强的要求。

商务谈判是一种高水平的商务活动,是对社会相关资源和经济热点的透视,商务谈判是企业实现经济目标的手段、企业获取市场信息的重要途径、商务谈判是企业开拓市场的重要力量。商务谈判竞赛旨在密切结合我国企业商务活动的实际,对现代商务谈判礼仪和谈判有关理论和特点的实战演练。通过竞赛使学生初步掌握商务谈判的基本理论,运用商务谈判的常月技巧,熟悉商务谈判的各个环节,具备商务谈判能力并拓展商务视野,增强社会适应能力,让参赛者提前感受职场氛围,在商务礼仪与专业知识上有所增长和巩固。

十七、商务会奖旅游策划竞赛

商务会奖旅游是一种高端旅游模式,是旅游行业改变增长方式,调整产业结构,推动产业升级换代的重要方向。为推动商务会奖旅游行业的发展,加快培养商务会奖旅游人才,自 2014 年起由中国国际商会商业行业商会、中国国际贸易促进委员会商业行业委员会和中国会展经济研究会共同举办的全国高校商业精英挑战赛创新创业竞赛商务会奖旅游策划赛道,致力于培养高端旅游人才,推动旅游行业提质增效、转型升级。

商务会奖旅游策划赛道是面向旅游管理、会展管理、酒店管理、文化产业管理等相关专业学生的赛事活动,分为本科组及高职组两个组别,竞赛自 2014 年首届举办,历届竞赛活动有来自北京、天津、广东、广西、海南、河北、河南、湖北、江苏、浙江、安徽、江西、辽宁、陕西、上海、四川、云南、重庆、山东等 23 个省、直辖市和自治区的近百所高校的参赛团队报名参赛,参赛院校范围、数量及参赛团队数量不断扩大,赛事规模及影响力也随之不断扩大,获得了参赛院校的一致好评。

十八、"学创杯"全国大学生创业综合模拟大赛

为深入贯彻习近平总书记在全国教育大会的重要讲话精神,落实《国务院办公厅关于进一步支持大学生创新创业的指导意见》(国办发〔2021〕35 号),进一步深化高校创新创业教育改革,培养造就创新创业主力军,推动创新创业实验教学工作的发展,高等学校国家级实验教学示范中心联席会经济与管理学科组与中国陶行知研究会举办了第十一届全国高校创新创业实验教学研讨会暨 2023 年"学创杯"全国大学生创业综合模拟演训活动。

"学创杯"全国大学生创业综合模拟大赛是由教育部、全国高等学校大学生创新创业教育指导委员会主办的赛事。该比赛旨在搭建一个展示大学生创业才华和实战能力的舞台,通过模拟创业过程,激发大学生对创业的热情和创新能力。比赛设置了创业规划、商业计划书撰写、路演展示等环节,参赛者需要通过各个环节的考核,展示自己的创业理念、团队合作能力和解决问题的能力。竞赛旨在培养大学生的创业意识和创新精神,提升他们在

未来创业和就业方面的竞争力。"学创杯"全国大学生创业综合模拟大赛已持续举办九届,赛事侧重于提升大学生创业团队初创企业运营管理能力,2022年大赛吸引了1458所高校,超过30万师生参与。"学创杯"全国大学生创业综合模拟大赛为中国高等教育学会《2021全国普通高校大学生竞赛排行榜》竞赛项目之一。

十九、iCAN大学生创新创业大赛

党的二十大报告指出,教育、科技、人才是全面建设社会主义现代化国家的基础性、战略性支撑,并首次将教育、科技、人才进行"三位一体"统筹部署,即加快建设教育强国、科技强国、人才强国。教育部指出,"推进教育数字化"是新时代加快建设教育强国的总体方向和重点任务之一。以数智化转型推动高等教育的高质量发展是新时代赋予大学的历史机遇,也是大学贯彻国家战略的应有之义。

iCAN大学生创新创业大赛(以下简称"iCAN大赛")是一个无固定限制、鼓励原始创新的赛事,自2007年发起至今,得到了广大青年学生的热爱。2010年,iCAN大赛获批《教育部、财政部关于批准2010年度大学生竞赛资助项目的通知》大学生竞赛资助项目。2023年,iCAN大赛入选《全国普通高校大学生竞赛分析报告》竞赛目录,编号54。

为助力数字经济时代下教育体系高质量建设与复合型人才培养,进一步更好的培养学生的数字经济决策创新能力,激发学生的数字经济决策创新思维,掌握数字经济决策创新方法,提升数字经济决策能力,培养团队协作精神,组委会决定举办2024年iCAN大学生创新创业大赛"精创杯"数字经济决策创新挑战赛。

iCAN秉承"自信、坚持、梦想"的精神,倡导科技创新服务社会,引导和激励高校学生勇于创新,发现和培养一批有作为、有潜力的优秀青年创新人才,促进和加强物联网、智能制造、人工智能等高科技领域的产学研结合,搭建科技人才创新生态平台。

1. 大赛内容:

(1)创新赛道。鼓励学生激发创新思维,掌握创新方法,展示团队的创新实践能力,通过团队协作自主完成的原始创新作品为主。

(2)创业赛道。鼓励学生提升自身创业能力,投身创业实践,创造社会效益和商业价值,要求团队进一步完善项目作品,完成公司注册。

(3)挑战赛道。根据行业发展需求设计相关实战创新赛题,团队根据要

求制作完成项目,激发学生掌握前沿技术,提升实战技能,带动就业创业。挑战赛题方案另行发布。

2.参赛项目要求:

(1)参赛项目需结合物联网、人工智能、互联网、云计算、大数据、区块链等新一代信息技术,实现在智慧家庭、智慧农业、智慧社区、智慧医疗、智能交通、智能教育、智能穿戴、智能制造、智慧文娱等各领域的创新应用。

(2)参赛项目要符合国家法律法规,必须为参赛团队原创项目,使用的核心技术、知识产权为参赛团队所有或经技术持有者书面授权,具有创新性和商业价值,且不得侵犯任何第三方知识产权,凡参赛团队必须接受大赛有关免责条款。

(3)参赛项目均须在大赛官网(www. g-ican. com)提交报名材料(含选手身份信息、项目计划书等相关资料),关注大赛官方公众号(iCAN 大赛)及时获取大赛通知及赛事资讯。

(4)参赛项目需要制作出可以演示和操作的产品原型为有效参赛作品,往届国赛一、二等奖项目不可参与本届比赛。

3.赛程安排:

(1)参赛报名、作品制作(4—7 月)

所有参赛团队统一通过大赛官网(www. g-ican. com)报名,报名开始时间为 2024 年 4 月 1 日,报名截止日期为 2024 年 7 月 31 日。

(2)校内比赛(8—9 月)

各参赛高校可根据报名数量自行决定校内赛的举办,分赛区组委会进行指导工作,选拔优秀项目晋级分赛区比赛。

(3)分赛区选拔赛(9—10 月)

各分赛区组委会积极组织分赛区比赛,择优推荐项目入围全国总决赛。

(4)全国总决赛(11 月)

大赛评审委员会对入围总决赛的项目进行初选评审,择优选拔项目进行现场比赛。在总决赛比赛期间同时举办开闭幕式、创新作品展、人才招聘会、投融资对接、颁奖典礼等交流展示活动。

二十、"工行杯"全国大学生金融科技创新大赛

2023"工行杯"全国大学生金融科技创新大赛以"数字工行更懂你—创新引领未来"为主题,深耕高校学子创新发展沃土,展现卓越创新风采。大赛围绕个人金融、场景金融、美好生活、无界创想四大方向,促进高校师生深

入了解金融科技发展前沿,挖掘优质金融创新方案,共同打造数字时代的金融标杆产品。

大赛面向海内外高校学生,致力于探索金融科技前沿领域的技术突破和应用创新,促进相关专业跨校和校企交流,进而促进创新人才发展,为金融创新提供源源不断的人才储备基础,持续推动金融科技技术发展和产业创新。

大赛秉持"公平、公正、公开"原则,与国家创新体系相配合、形成呼应,与高校学生拉近距离、积极互动,促进创新驱动科技发展、科技引领社会变革,努力培养大学生创新精神和理论联系实际能力,助力教育领域科技创新,践行工商银行社会责任担当。

凡全日制各类高等院校(含境外正规高校)在校本科生、硕士研究生和博士研究生均可报名参赛。参赛作品可由个人或团队(团队总人数不超过3人,需指定1名团队长)完成。

二十一、全国大学生测绘学科创新创业智能大赛

全国大学生测绘学科创新创业智能大赛于2023年入选《全国普通高校大学生竞赛分析报告》竞赛目录,成为测绘科技创新的最高级别赛事。为了更好地发挥测绘学科特色与优势,进一步提升学生的创新创业与实践动手能力,中国测绘学会教育工作委员会于2024年7月举办全国大学生测绘学科创新创业智能大赛(以下简称"大赛")。

1. 竞赛目的:

(1)检验学生的测绘地理信息基础知识水平和实践能力,培养学生基于虚拟仿真实验平台的实践操作能力、创新创业意识和能力、以及科技写作能力,提升测绘地理信息新工科人才培养质量。

(2)搭建全国相关高校实践教学经验与成果交流平台,推进人才培养改革创新,为社会输送创新型、复合型测绘地理信息人才。

2. 竞赛内容及要求:

大赛设测绘技能竞赛(含虚拟仿真数字测图、无人机航测虚拟仿真、机载激光雷达虚拟仿真和测绘程序设计比赛)、开发设计竞赛(含创新开发、创新设计和创业计划比赛)和科技论文竞赛。

二十二、全国企业竞争模拟大赛

全国企业竞争模拟大赛是利用企业竞争模拟系统,面向高校大学生的

具有中国特色的重要商业模拟竞赛,为中国高等教育学会发布的《全国普通高校大学生竞赛分析报告》(全国普通高校大学生竞赛排行榜)竞赛项目之一。2023年全国企业竞争模拟大赛新增列入中国高等教育学会发布的《2023全国普通高校大学生竞赛分析报告》竞赛目录。

截至2024年,全国企业竞争模拟大赛研究生组已成功举办22届,本科生组成功举办15届。大赛以团体赛形式进行,依据企业管理岗位设置角色,让学生在"管理"中学习管理。学生在复杂多变的市场环境中,面对多个竞争对手,通过多期企业经营分析,制定科学的经营决策,最终达成企业的战略目标。该比赛不仅能让学生直观体验科学决策的全过程,深入理解企业经营管理实践,还可以全面提升专业能力、综合素质及解决复杂问题的创新能力。

比赛包括企业决策、企业运营、供应链决策、数智沙盘等赛道(每届大赛赛道会依据实际安排有所调整)。

(1)企业决策赛道:采用iBizSim企业竞争模拟系统进行比赛。每个参赛团队代表一个虚拟企业,在变化多端的经营环境里,面对多个竞争对手,正确制定企业的经营决策,达到企业的战略目标。决策模拟按期(季度)进行,各公司需要在制定长期战略规划的基础上,在每季度初制定本季度的经营决策,包括生产、运输、市场营销、财务管理、人力资源管理、研究开发、战略发展等方面。软件根据各企业在多个方面的经营业绩评定综合成绩。各项指标的权重依赖模拟场景,在模拟规则中发布。比赛结束后,依据最后一期的综合成绩排出名次。系统综合评价指标包括:本期利润、市场占有率、累计纳税、累计分红、净资产、人均利润率、资本利润率。

(2)企业运营赛道:采用BizWar企业经营竞争模拟软件进行比赛。在商业环境中,每个参赛团队代表一个虚拟企业参与市场竞争,企业运营按期(季度)进行,各公司需要在期初,制定本季度的经营决策,包括产品研发、财务管理、经销商管理、工人管理、生产管理、采购管理、库存管理、运输交货管理等内容。企业经营时应发挥管理团队的集体智慧与创造精神,追求企业的长期效益最大化。软件评定指标包括:上期分数、普通股股东权益、本期销售收入、本期净利润、本期人均净利润、本期投资回报率、累积纳税、累积普通股股利等。各项指标的权重依赖模拟情景,并在模拟规则中发布。比赛结束后,依据最后一期的综合成绩排出名次。

(3)供应链决策赛道:采用BizSand供应链决策模拟软件进行比赛。每个参赛团队代表一个虚拟企业,供应链决策赛道是用于经管类各专业实训的商战模拟,要求学生运用学科专业知识进行分析决策,通过模拟实验了解企业在供应链条件下经营决策的形成过程及如何全方位考虑决策的影响因素,包括企业战略与供应链战略、供应商管理、采购管理、生产管理、物流管理、客户管理、财务管理等。各项指标的权重依赖模拟情景,在模拟规则中发布。比赛结束后,依据最后一期的综合成绩排出名次。

(4)数智沙盘赛道:采用 BizSand 数智商业经营模拟软件进行比赛,每个参赛团队代表一个虚拟企业,数智商业经营赛道从系统第 2 年(Y2Q1)或第 3 年(Y3Q1)开始模拟,在系统第 16 期(Y4Q4)后根据系统评分所得成绩进行判定。系统综合评价指标包括所有占领的销售市场、第 16 期各区域开设的商店(每个)、各区域销售总额排名、未归还基金贷款、经营中追加股东资金等多项得分或扣分指标。

全国企业竞争模拟大赛为团体赛,每支队伍由 3 名参赛选手和 1~2 名指导教师组成。全国赛一般 3~5 月举行,包括校内初赛、复赛、半决赛、总决赛。各参赛学校自行组织校内赛,每个赛道推荐 10 支队伍报名参加全国复赛,复赛和半决赛利用互联网远程进行,优秀队伍晋级参加总决赛。

赛项重在考察参赛团队的企业经营管理、企业经营分析、企业经营决策以及成本核算和财务管理等基本素养,检验学生应变能力以及分析问题和动手解决问题的能力,培养团队协作精神,以及在变化多端的经营环境下,面对多个竞争对手,正确制定企业的经营决策,达到企业的战略目标,能正确使用决策分析工具,进行管理量化分析,科学决策的综合能力。

二十三、全国高等院校数智化企业经营沙盘大赛

为深入贯彻《中国教育现代化 2035》《普通高等学校本科教育教学审核评估实施方案(2021—2025 年)》《国务院办公厅关于深化产教融合的若干意见》等文件精神,配合国家高校创新创业人才培养燎原计划,中国商业联合会携手新道科技股份有限公司,将举办全国高等院校数智化企业经营沙盘大赛。

截至 2024 年,全国高等院校数智化企业经营沙盘大赛已成功举办二十届,有效推动了经管实践教学与创新创业教育的融合和相互促进。请各高校积极参赛,认真做好报名与组织工作通过大赛推动高校创新创业教育的深化与完善,进一步提升各校实践教育水平和创新型人才培养质量,为国家提供更多具有发展性、创新性、批判性思维,能够引领未来发展的人才。

大赛设置本科组、高职组、中职组,全国总决赛本科组、高职组、中职组。采取同一时间、同一竞赛场地进行线下竞赛的形式,竞赛详情将在全国总决赛前通过新道科技股份有限公司官方微信公众号"新道教育"发布。

　　全国总决赛参赛队伍以省或直辖市为单位进行选派,举办省或直辖市级比赛(以下简称省赛),竞赛内容应与全国总决赛一致,竞赛日程由省赛组委会制定,全国总决赛参赛队伍应以省赛最终比赛成绩为唯一选派依据。

　　本赛项通过还原真实的企业数智化转型改造应用场景,体现完整任务,主要考察选手对于企业经营管理应用的综合技能,突出应变能力。本项目要求选手根据项目需求,利用专业知识和技能,模拟营销总监、财务总监、生产总监、人力总监完成数智企业经营管理。

　　赛项考察参赛选手在数智化转型背景下的市场调查与分析、生产智能化、财务数字化、营销数字化、人力资源管理智能化,大数据统计分析、大数据管理运用等方面的实践应用能力,重点考核选手的数字化战略、数字化思维、数字化执行和数字化创新的技能。竞赛中,参赛选手通过处理数智企业创业经营中常出现的各种典型问题,提升其团队协作能力、财务数据分析能力、计划预算能力、变化应对能力,学会依据数据驱动决策,使用数字化的、智能化的手段解决问题的临场决策能力与职业素养。